Christoph Gutknecht

Pustekuchen!

Lauter kulinarische Wortgeschichten

Verlag C.H.Beck

Die Deutsche Bibliothek – CIP-Einheitsaufnahme
Ein Titeldatensatz für diese Publikation ist bei
Der Deutschen Bibliothek erhältlich

Originalausgabe

© Verlag C. H. Beck oHG, München 2002
Gesamtherstellung: Druckerei C. H. Beck, Nördlingen
Umschlagabbildung: Soizick Meister: «Kuchen im Meer»
Umschlagentwurf: +malsy, Bremen
Printed in Germany
ISBN 3 406 47621 X

www.beck.de

Inhalt

Vorwort

A–Z
Seite 15–265

Literaturverzeichnis
Seite 266

Verzeichnis der Stichwörter
Seite 286

Bildnachweis
Seite 288

Die Sprache geht sammetpfötig
um den Brei, der nicht so heiß gegessen wird.
Karl Kraus, Die Dritte Walpurgisnacht

Vorwort

Man muß es sich vor Augen halten: Der Mensch nimmt im Laufe seines Lebens üblicherweise rund 75 000 bis 100 000 Mahlzeiten zu sich. Er widmet dieser Tätigkeit – der belgische Soziologe Leo Moulin (1989:9) hat es errechnet – dreizehn bis siebzehn Jahre seiner Lebenswachzeit, wenn man von 16 Wachstunden pro Tag ausgeht. Durch die Einführung des *Fastfood* hat sich diese Zeit sicherlich verkürzt, aber dennoch ist es interessant, das Thema «Sinn und Sinnlichkeit der Nahrungsaufnahme» auch unter diesem Aspekt zu betrachten.

George Bernard Shaw (1856–1950) hat einmal gesagt: «Es gibt keine aufrichtigere Liebe als die zum Essen.» Essen und Trinken verdienen unsere Aufmerksamkeit, nicht zuletzt in ihrer Versprachlichung. Das beginnt mit den Bezeichnungen für Speisen, die uns häufig Rätsel aufgeben; wir fragen uns: Wer hat der *Pizza Margherita* ihren Namen gegeben? Enthält die *Aalsuppe* wirklich Aal, ist das *Altbier* ein abgestandenes ‹altes Bier›, stammt der *Kasseler Rippenspeer* aus Kassel – was bedeuten eigentlich *Labskaus* oder *Pumpernickel*, gedeiht die *Schattenmorelle* etwa nur im Schatten? Nachdem ich in meinem Buch «Lauter blühender Unsinn» (²2002) etliche Mißverständnisse in Alltagsdiskursen vorgeführt habe und falschen Deutungen auf den Grund gegangen bin, möchte ich hier einige linguistische und gastrosophische Erläuterungen zu ausgewählten Wörtern der Küchensprache und zu manchen Wendungen der Umgangssprache *auf den Präsentierteller legen*, die tatsächlich oder vermeintlich kulinarische Bezüge aufweisen. Jeder weiß, daß manche Menschen – ob *Eierköpfe*, *Betriebsnudeln*, *treulose Tomaten* oder *ausgekochte* Politiker – bei bestimmten Gelegenheiten nicht an sich halten können und gern *ihren Senf dazugeben*. Gelegentlich ist also auch im vorliegenden Buch von «blühendem Unsinn» die Rede. Das Aufdecken etymologischer und volksetymologischer Quellen soll mir nämlich auch diesmal ein *gefundenes Fressen* sein; bei der Analyse fehlerhafter Interpretationen bleibt es nicht aus, daß dabei mancher Forscher, der ungeprüft Überliefertes nachplappert, *sein Fett abbekommt*.

Viele Wendungen aus dem kulinarischen Bereich würzen unsere Alltagssprache. Eine Reflexion über Wörter und Wendungen der Küchensprache hat jedoch neben den kultur- und sprachhistorischen Einblicken, die sie bietet, zugleich besondere Bedeutung für die Praxis. Gerade im Bereich der Übersetzung (vgl. u. a. Gutknecht/Rölle 1988; Gutknecht/Rölle 1996; Gutknecht/Rölle 2001; Gutknecht 2001) bieten Termini und phraseologische Einheiten, die mit Speisen und Getränken zu tun haben, vielfältige Probleme. Das fiel mir schon auf, als ich vor vielen Jahren auswärtige Staatsgäste begleitete und bei offiziellen Essen zu dolmetschen hatte.

Bietet dieses Werk nur staubtrockene sprachliche Analysen? *Pustekuchen!* Es ist doch *klar wie Kloßbrühe*, daß auch zahlreiche Literaten und Dichter das *Schlemmen* und Trinken besungen haben – freilich aus unterschiedlichsten Motiven; so schrieb z. B. Goethe («Sprüche in Reimen»):

> Du mußt dich niemals mit Schwur vermessen:
> Von dieser Speise will ich nicht essen.
> Wer aber recht bequem ist und faul,
> Flög' dem eine gebratne Taube ins Maul,
> Er würde höflich sich's verbitten,
> Wär' sie nicht auch geschickt zerschnitten.
> Das ist eine von den großen Taten,
> Sich in seinem eigenen Fett zu braten.

Zur Beziehung zwischen Trinken und dichterischem Wirken hat sich neben vielen andern auch Hermann Hesse (1877–1962) geäußert und dabei ein sehr persönliches Bekenntnis abgelegt:

Zu Johannes dem Täufer sprach Hermann der Säufer
Alles ist mir ganz willkommen,
Laß uns weiter schlendern!
So hat's seinen Lauf genommen,
Nichts ist mehr zu ändern.
Schau ich in ein leeres Haus,
Tür und Fenster offen,
Geister taumeln ein und aus,
Alle sind besoffen.
Du hingegen hast noch Geld,
Zahle was zu trinken,
Voller Freuden ist die Welt,
Schade, daß sie stinken.
Andre Dichter trinken auch,
Dichten aber nüchtern,
Umgekehrt hab ich's im Brauch,
Nüchtern bin ich schüchtern.
Aber so beim zehnten Glas
Geht die Logik flöten,
Dann macht mir das Dichten Spaß.
Ohne zu erröten,
Preise ich des Daseins Frist,
Lobe aus dem Vollen,
Bin Bejahungsspezialist,
Wie's die Bürger wollen.
Wer des Lebens Wonnen kennt,
Mag das Maul sich lecken.
Außerdem ist uns vergönnt,
Morgen zu verrecken.

Damit der Leser auch zwischen den linguistischen Gängen nicht darben muß, habe ich mir erlaubt, einige poetische *Delikatessen* zu reichen. Wen es auf diesem Sektor nach mehr gelüstet, der sei verwiesen auf Herbert Heckmanns kulturgeschichtliches Lesebuch (1979); auf die Zusammenstellung von Gedichten und Liedern zum Essen und Trinken von Wahrmut Mayer (1984); die delikaten Sammlungen von Alain Claude Sulzer und Eckart Witzigmann (²1997) sowie Alain Claude Sulzer und Heinz Winkler (1998); die kunstvoll gestaltete Anthologie von Eva Gesine Baur und Vincent Klink (2000); den amüsanten Streifzug durch die kulinarische Poesie, den der unvergessene Wolf Uecker (2000) unternommen hat, und – last but not least – auf die wohl schönsten Stellungnahmen zu diesem Themenbereich: das von Curt Sigmar Gutkind und Karl Wolfskehl stammende «Buch vom Wein» (1927) und das als Folgeband von Curt Sigmar Gutkind herausgegebene «Buch der Tafelfreuden» (1929).

An dieser Stelle sei angemerkt, daß die *kulinarischen* Genüsse, wie die Tafelfreuden auch von mir häufig genannt werden, sich nicht etwa von einem Römer namens Culinarius herleiten, sondern vom lateinischen Wort *culina*, ‹die Küche›; Fritz C. Müller (1969:128) ergänzt: «Desgleichen stammen das *opulente* Mahl der Wohlhabenden und das *frugale* der Bescheidenen aus der Sprache der Römer: *opulentus* bedeutet ‹prächtig, reichhaltig›, *frugalis* ‹sparsam› und hängt mit *fruges*, ‹Früchte›, zusammen, die meist billiger sind als Fleisch.»

Wenn wir den Hinweis auf die Sprache der Römer aufnehmen und unseren Blick nach Südeuropa lenken, so stellen wir fest, daß sich gerade in romanischen Sprachen ein besonders enges Verhältnis zwischen Sprache und Küche (im weitesten Sinne) ausmachen läßt. Denken wir an einige Beispiele aus dem Spanischen: Was wir *funkelnagelneu* nennen, heißt dort *acabado de sacar del horno*, also wörtlich: ‹frisch aus dem Backofen gezogen›. *Ahogarse en un vaso de agua* (wörtlich: ‹in einem Wasserglas ertrinken›) bedeutet ‹über jede Kleinigkeit stolpern, schnell kapitulieren›, *a freír espárragos* (wörtlich ‹Spargel braten›) entspricht unserem Ausdruck *sich zum Teufel scheren*. Unsere Wendung *ganz etepetete* (im Sinne von ‹sehr affektiert›) heißt auf Spanisch *arroz con tenedor* (wörtlich: ‹Reis mit Gabel›). Und wo wir gerade beim Reis sind – *arroz y gallo muerto* (wörtlich: ‹Reis und toten Hahn›) nennen unsere iberischen Freunde das, was für uns ‹ein wahres Schlemmer-/Lukullusmahl› ist. Während wir unser Gegenüber unter Umständen *mit Fragen löchern*, werden uns unsere spanischen Gesprächspartner möglicherweise ‹mit Fragen braten› (*asar a preguntas*), sofern wir keine *saure Miene* machen, spanisch: ein ‹Essiggesicht›/‹Zitronengesicht› (*cara de vinagre/ limón*). Bei uns ist es für manche Menschen wichtig, *den Ton anzugeben* oder *die erste Geige zu spielen*; ehrgeizige Spanier wollen stets ‹den Kabeljau zerschneiden› (*cortar el bacalao*). Wer sich in der Liebe ‹zwischen Kohl und Kohl-Salat› bewegt (*entre col y col lechuga*), der vertritt die These: ‹Etwas Abwechslung kann nicht schaden›, ganz gleich, ob der bzw. die Erwählte dick oder *spindeldürr* ist (*como una cecina*, wörtlich: ‹wie Dörrfleisch›). Bei uns wird niemand geschätzt, der *ein Erbsenzähler*, also sehr knauserig ist und *am falschen Ende spart*; auch Spanier mögen Menschen nicht, die ‹die Kichererbsen zählen› (*contar los garbanzos*). Hier wie dort entsteht eine Situation, in der man *jemandem einen Korb geben* und ihn oder sie *abblitzen lassen* muß; die entsprechende Wendung lautet im Spanischen *dar calabazas*, wörtlich übersetzt: ‹Kürbisse geben›. Feuert man bei uns einen Streithahn an: *Gib ihm Saures! Immer feste druff!* – so hält der Spanier es mit dem kulinarischen Ausdruck: *dale escabeche!* (wörtlich: ‹Gib ihm Marinade!›)

Gerade italienische Speisen, das wissen wir alle, können einem *das Wasser im Mund zusammenlaufen lassen* (*far venire l'acquolina in bocca*). Während diese beiden Ausdrücke identisch sind, gibt es aber auch eine Vielzahl kulinarisch ausgerichteter Idiome im Italienischen, die uns zunächst fremd erscheinen, bei näherer Analyse jedoch sprachlich genießen können, weil sie so einleuchtend (eß)kulturspezifisch sind. So entspricht unseren Ausdrücken *wie gerufen kommen, gerade recht kommen* im Italienischen *piovere come il cacio sui maccheroni* (wörtlich: ‹wie der Käse auf die Makkaroni regnen›). Wie die Spanier wollen auch Italiener(innen) nach Möglichkeit nicht ‹über eine Kleinigkeit stolpern›, *affogare in un bicciere d'acqua* (wörtlich: ‹in einem Glas Wasser ertrinken›) oder gar *vom Regen in die Traufe kommen* (*cadere dalla padella nella brace*, wörtlich ‹aus der Pfanne in die Glut fallen› – *out of the frying pan into the fire*, wie der Engländer sagt). Verständlicherweise wollen sie lieber *vor Wonne zerfließen* – *andare in brodo di guiggiole*, wörtlich übersetzt: ‹in Jujubensaft vergehen›. Der italienische Spruch *non sapere che pesce prendere* (‹nicht wissen, welchen Fisch [man] nehmen

[soll]›) entspricht unseren Wendungen *sich keinen Rat wissen / weder aus noch ein wissen*. Während deutsche Pedanten nach dem *Haar in der Suppe* fahndan, suchen unsere südländischen Freunde es im Ei: *cercare il pelo nell'uovo*. *Farne di cotte e di crude* bedeutet ‹alle erdenklichen Streiche machen›, wäre aber wörtlich wiederzugeben mit: ‹Gares und Ungares (Rohes) machen›. Wenn wir *die Dinge beim rechten Namen nennen*, wird der Italiener ‹Brot zum Brot und Wein zum Wein sagen›: *dire pane al pane e vino al vino*. Wenig schmeichelhaft sind italienische Vergleiche mit dem Kürbis: *Essere una zucca vuota* (‹ein leerer Kürbis sein›) bedeutet ‹*ein Dummkopf/Hohlkopf sein*›; *non avere sale in zucca* (‹kein Salz im Kürbis haben›) entspricht unserem umgangssprachlichen *keine Grütze im Kopf haben*. Will man einem Dritten den Vorwurf machen *es stammt nicht von ihm/ ist nicht auf seinem Mist gewachsen*, so benutzt man das italienische Sprichwort *Non è farina del suo sacco* (‹Das ist kein Mehl aus seinem Sack›). Will man jemandem drohen im Sinne unseres *Friß, Vogel, oder stirb!*, so sagt man *O mangiare questa minestra o saltare dalla finestra*; wörtlich bedeutet das: ‹Entweder diese Suppe essen oder aus dem Fenster springen›. Wo wir bei den Sprichwörtern bzw. den geflügelten Worten sind, soll auch der Hinweis auf diese kulinarisch-philosophische Erkenntnis nicht fehlen: *A tavola non s'invecchia* (‹bei Tisch wird man niemals älter›).

Es gibt eine Bandbreite von Sprüchen über das Essen: *Achele, bajchele, bofe – is di beste meloche* (‹Essen, Trinken, Schlafen – ist die beste Beschäftigung›) sagt man im Jiddischen. Gelegentlich hört man, das Essen sei die Sexualität des Alters. Viele Maler und Karikaturisten haben gezeigt, daß Lust auf Fleisch und Fleischeslust zusammenhängen. Mehr als zwanzig Künstler unterschiedlichster Provenienz beteiligten sich beispielsweise im April 2002 in Hamburg an einer vom Autor Gunter Gerlach initiierten Themenshow «Immer essen» und kaprizierten sich u.a. auf Bereiche wie *Bärenhunger*, *Magenknurren* und *Verdauungstörungen*.

Daß man ein besonderes erotisches Verhältnis zur Sprache *und* zum Essen haben kann, bewies auch Heinrich Heine (1797–1856). Er glaubte, gewisse Ähnlichkeiten zwischen gastronomisch-leiblichen Eigenschaften auf der einen und weiblichen Eigenheiten auf der anderen Seite festzustellen; im 8. Kapitel des Romanfragments «Aus den Memoiren des Herren von Schnabelewopski» lesen wir jenen Abschnitt, den sich meine Leser(innen) als *amuse gueule* auf der Zunge zergehen lassen mögen:

«Aber nicht bloß in Amsterdam haben die Götter sich gütigst bemüht, mein Vorurteil gegen Blondinen zu zerstören. Auch im übrigen Holland hatte ich das Glück, meine früheren Irrtümer zu berichtigen. Ich will beileibe die Holländerinnen nicht auf Kosten der Damen anderer Länder hervorstreichen. Bewahre mich der Himmel vor solchem Unrecht, welches von meiner Seite zugleich der größte Undank wäre. Jedes Land hat seine besondere Küche und seine besondere Weiblichkeiten, und hier ist alles Geschmackssache. Der eine liebt gebratene Hühner, der andere gebratene Enten; was mich betrifft, ich liebe gebratene Hühner und gebratene Enten und noch außerdem gebratene Gänse. Von hohem idealischen Standpunkte betrachtet, haben die Weiber überall eine gewisse Ähnlichkeit mit der Küche des Landes. Sind die britischen Schönen nicht ebenso gesund, nahrhaft, solide, konsistent, kunstlos und doch so vortrefflich wie Alt-Englands einfach gute Kost: Roastbeef, Hammelbraten, Pudding in flammendem Kognak, Gemüse in Wasser gekocht, nebst zwei Saucen, wovon die eine aus gelassener Butter besteht? Da lächelt kein Frikassee, da täuscht kein flatterndes Vol-au-vent, da seufzt kein geistreiches Ragout, da tändeln nicht jene tausendartig gestopften, gesottenen, aufgehüpften, gerösteten, durchzückerten, pikanten, deklamatorischen und sentimentalen Gerichte, die wir bei einem französischen Restaurant finden, und die mit den schönen Französinnen selbst die größte Ähnlichkeit bieten! Merken wir doch nicht selten, daß bei diesen ebenfalls der eigentliche Stoff nur als Nebensache betrachtet wird, daß der Braten selber manchmal weniger wert ist als die Sauce, daß hier Geschmack, Grazie und Eleganz die Hauptsache sind. Italiens gelbfette, leidenschaftgewürzte, humoristisch garnierte, aber doch schmachtend idealische Küche trägt ganz den Charakter der italienischen Schönen. Oh, wie sehne ich mich manchmal nach den lombardischen Stuffados, nach den Tagliarinis und Broccolis der holdseligen Toskana! Alles schwimmt in Öl, träge und zärtlich, und trillert Rossinis süße Melodien, und weint vor

Zwiebelduft und Sehnsucht! Den Makkaroni mußt du aber mit den Fingern essen, und dann heißt er: Beatrice!»

Ich schließe mich im Blick auf meine Leser in leicht modifizierter Form den Worten an, die Karl Wolfskehl (1927) an sein Publikum gerichtet hat: Das vorliegende Buch soll auch ein Buch sein zum Lächeln, nicht nur zum Lernen. Ihr sollt es aufschlagen, da oder dort, wo es euch paßt! Keinerlei Zwang! Blättert um, blättert zurück, wollt ihr eine Stelle zweimal lesen und – findet eine andere! Wein- und Kaffeeflecken diesen Blättern!

Auch wer Bierflecken macht, befindet sich in guter Gesellschaft; er lese anschließend die Bier-Briefe Jean Pauls, jüngst herausgegeben von Wolfgang Hörner (2002).

Hamburg, im Juni 2002   Christoph Gutknecht

Erst ziehen sie einem die Hosen aus,
und dann soll man auch noch
den Gürtel enger schnallen.
Žarko Petan (1979:25)

Aal grün

Getränke- und Speisenamen setzen mancherlei Farbtupfer in unsere Sprache: Es gibt *Weißbier*, *Braunbier*, *Schwarzbier*, *Rote Grütze*, *Karpfen blau* – aber eben auch *Aal grün*. Allerdings man muß es mögen, dieses besonders in Küstenregionen und an Wasserstraßen beliebte Gericht. «Fisch & Tips», die Kundenzeitschrift für den Fischfachhandel, veröffentlichte für die Spezialität folgendes Rezept:

> Zutaten für 4 Portionen: 1,5 kg küchenfertiger, frischer Aal; 2 Zwiebeln; 2 Lauchzwiebeln; 2 Stangen Sellerie; 8–12 Zweige gemischte Kräuter (z. B. Petersilie, Salbei, Rosmarin, Kresse, Kerbel, Estragon, Minze, Melisse und Sauerampfer); 50 g Butter; Saft von 1 Zitrone; Pfeffer; 400 ml trockener Weißwein (Riesling); 150 g Schlagsahne; 2 Eigelbe.
> Den Aal abziehen und in 5 cm dicke Scheiben schneiden; Zwiebeln und Lauchzwiebeln in Ringe, Sellerie in dünne Scheiben schneiden. Alle Kräuterblätter hacken. Butter in großer Pfanne (oder Bräter) erhitzen, bis sie schäumt. Die Aalstücke 3 Minuten darin rundherum anbraten, herausnehmen und mit Zitronensaft beträufeln. Die Zwiebelringe und

Sellerie unter Rühren im Bratfett glasig dünsten. Die Kräuter untermischen und bei milder Hitze 5 Minuten ziehen lassen. Salzen, pfeffern, den Wein und 100 ml Wasser angießen. Aalstücke zufügen und zugedeckt bei milder Hitze 15 Minuten köcheln lassen. Dann vom Herd ziehen. Sahne und Eigelbe verquirlen. Nacheinander 3–4 EL von der heißen Kochflüssigkeit einrühren und langsam wieder in das Gericht rühren. Alles erneut erhitzen, aber nicht kochen lassen, und mit Petersilienkartoffeln anrichten. Pro Portion ca. 582 kcal.

Es ist sicherlich nicht allein diese kulinarische Besonderheit, sondern eher ein bestimmter literarischer Schmaus gewesen, der den Autor Kurt Bartsch (1983:77f.) zu nachfolgender Parodie mit dem Titel «Aal grün» inspiriert hat:

«Oskar, der Matzerath hieß, Blech trommelte, Blech redete, Blech auch bedichten wollte auf frommem, unschuldsweißem Papier, das nachgab, die Tinte und Oskars Finger gewähren ließ, evangelisch wurde, dem Katholizismus wegen der fälligen Beichte abschwor, dann nicht mehr fromm war und unschuldsweiß nur am linken, unbeschriebenen Rand – Oskar hatte die Schreiblust gepackt. Er schrieb vielfingrig, tauchte erst fünf, dann zehn Finger in jene Öffnung, die, obwohl oft und ausgiebig berührt, unberührt blieb, seine Lust nicht erwidern wollte, bis Oskar sich seines elften, besonderen Fingers besann. Er knöpfte, riß an der Hose und holte hervor, was ihn zum Mann stempelt: einen Aal, Zitteraal, Aal von der Seeschlacht im Skagerrak, Aal von der Hafenmole Neufahrwasser, Karfreitagsaal, Leichenaal, Aal von deinem Aal: den man in Tinte taucht, um ihn auf weißem, unberührtem Papier laichen zu lassen.

Was Oskar, das Tintengefäß mit dem kalten lustlosen Loch in der linken, den Aal in der rechten Hand, für weise Zurückhaltung hielt, füllte in einer Woche zweitausend Seiten, verlief sich, gab sich im Anfang als Handlung aus, wurde dann trocken und gebar immer von neuem Aale. Man kann einen Roman, in dem es von Aalen wimmelt, Aale Gestalt annehmen und Briefträger werden, die statt der fälligen Amtsschreiben Aale in die Briefkästen werfen, nicht mit Romanen, die keine sind, weil in ihnen nur Möwen vorkommen, vergleichen oder ihm vorwerfen, daß Aale sich leichter in Fäden, Knäuel und später in eine Masche verwandeln lassen als etwa Flundern. Aale sind schleimiger als, haltloser als und verwandeln sich unter der Hand in Trommel- und Schlagstöcke, die auf Hinterköpfen taktloser Demonstranten, zwei links, zwei rechts, als äußerst musikliebend sich ausnehmen und gemeinsam mit anderen Aalen eine Partei gründeten: die Sozi-Aal-Demokraten.

Weil Oskar aalergisch war gegen alles was Netz hieß und nicht nach der eigenen, langläufigen Masche gestrickt war, schimpfte er Brecht einen Gemüsehändler, der weder an die Kartoffel noch an den Wirsingkohl glaubte und sich dennoch als Gärtner, Naturfreund und Vegetarier ausgab. Hinzu kam, daß er, Brecht, den dialektischen Materialismus nicht lassen konnte, was Oskar bewog, in die Re-Aal-Politik überzuwechseln und Blech gegen Rotkehlchen, Rotkäppchen und rote Grütze zu trommeln.

Natürlich war Brecht nicht auf Anhieb zu übertönen, aber Oskar der indessen Aal grün speiste, um dem Rot aus dem Wege zu gehen, gab sich zuversichtlich, indem er meinte: eines Tages wächst Grass drüber.»

Aalsuppe

Im Jahre 1998 ist ein «Hamburg Lexikon» erschienen, dessen erster Eintrag einem Gericht gilt, um das sich hartnäckig die volksetymologische Spekulation rankt, es handle sich um eine Restesuppe. Die Herausgeber Franklin Kopitzsch und Daniel Tilgner (1998:15) korrigieren diesen blühenden Unsinn:

«Die Hamburger *Aalsuppe* ist spätestens seit dem 18. Jahrhundert ein typisches Gericht der Hansestadt. Ein erstes Rezept findet sich bereits in einem Hamburger Kochbuch von 1788. Bei der Aalsuppe handelt es sich um eine kräftige süßsaure Gemüsesuppe, die mit gekochtem Aal (auf Wunsch auch zusätzlich mit geräuchertem Aal) als Hauptgericht serviert wird. Die Vorstellung, die Aalsuppe sei ursprünglich eine Restesuppe, gewesen, in der ‹alles drin› war – außer Aal natürlich –, ist eine Legende. Daran ändert auch die Tatsache nichts, daß die Aalsuppe in unserer Zeit häufig ohne Aal, als einfache *suur supp*, angeboten wird.»

Hamburger und ihre Gäste können also beruhigt sein; die echte hanseatische Spezialität enthält die erwartete Einlage und wird somit ihrem Namen durchaus gerecht – das haben Kopitzsch und Tilgner – durchaus zupackend – zum Ausdruck gebracht, denn *qui tenet anguillam per caudam, non habet illam.* (‹Wer den Aal hält bei dem Schwanz, dem bleibt er weder halb noch ganz.›)

Wer das genaue Rezept kennenlernen möchte, dem sei unter dem Stichwort *Hamburger Aalsuppe* ein Blick in Erhard Gorys in München erschienenes «Küchen Lexikon» (^{7}2001:208) empfohlen: «Karottenwürfel und grüne Erbsen in würziger Fleischbrühe gar kochen, mit Kartoffelmehl binden; getrennt frischen Aal und gemischtes Backobst (Äpfel, Birnen, Pflaumen) kochen; alles zusammengeben, mit Salz, Aalkraut und Johannisbeersaft abschmecken, Schwemmklöße in die Suppe geben und darin garziehen lassen; die Suppe vor dem Anrichten mit Petersilie bestreuen.»

Alkohol

«Wer sich verheizt fühlt, ist meistens auch versucht, mit Alkohol zu löschen.» Diesem Diktum des österreichischen Schauspielers, Kabarettisten und Schriftstellers Helmut Qualtinger (1928–1986) möchte ich hier nicht weiter nachsinnen, sondern das Lexem *Alkohol* erläutern.

Nicht medizinischem, eher ästhetisch-kosmetischem Zweck diente ursprünglich das, was sich hinter dem arabischen Wort *al-kuhl*, in spanisch-arabischer Aussprache später *al-kuhúl*, verbarg: Es war ein aus dem chemischen Element *Antimon* hergestelltes Pulver. Karl Lokotsch (^{2}1975:98) klärt uns auf: «Spießglanzpulver (...) zum Färben der Augenbrauen, Wimpern und Lider (...), noch im 16. Jahrhundert ist das hieraus entstandene Wort *Alcohol* in der Alchemie der geläufige Ausdruck für ‹trockenes feines Pulver›, erst später wurde es zur Bezeichnung des Weingeistes benutzt.»

Helmut Birkhahn (1985:214) verweist darauf, daß beim Entlehnungsvorgang manchmal die ursprüngliche Bedeutung eines

Wortes lange erhalten bleibt und erst allmählich untergeht. Auch er geht von der semantischen Bestimmung des arabischen Wortes aus: «‹Bleiglanz zum Färben der Brauen› (der heute durch orientalische Läden bei uns in Mode kommt) wird von deutschen Alchimisten als ‹sehr feines Pulver› → ‹das Feinste einer jeden Sache› übernommen und aus *alcool vini* ‹das Feinste (= Destillat) des Weines› (= ‹Branntwein›) elliptisch unser *Alkohol* gebildet.»

Medizin, Botanik, Alchimie, Pharmazie und Mathematik waren Gebiete, aus denen viele Kenntnisse, Begriffe und Wörter aus der arabischen in die europäische Welt eindrangen. Der ägyptische Germanist Nabil Osman brachte dies in seinem «Kleinen Lexikon deutscher Wörter arabischer Herkunft» ([6]2002:7) auf den Punkt:

> «Es kommt nicht von ungefähr, daß arabische Wörter Eingang in die europäische Sprachenwelt fanden. Berührungen zwischen dem arabisch-islamischen Kulturkreis und dem christlichen Abendland hat es in der Geschichte zur Genüge gegeben: zu denken ist (...) an die Expansion des Islam in Spanien ... Dort erreichte die maurische Kultur (...) ihren Höhepunkt. Alle Wissenschaften, die auf den orientalischen Akademien gepflegt wurden, fanden auch in Spanien freundliche Aufnahme ...»

Altbier

Man könnte meinen, *Altbier* sei altes, also schales, abgestandenes Bier. Doch das ist blühender Unsinn. Es handelt sich bei diesem dunkelbernsteinfarbenen, hopfenbetonten blanken Bier um eine Sorte, die nach der traditionellen, obergärigen, eben der «alten» Art, gebraut wird. Sie ermöglichte es, auch vor der Erfindung der Kältemaschine Bier an warmen Tagen zu brauen, da obergärige Hefe bei 15 bis 20 °C vergärt. Mit durchschnittlich 11,5 % Stammwürzegehalt und ca. 4,8 % Alkoholgehalt zählt das *Alt*, wie es auch genannt wird, zu den klassischen Vollbieren.

Diese Bierspezialität ist inzwischen bundesweit erhältlich; beheimatet ist sie zwischen Niederrhein und niederländischer Grenze. Insgesamt brauen rund fünfzehn Brauereien Altbier, wobei Düsseldorf (mit der längsten Theke der Welt) als Altbiermetropole gilt.

Ausgeschenkt wird *Alt* häufig vom Faß, getrunken wird es aus kurzen, gedrungenen 0,2 l-Gläsern oder aus Altbierpokalen – bei einer idealen Trinktemperatur von 8 bis 10 °C.

→ *Bier;* → *Bockbier;* → *Hopfen*

Apfelsine

Diese süße Varietät der Zitrusfrucht wurde im 16. Jahrhundert von den Portugiesen aus China nach Europa eingeführt und mit dieser Bezeichnung auch von der dort schon seit dem Mittelalter bekannten *Orange*, der aus Indien stammenden bitteren Varietät, abgesetzt. Das «Etymologische Wörterbuch des Deutschen» ([2]1993:50) präzisiert:

> «Zur Unterscheidung nennt man die über Nordseehäfen ins deutsche Sprachgebiet kommende neue Orangensorte zu Anfang des 18. Jahrhunderts niederdeutsch *Apel de Sina* (entsprechend zeitgenössischem französischen *pomme de Sine, pomme de Chine,* englischem *China orange*) und *Appelsina* nach niederländischem *appelsien* (heute noch landschaftlich statt niederländisch *sinaasappel*), auch verhochdeutscht *Äpffelsina* (Plur.). Daneben kommen Bezeichnungen wie *Apfel von Sina, Chinaapfel, Sineser Apfel* vor. *Sina* ist um 1700 der übliche deutsche Name für *China.* Von der zweiten Hälfte des 18. Jahrhunderts an setzt sich die hochdeutsche Form *Apfelsine* im Norddeutschen, dann auch im Mitteldeutschen durch, während im Süddeutschen *Orange* vorherrschend bleibt.»

Der Name *Orange* für die Südfrucht – so verdeutlicht es der «Duden» (Bd. 7 [Herkunftswörterbuch], [3]2001:574) – wurde im 17./18. Jahrhundert aus dem gleichbedeutenden französischen Wort *orange* (älter auch: *pomme d'orange*) entlehnt:

> «Die frühesten Belege im Deutschen stammen aus Norddeutschland, wo durch Vermittlung von niederländischem *oranjeappel* im 17. Jahrhundert *Oranienapfel* erscheint. Im Süden begegnet dafür etwas später

die Zusammensetzung *Orangenapfel* (nach französischem *pomme d'orange*). Quelle des französischen Wortes, wie z.B. auch für entsprechendes italienisches *arancia* (→ *Pomeranze*), ist arabisches *nāranǧ* (< persischem *nāriŋg*), ‹bittere Orange›, das den europäischen Sprachen durch gleichbedeutendes spanisches *naranja* vermittelt wurde. Das anlautende *o-* von frz. *orange* (gegenüber dem in den anderen Sprachen bewahrten ursprünglichen *a-*) beruht auf einer volksetymologischen Umdeutung des Wortes (vielleicht nach frz. *or* [‹Gold›] wegen des goldgelben Aussehens der Früchte oder nach der südfranzösischen Stadt *Orange*, über die die Frucht importiert wurde).»

Wer Näheres zur Kulturgeschichte der *Orange* erfahren möchte, sei auf das «OPIUM – Orangenpapiermuseum» (Alter Weg 58, 38229 Salzgitter) verwiesen.

Pomeranze, seit dem 15. Jahrhundert als Bezeichnung für die ‹bittere Apfelsinenart› bezeugt, ist, was die Wortbildung betrifft, eine sogenannte «verdeutlichende Zusammensetzung», entlehnt aus mittellateinischem bzw. altitalienischem *pomarancia*. Dieses Wort setzt sich zusammen aus italienischem *pomo*, ‹Apfel›, (hergeleitet aus lateinischem *pomum*, ‹Baumfrucht›) und italienischem *arancia* (entstanden aus persischem *nāriŋg*).

Für die sogenannte *Landpomeranze* hält der Sprachforscher Heinz Küpper ([4]1990:482) gleich zwei Definitionen bereit: 1. die (seit 1820ff. so bezeichnete) ‹Frau mit ungewandtem Benehmen und ohne Kenntnis der Anstandsregeln›; 2. ein ‹in die Stadt übergesiedeltes Mädchen vom Lande›, wobei er hinzufügt: «Meint eigentlich das Mädchen mit pomeranzenroten Pausbacken. Vielleicht wortspielerisch beeinflußt von *Pommern* = ‹männliche Provinzler›.»

Appetit

François Rabelais (1494–1553), einer der großen Renaissanceschriftsteller, wurde mit seinem satirischen Roman «Gargantua et Pantagruel» (5 Bücher; 1523/64) berühmt, einer Verspottung scholastischen Denkens und feudaler Lebensformen, denen er das

Ideal des humanistischen, freien Menschen entgegensetzte. Etliche Wendungen seines Romans sind zu geflügelten Worten geworden. Im 1. Buch, Kap. 5 heißt es beispielsweise: «L'appétit vient en mangeant – Der Appetit kommt beim Essen» sowie: «La soif s'en va en buvant. – Der Durst vergeht beim Trinken.» Besonders die erstgenannte Wendung ist in vielen Sprachen bekannt; Emanuel Strauss (1994:436f.) verzeichnet eine Fülle von Varianten, u. a.: *al etende wast de appetijt* (holländisch), *appetitten kommer mens man spiser* (dänisch), *en manjant l'apetit ven* (provençalisch), *comiendo viene el apetito / el apetito viene al comer* (spanisch), *l'appetito viene mangiando* (italienisch), *l'appitittu vene manghiandu* (korsisch), *appetite comes with eating* (englisch).

Artischocke

Die Artischocke, deren Bezeichnung über italienische und spanische Zwischenformen wahrscheinlich auf das arabische Wort (mit Artikel) *al-haršūf* zurückgeht, zählt zu den edelsten Gemüsen und galt bereits im Zeitalter des Barock als vitalisierende und kräftigende Pflanze. Der aus Siena stammende italienische Arzt Petrus Andrea Matthiolus (1501–1577) beschrieb ihre aphrodisische Wirkung im 16. Jahrhundert mit den Worten: «Die Wurzeln und das Fleisch unter den Köpfen (*Artischockenboden*) mit Salz, Pfeffer und Galgant (*Ingwer*) verzehrt, öffnen den Gang zum unkeuschen Samen.» Wissenschaftler und Ärzte behaupteten schon damals, daß die Artischocke «körperliche Lust» hervorrufe. Das Wissen um ihre erotisierende Wirkung machte sich die Gräfin Dubarry, die berühmt-berüchtigte Maitresse Ludwigs XV., zunutze. «Regelmäßig ließ sie raffinierte Artischockengerichte zubereiten, um das Begehren des französischen Königs wachzuhalten», so berichtet Karin Schramm in ihrem Buch «Erotissimo: Verführerische Rezepte aus dem Garten der Aphrodite» (1998).

Daß das Verspeisen einer Artischocke nicht nur ein Fest für die Geschmacksnerven, sondern ein stimulierendes Erlebnis für alle Sinne ist, scheint auch Goethe (1749–1832) gewußt zu haben, als er die Verse schrieb:

Diese Distel, laß sie gelten:
Ich mag sie nicht schelten,
Denn was uns am besten schmeckt
In dem Busen liegt versteckt.

ausfressen

Wir alle kennen aus eigenem Erleben in der Jugendzeit die Wendung *etwas ausgefressen haben* mit der Bedeutung ‹(heimlich) etwas Schlechtes getan haben›. Die bedrohliche Frage «*Was hast du ausgefressen?*» bedeutete jedesmal: ‹Was hast du verbrochen?› Der vom «Duden» (Band 1 [Die deutsche Rechtschreibung]; [21]1996:135) als ‹umgangssprachlich› klassifizierte Ausdruck bezog sich ursprünglich wohl auf einen Hund oder eine Katze, die sich etwas zum Fressen gestohlen hatten und daher mit ängstlichem Blick ihrer Strafe entgegensahen; er wurde erst später auf Menschen übertragen und zum ersten Male von Karl Albrecht (1881:81) in seinem Buch über «Die Leipziger Mundart» aufgeführt. In der Literatur begegnet er erstmalig in Adolf Bartels' historischem Roman «Dietrich Sebrandt» (1899; Bd. 2:228).

Klaus Müller (1994/2001:40) erklärt einen harten mittelalterlichen Rechtsbrauch: Schuldner wurden durch die Einquartierung von fremden Fressern bestraft; «diese waren dazu angehalten, die Vorräte des Betreffenden aufzufressen, um ihn dadurch mittellos zu machen.» Vor diesem Hintergrund läßt sich vielleicht auch die umgangssprachliche Wendung *ich habe ihn/sie gefressen* im Sinne von ‹den/die kann ich überhaupt nicht leiden› deuten.

Neben diesen negativen menschlichen Attitüden gibt es auch positive, die in ähnlichen Redewendungen versprachlicht werden, man denke an Ausdrücke wie: *jemanden zum Fressen gern haben* und *einen Narren an jemandem gefressen* haben. Heinrich Raab (1981:108) deutet das letztere Beispiel: «Die Redensart leitet sich von der Sitte der Hofnarren her, die sich in der Gunst der Fürsten alles erlauben durften. *Einen Narren an ihm fressen* heißt: von ihm so eingenommen sein, daß man fast ein Narr zu sein scheint, man sich die Narrheit des anderen fast selbst einverleibt hat.» Das-

Holzschnitt aus Thomas Murners «Mühle von Schwyndelßheim» (1515)

selbe gilt natürlich für einen Menschen, den man samt dessen positiven Eigenschaften buchstäblich *zum Fressen gern hat*.

ausgekocht

«*AusgeKOCHt* – Machtspiele oder Glaubwürdigkeit?» – diese Fragestellung wählte Sabine Christiansen am 13. Februar 2000 beziehungsreich für ihre ARD-Sendung. Ich möchte hier nicht auf die politischen Implikationen eingehen, sondern kurz das Wort *ausgekocht* beleuchten. Es hat – sprachlich betrachtet – weder mit einem (schon gar nicht mit einem bestimmten) Koch noch mit dem Kochen etwas zu tun; vielmehr geht es auf das jiddische Wort *kochem* zurück, und das heißt ‹weise›: Von einem Menschen, der ‹raffiniert›, ‹pfiffig›, ‹verschlagen› oder ‹durchtrieben› ist, sagen wir daher, er sei *ausgekocht*.

Auster

Nicht nur über die *Artischocke* (vgl. S. 22 f.) hat sich Goethe beziehungsreich geäußert, sondern auch über die *Auster*:

> Enthusiasmus vergleich ich gern,
> Der *Auster*, meine lieben Herrn,
> Die, wenn ihr sie nicht frisch genoßt,
> Wahrhaftig ist eine schlechte Kost.
> Begeisterung ist keine Heringsware,
> Die man einpökelt auf einige Jahre.

Die im 16. Jahrhundert über das niederdeutsche *üster* ins Hochdeutsche gelangte Bezeichnung für die eßbare Meeresmuschel ist aus dem Niederländischen entlehnt worden. Ursprünglich geht sie auf das griechische *óstreon* zurück, das zum Stamm von griechisch *ostéon* (‹Knochen, Bein›) und griechisch *óstrakon* (‹harte Schale, Scherbe›) gehört. Die hartknochige Schale hat der *Auster* also ihren Namen gegeben.

Der Gast ist empört: «Schauen Sie, Herr Ober,
das ist nun schon das zweite Haar, das ich in
der Suppe finde!»
«Moment», meint der Ober, «ich bringe Ihnen
einen Kamm für die Suppe.»
Klaus Frank (1984:69)

B

Backfisch

Heinz Küppers «Wörterbuch der deutschen Umgangssprache» (⁴1990:72f.) bietet unter dem Eintrag *Backfischaquarium* zwei Worterklärungen an: ‹Wohnheim für ledige Mädchen› (offenbar gebräuchlich seit den Jahren 1950ff.) und ‹Mädchengymnasium, -pensionat›. Als Zusatz zu letzterer Bedeutung lesen wir: «Mit *Backfisch* bezeichnet man (trotz *Teenager* auch heute noch!) das Mädchen in den Entwicklungsjahren (es ist eigentlich der Fisch, den man nicht kochen, sondern nur backen kann).» Es fragt sich nur, wen Küppers mit «man» gemeint hat. Der «Duden» (Deutsches Universalwörterbuch; ³1996:200) klassifiziert nach der Erstbedeutung ‹panierter, gebackener Fisch› die zitierte übertragene Bedeutung wohl zu Recht als ‹veraltend›. Gleichwohl ist einzuräumen, daß die Bezeichnung in gewissen amüsiert-ironischen Kontexten durchaus noch verstanden wird: «Sprotte sucht Backfisch» nennt sich eine Internet-Zeitschrift, die sich selbst den Untertitel gibt: «*Das* Kontakt- und Lifestylemagazin für den Norden».

Backtrog

Hans Reimann behauptet in seinem «Vergnüglichen Handbuch der deutschen Sprache» (1964:51), der *Backtrog* habe nichts mit *backen* zu tun, denn *back* sei eine ‹große Schüssel›.

Diese Äußerung ist keineswegs so unsinnig, wie sie auf den ersten Blick erscheinen mag, denn, wenn man es genau nimmt, ist der *Backtrog* am direkten Back*vorgang* nur insoweit beteiligt, als er für die Back*vorbereitungen* nützlich ist. Der *Backtrog* ist – Kreuzworträtsellöser wissen das – nichts als eine ‹Molle/Mulde›, in der der Teig geknetet und zubereitet wird: «Roggen- und Weizenmehl werden mit Sauerteig, Salz, Germ, Kümmel, Anis und weiteren Gewürzen im *Backtrog* vermischt und zu einem Brotteig verarbeitet. Über Nacht ruht der Teig.»

Dem Braunschweiger Landvogt Hermann Bote (ca. 1467–ca. 1520) gelang mit seinem Werk «Ein kurtzweilig Lesen von Dyl Ulenspiegel» (1511) der einzige dichterische Welterfolg Niedersachsens und zugleich das berühmteste und langlebigste aller deutschen Volksbücher. Es erwies sich als ein ausgesprochener «Bestseller», von dem im 16. Jahrhundert allein in Deutschland mindestens 35 Ausgaben erschienen. Überdies wurde das Buch schon damals, teilweise in Auswahl, in die meisten europäischen Kultursprachen übersetzt; in seiner 62. Historie lesen wir, wie Eulenspiegel im Mondschein das Mehl in den Hof beutelte: «Mein Meister, ich weiß guten Rat. Wir werden so schnell backen wie unser Nachbar. Sein Teig liegt im *Backtrog*. Wollt Ihr den haben, so will ich ihn sogleich holen und unser Mehl an dieselbe Stelle tragen.»

Amüsant ist auch eine Stelle aus dem Brief, den Gottfried Keller (1819–1890) am 12. Februar 1874 an den Wiener Literaturkritiker und Herausgeber Emil Kuh (1828–1876) schrieb:

«Schreiben Sie mir immer ein paar Nachschriften, so lang Sie Platz haben, das ist behaglich und wärmt, wie ein Schnäpslein. Den Passus

wegen des die Mutter umhalsenden Knaben verstehe ich ohne Miß-
verständniß. Ich war ein Kind von kaum 5 Jahren, da ich von einer
Nachbarin sagen hörte, man werde ihre Vermählung feiern. Ich verstand ‹Vermehlung› und träumte gleich darauf von ihr, d.h. von der
Person, wie sie entkleidet, in einen *Backtrog* gelegt und mit Mehl eingerieben und zugedeckt wurde, und dieser Traum hinterließ mir einen
sehnsüchtig-traurigen Eindruck, der mich lange Jahre trotz allen Ge-
lächters nie verließ. – Doch nun gute Nacht nach diesem Hauptstück
von Kinderei. Es ist 9 Uhr. Ihr G. Keller.»

Daß der *Backtrog* aber nicht nur zur Vorbereitung des Brotbak-
kens, sondern z.B. auch beim Schweineschlachten seine Dienste
tat, lesen wir in Lena Christs Roman «Madam Bäuerin» (1919):

«Und dann tritt der Schiermoser aus dem Haus, gefolgt von seinem
Sohn, dem Franz, und Rosalie, deren werktätige Hilfe sich der Bauer
für das Fest erbeten hatte. Die Tenne wird geöffnet, ein großer Tisch,
der *Backtrog* voll heißen Wassers und eine Schüssel voll Pech stehen
bereit.»

Backtröge sind heute als Antiquitäten begehrt und teuer; sie werden – und das seit langem – als Aufbewahrungstruhen benutzt.
Schon in Goethes «Hermann und Dorothea» lesen wir:

«Über dem Schranke lieget das Sieb und die wollene Decke, In dem
Backtrog das Bett und das Leintuch über dem Spiegel. Ach! und es
nimmt die Gefahr, wie wir beim Brande vor zwanzig Jahren auch wohl
gesehn, dem Menschen alle Besinnung, Daß er das Unbedeutende faßt
und das Teure zurückläßt.»

Während es in deutschen Bibeln im 5. Buch Mose (Deuterono-
mium) 28,5 heißt: «Gesegnet wird dein Fruchtkorb und dein
Backtrog sein», lautet die gleiche Stelle in der englischen «King
James Version»: «Blessed shall be thy basket and thy *store*»; in
«The New English Bible» heißt es noch deutlicher (*knead* bedeutet ‹kneten›): «A blessing on your basket and your *kneading-
trough*».

In modernen sprachgeschichtlichen Wörterbüchern sucht man vergeblich nach einem erläuternden Hinweis; einzig Karl Faulmanns «Etymologisches Wörterbuch der deutschen Sprache nach eigenen neuen Forschungen» (1893:39) weist diesen Eintrag auf: «*Back* = ‹tiefe hölzerne Schüssel›.» Reimann hat sich also völlig korrekt geäußert: Der *Backtrog* ist nichts anderes als ein ‹hölzerner Trog›, der *auch* zu Backvorbereitungen dienen kann.

Bauch

Es läßt sich nicht leugnen: Der *Bauch* ist häufig Zielscheibe des Spotts. Das Sprichwort «Ein voller Bauch studiert nicht gern» wurde immer wieder variiert und ergänzt: «Ansichtssache» nannte Helmut Zech (1949:66) wenige Jahre nach dem Kriege eine seiner «Bosheiten»:

Ein voller Bauch nicht gern studiert,
Weil er zu Trägheit leicht verführt.
Doch läßt sich leichter dies ertragen
Als ein zu leer empfundner Magen.

Wolfgang Funke (1990:71) befand rund vier Jahrzehnte später: «Ein voller Bauch studiert nicht gern mehr als die Speisekarte.»

Wie wir sehen, hat der Bauch nicht den besten Ruf, doch schon Nietzsche (1844–1900) stellte in seinem Werk «Jenseits von Gut und Böse» (1886) klar:

«... wo nur einer ohne Erbitterung, vielmehr harmlos vom Menschen redet als von einem *Bauch* mit zweierlei Bedürfnissen und einem Kopf mit einem; überall wo jemand immer nur Hunger, Geschlechtsbegierde und Eitelkeit sieht, sucht und sehen *will*, als seien es die eigentlichen und einzigen Triebfedern der menschlichen Handlungen; kurz, wo man ‹schlecht› vom Menschen redet – und nicht einmal *schlimm* –, da soll der Liebhaber der Erkenntnis fein und fleißig hinhorchen (...) – niemand lügt so viel als der Entrüstete.»

Daneben gibt es auch begeisterte Äußerungen zu unserem «Thema»: «Carmina burana» nennt sich eine Sammlung, die überwiegend Vagantenlieder aus der Benediktbeurer Handschrift (zwischen 1210 und 1240) enthält, wobei die einzelnen fahrenden Sänger nicht bekannt sind. In der Kollektion findet sich als Nummer 211 ein satirisches Schlemmerlied in Form eines unbekümmerten Lobgesanges auf den *Bauch*:

1.
Alte clamat Epicurus:
«venter satur est securus.
venter deus meus erit.
talem deum gula querit,
cuius templum est coquina,
in qua redolent divina.»

Laut ruft Epikur:
«Ein satter Bauch ist wohlversorgt,
der Bauch soll mein Gott sein,
solchen Gott wünscht sich die Gurgel.
Deren Tempel ist die Küche,
in der der Duft der Gottheit weht.»

2.
Ecce deus opportunus,
nullo tempore ieiunus,
ante cibum matutinum
ebrius eructat vinum,
cuius mensa et cratera
sunt beatitudo vera.

Sieh, das ist ein günstiger Gott,
nüchtern zu keiner Zeit,
vor dem Frühstück
rülpst er trunken Wein,
sein Tisch und sein Kelch
sind die wahre Seligkeit.

3.
Cutis eius semper plena
velut uter et lagena;
iungit prandium cum cena,

Seine Haut ist immer voll
wie ein Schlauch, wie eine Flasche,
er hängt ans Frühstück gleich das Abendessen.

unde pinguis rubet gena,
et, si quando surgit vena,
fortior est quam catena.

Daher glänzt rötlich seine fette Wange,
und wenn einmal ein Glied sich hebt,
hat es mehr Kraft als eine Kette.

4.
Sic religionis cultus
in ventre movet tumultus,
rugit venter in agone,
vinum pugnat cum medone;
vita felix otiosa,
circa ventrem operosa.

So stiftet der Gottesdienst
im Bauche Aufruhr an.
Es brüllt der Bauch in Kampfesnot,
der Wein kämpft mit dem Met.
Selig ein geruhsam Leben,
Ein für den Bauch (nur) tätiges.

5.

Venter inquit: «nihil curo	Sagt der Bauch: «Nichts kümmert mich
preter me. sic me procuro,	als nur ich selbst. So trag ich Sorge,
ut in pace in id ipsum	daß in Frieden zumal
molliter gerens me ipsum	ich, mich genüßlich pflegend
super potum, super escam	überm Trunk, über der Speise,
dormiam et requiescam.»	schlafen mag und ruhen.»

Berliner

Das krapfenähnliche Gebäck, das anderswo *Berliner Pfannkuchen* oder schlichtweg *Berliner* genannt wird – selbst in Portugal spricht man, worauf Krämer/Sauer (2001:13) verweisen, von *bolas do Berlim* (‹Berliner Bällchen›) –, heißt in der deutschen Hauptstadt schlichtweg: *Pfannkuchen*. Schlägt man Gisela Buddées «Kleines Lexikon Berliner Begriffe» (2000) auf, so findet man darin keinen Eintrag über den mit Zucker bestreuten *Berliner* – eigentlich folgerichtig.

→ *Hamburger;* → *Würstchen: Wiener ~*

Berliner: ~ Weiße

Die Bezeichnung *Weißbier*, seit dem 16. Jahrhundert belegt, wird für ein ‹helles Bier› verwendet, im Gegensatz zu *Schwarzbier* und *Braunbier*, die ein ‹dunkles Bier› bezeichnen. Die spritzig-erfrischende *Berliner Weiße* ist ein ‹leicht hefetrübes Weizenbier› und zeichnet sich durch ein fruchtig-säuerliches Aroma und eine hellgelbe Farbe aus. Mit einem Stammwürzegehalt um 7,5 % zählt die regionale Spezialität zu den Schankbieren, wird obergärig gebraut und nur in 0,33 l-Flaschen abgefüllt. Urkundlich erwähnt wird dieser Biertyp erstmals 1642. Möglicherweise ist das Brauverfahren von den Hugenotten, die im 17. Jahrhundert im Berlin-Brandenburgischen Raum Zuflucht fanden, eingeführt worden.

Das vor allem im Sommer beliebte Getränk wird mit einem Trinkhalm aus großen *Weiße-Pokalen* oder *Klauengläsern* (weil man sie mit beiden Händen, den Klauen, halten muß) getrunken – zumeist *mit Schuß*. Dazu gibt man zunächst einen kräftigen Schuß (2 cl) Himbeersirup ins Glas und gießt dann das eiskalte Weißbier langsam darüber, das dadurch seine leicht rötliche Färbung erhält. Es gibt allerdings auch die grüne Variante der *Berliner Weiße*, die sich zunehmend großer Beliebtheit erfreut: sie enthält einen Schuß Waldmeistersirup. Gelegentlich werden auch Kirsch-, Mango- und Pfefferminzsirup verwendet. Gewöhnungsbedürftig ist die Berliner Weiße, wenn sie, wie früher häufig, *mit Strippe* (sprich: mit einem Schuß Kümmel oder Korn) getrunken wird.

Betriebsnudel

Spöttische Bezeichnungen für andere sind in vielen Gesprächen ein höchst wichtiges Element, gewissermaßen *das Salz in der Suppe*.

Heinz Küpper stellt in seinem «Wörterbuch der deutschen Umgangssprache» (^{4}1990:575) zum Vergleich zwischen *Nudel* und Mensch lapidar fest: «Analog zu den verschiedenen Nudelformen und -arten paßt die Bezeichnung auf den schmächtigen, auf den breitschultrigen sowie auf den drallen Menschen usw.» Anschließend offeriert er, jeweils mit dem ermittelten Jahr des ersten Nachweises, neben dem: ‹drallen Mädchen› (1800ff.) weitere 15 Varianten, die *«besondere Nudel* = ‹Sonderling› (1900ff.); *dicke N.* = ‹beleibter Mensch› (spätestens seit 1800); *doofe N.* = ‹dümmlicher Mensch› (1900ff.); *freche N.* = ‹frecher Mensch› (1900ff.); *kesse N.* = ‹lebenslustiges, umgängliches, unternehmungslustiges Mädchen› (1920ff.); *komische N.* = ‹seltsamer Mensch› (1870ff.); *lustige N.* = ‹lebensfroher Mensch› (1920ff.); *putzige N.* = ‹drolliger Mensch› (1870ff.); *schlappe N.* = ‹energieloser Mensch› (1950ff.); *tolle N.* = ‹lustiger Mensch, Spaßmacher, großartiger Unterhalter› (1900ff.); *überdrehte N.* = ‹überspannte Frau› (1920ff.); *ulkige N.* = ‹lustiger Mensch, Spaßmacher, wunderlicher Mensch› (1920ff.); *verrückte N.* = ‹Sonderling, lustiger Unterhalter› (1920ff.); *versoffene N.* = ‹Trinker(in)› (1910ff.); *g'wamperte N.* = (bayr.) ‹beleibte, vierschrötige weibliche Per-

son› (1900ff.); *weiche N.* = ‹energieloser, nachgiebiger Mensch›
(1925 ff.).» Es versteht sich, daß Küpper an anderer Stelle (S. 100)
auch die *Betriebsnudel* nicht unerwähnt läßt, jenen ‹Stimmungs-
macher bei Geselligkeiten› bzw. ‹die lustige, stets zu Scherzen
aufgelegte Betriebsangehörige›.

Bier

Hermann Pauls «Deutsches Wörterbuch» (⁹1992:128) betont die
Rolle, die der beliebte Gerstensaft im Studentenleben spielt, diese
zeige sich an einer Fülle von Wortzusammensetzungen, die
vorwiegend im 19. Jahrhundert geprägt wurden, z.B. *Bierbauch*
(1846), *Biereifer* (1875), *Bierleiche, Bierulk* (1846) usw.

Rolf Schneider konstatierte am 3. März 2001 in der Tageszeitung
«Die Welt» (S. 29) in einem Artikel, der sich mit der Anglizismen-
Diskussion befaßte, daß sich die deutsche Sprache durch Rein-
heitsgebote nicht gängeln ließe und daher lebendig bliebe; als
Überschrift hatte er gewählt: «Die Sprache ist nicht unser Bier.»
Der Beitrag erinnerte mich daran, daß der Linguist Christian
Todenhagen im «Jahrbuch 1974» der «Gesellschaft für die Geschichte und Bibliographie des Brauwesens e.V.» einen Aufsatz
zur Redewendung *Das ist (nicht) mein Bier* veröffentlicht hat, in
dem er zunächst feststellt (und ich habe den Eindruck: ein wenig
beklagt), daß das Bier in *geflügelten Worten* selten vertreten sei.
Dann gelangt der Verfasser zu der sensationellen Erkenntnis, daß
in der genannten Wendung möglicherweise ursprünglich die *Birne* (im holländischen: *muilpeer*) und nicht das *Bier* gemeint war.
Diese Vermutung – so präzisiert er – liege deshalb nahe, weil die
Redewendung in verschiedenen Varianten deutscher Mundarten
vorkomme, wobei das Wort *Birne* häufig stellvertretend für
‹Sache› stehe: *Dem seine Biren sind noch net zeitig* (‹Die Sache ist
noch nicht reif›) heißt es im Schwäbischen. Für eine ‹Sache, die
mehr Mühe und Kosten macht, als sie wert ist› nennt Karl Friedrich Wilhelm Wander 1867 in seinem berühmten «Deutschen
Sprichwörter-Lexikon»: *Dat is de Beer nig wert, dat man den
Steel so krüdert*; in einem obersächsischen und erzgebirgischen

Wörterbuch findet sich der Ausspruch *Jetz häs du de Birne wit* in der Bedeutung ‹die Sache ist erledigt›; ein Wörterbuch der Aachener Mundart verzeichnet *Dat sönd ding Beäre net* (‹Das geht dich nichts an›), wobei *Beär* für ‹Birne› steht. Sollte *Das ist nicht mein Bier* eine volksetymologische Umdeutung von *Das ist nicht meine Birne* sein? Ausgeschlossen ist es keineswegs.

Wo Büchmann und andere Sprüchesammler versagen, wie Todenhagen zu Recht bemängelt, da müssen wir Leonard Hermann konsultieren. Dieser Forscher hat mit größter Mühe alte Sprichwörter und Redensarten zusammengetragen, die sich mit dem Gerstensaft befassen, und im Jahre 1931 in Berlin eine Arbeit unter dem Titel «Das Bier im Volksmund» veröffentlicht. Was er auf Seite 124 ausführt, macht mich als in Hamburg lebenden Autor besonders stolz:

> «Vom Hamburger Gebräu, das schon vor 400 Jahren als besonders vorzüglich bekannt war, sagte man (…): *Hamburger Bier wollte gern mit dem Wein um die Wette laufen.* Dieses ‹geflügelte Wort› geht vermutlich auf die folgende Anekdote zurück: Das Erzeugnis der Hamburger Brauer, berühmt als ‹Königin der weißen Biere›, war ein Weizenprodukt, das allmählich Weingeschmack annahm. Deshalb sagte der Kardinal Raimundus aus Rom, als er einmal als päpstlicher Legat in der Hansestadt weilte, im Scherz: ‹O quam libenter esses vinum!› (‹O wie gern wolltest du Wein sein!›) – Welchen Umfang die Biererzeugung Hamburgs damals besessen hat, zeigt auch das alte Sprichwort: *Hamburg ein Brauhaus, Lübeck ein Kaufhaus.*»

Neben diesen Sprüchen mit Lokalkolorit verzeichnet der Verfasser etliche Sprichwörter und sprichwörtliche Redensarten zur Kunst des Brauens, zu den Braustoffen und zum Ausschank des Bieres: *Bier ohne Hopfen braucht keinen Pfropfen – Gerste und Hopfen gibt guten Tropfen – Hopfen und Malz, Gott erhalt's* usw.

Leonard Hermann schlägt auch den Bogen zur bildenden Kunst. Unter Verweis auf den «Politischen Blumengarten» (1641) von Christoph Lehmann nennt er den Spruch *Das Bier wäre gut, hätte die Sau nicht den Zapfen gezogen* und führt dazu aus:

«Auf dem berühmten Gemälde Pieter Brueghels des Älteren ‹Die holländischen Sprichwörter› (...) ist auch diese Redensart – als einzige aus unserem Fachgebiete – dargestellt (...). In der Einfahrt eines Bauernhofes steht ein großes Faß, und mehrere Schweine umschnüffeln es offenbar mit lebhaftester Anteilnahme. Die Muttersau ist eben dabei, den Zapfen zu ziehen. – Während manche Titelbilder dieses Werkes nicht leicht zu deuten waren, hat man das zugehörige Gleichnis hier bald herausgefunden: ‹Hier trekt de zeug den tap uit.› Die Sau zieht den Zapfen heraus, das gute Bier ist verloren! Die Redensart muß im niederländisch-niederdeutschen Sprachgebiet ehedem außerordentlich volkstümlich gewesen sein, denn sonst hätte der flandrische Maler es nicht in eine so enge Auswahl mit einbezogen.» (S. 82)

Übrigens: Das berühmte Diktum *Bier ist flüssiges Brot* hat der liberale Polyhistor und geistreich-satirische Feuilletonist Karl Julius Weber (1767–1832) geprägt; in seiner Schrift «Deutschland oder Briefe eines in Deutschland reisenden Deutschen» (1826; ²1834, Bd. 1, S. 119) lesen wir: «Wein und Bier verhalten sich wie Geist und Leib [...]. *Bier ist flüssiges Brot*, Branntwein verklärtes Brot, Jesus aber sagt: der Mensch lebt nicht allein vom Brote. Brot und Wein sind die beiderlei Gestalten.» Und von Bertolt Brecht stammt das schlichte «Liedchen aus alter Zeit (nicht mehr zu singen!)»:

Eins. Zwei. Drei. Vier.
Vater braucht ein Bier.
Vier. Drei. Zwei. Eins.
Mutter braucht keins.

Für das Bier steht eine Vielzahl von Trinkgefäßen zur Verfügung. Zu unterscheiden sind die Kategorien *Pokalgläser*; *Seidel*; *Bechergläser* (z.B. schmale zylindrische 0,2 Liter fassende *Kölsch-Stangen* und zylindrische Gläser, die etwas kleiner, aber dafür dicker sind, die sogenannten *Altbier-Becher*); *Weizenbiergläser*; *Bierkrüge* (mit und ohne Deckel); *Bierstiefel* und *Spezialgläser*. Wer sich für nähere Einzelheiten interessiert, dem sei die deutsche Version des 1998 erschienenen Buches «Bier für Dummies» von Matry Nachel und Steve Ettlinger empfohlen. Im übrigen sei vermerkt, daß es in Hamburg ein von Karsten Marquardt hervorragend geführtes «Deutsches Bierglasmuseum» gibt; besuchenswert sind des weiteren das «Schussenrieder Bierkrugmuseum» und das «Nürnberger Weizenbierglas-Museum.» Wen es noch weiter südlich – z.B. in die Schweiz – verschlägt, dem kann es passieren, daß man ihm zu einem feinen *Chäschüechli*, ein *Chübeli* (*Bier*) anbietet; doch – keine Sorge! – auch dabei handelt es sich nicht um einen ganzen Kübel, sondern üblicherweise um ein 3 dl-Glas des erfrischenden Gerstensaftes.

→ *Altbier*; → *Bockbier*; → *Hopfen*

Biskuit

Wenn deutsche Hausfrauen *Biskuit* backen, meinen sie damit ein ‹feines Gebäck aus Mehl, Zucker und Eierschaum›. Seiner Herkunft nach ist das Wort italienisch (*biscotto*), es heißt soviel wie *zweimal gebacken* (im Lateinischen *bis coctum*), entspricht sprachlich also unserem *Zwieback*, der noch im 15.Jahrhundert *Zweiback* hieß. Apropos *Zwieback*: «Zurück zum *Zwieback*. Es gibt nichts Besseres» – so lautete im Jahre 1986 eine Werbung für Brandt-*Zwieback* im «Journal für die Frau» (Nr. 10/28. April) in Anlehnung an den Jean-Jacques Rousseau zugeschriebenen Ausspruch «Zurück zur Natur» («Retour à la nature!»), der sich in dieser Formulierung übrigens in keinem seiner Werke findet.

→ *Kekse*

Bissen

Viele Leser werden sich erinnern: Im bekannten Märchen der Brüder Grimm «Der Froschkönig oder der eiserne Heinrich» («Kinder- und Hausmärchen» 1; 1857; vgl. K.Derungs, 1999) mußte die Königstochter auf Geheiß des Königs den Frosch in ihr Gemach einlassen:

«Als der Frosch erst auf dem Stuhl war, wollte er auf den Tisch, und als er da saß, sprach er: ‹Nun schieb mir dein goldenes Tellerlein näher, damit wir zusammen essen.› Das tat sie zwar, aber man sah wohl, daß sie's nicht gerne tat. Der Frosch ließ sich's gut schmecken, aber ihr *blieb fast jedes Bißlein im Halse* (...).»

Immer wieder, ob in literarischen oder sachbezogenen Texten, oszilliert die Bedeutung des Bildes, daß jemandem *der Bissen im Halse stecken bleibt* zwischen der eher wortgetreuen Ausdeutung ‹vor Schreck nicht mehr weiteressen› und dem Sinn ‹verstummen vor Schreck›. In einem Börsenbericht hörte ich kürzlich:

«Das Mahl beendet haben jetzt definitiv Telekom und France Télécom. Die erst im vergangenen Jahr befestigte, insgesamt sieben Jahre währende Kooperation hatte Schluckauf bekommen, als Telekom-Chef Ron Sommer vergeblich eine italienische Süßspeise namens Telecom Italia verkosten wollte. Seinem französischen Diner-Partner Michel Bon war *der Bissen im Halse stecken geblieben*, als er von dem außerplanmäßigen Techtelmechtel – angeblich zu spät – erfuhr. Späte Rache des Franzosen: früher Verkauf der deutschen T-Aktien. Und außerdem der Versuch, die Deutschen aus dem deutsch-französisch-italienischen Gemeinschaftsunternehmen ‹Wind› hinauszujagen.»

Und in der «Bild»-Zeitung war am 5. Juni 2000 über die EXPO zu lesen:

«Auch 'ne Art Weltrekord auf der Weltausstellung: Die simple Bratwurst kostet bis zu 9 Mark! Zum Beispiel an der (deutschen) Würstel-Bude vor dem japanischen Pavillon. Der Besitzer hat vorsichtshalber erst gar kein Preisschild angebracht, sein junger Verkäufer entschuldigt sich: ‹Sorry – aber die Preise hab ich doch nicht gemacht.›
Tatsache: Beim Expo-Bummel bleibt einem schnell *der Bissen im Halse* stecken.»

Ähnlich häufig begegnet uns, wie angedeutet, der Ausdruck in der deutschen Literatur. So heißt es bei Jeremias Gotthelf (1797–1854) in seinem Bauernroman «Wie Uli der Knecht glücklich wird» (1841; im 19. Kapitel):

«Es war ein stattlich Essen da, das Beste, was das Haus vermochte, allein es schmeckte heute dem grasgrünen Elisi nicht halb so gut als gestern dem himmelblauen; sobald es Trinette ansah, *stockte ihm der Bissen im Halse*, selbst dem Johannes sein Neuenburger hatte heute einen ganz andern Geschmack als gestern. Es hatte keine Ruhe, bis angespannt war.»

In einem frühen Roman Wilhelm Raabes (1831–1910), «Abu Telfan oder Die Heimkehr vom Mondgebirge» (1867), hält Leonhard Hagebucher eine kurze Ansprache, in der er ausführt:

«Verehrte Angehörige, wer länger als zehn Jahre mit den Fingern in die Schüssel greifen mußte, der wird sich nur allmählich wieder an den Gebrauch von Messer und Gabel gewöhnen, und wenn man ihm dazu nicht Zeit lassen kann, so wird ihm der beste *Bissen im Halse steckenbleiben*, und er muß jämmerlich daran erwürgen. Wenn ich wüßte, was noch aus mir werden kann, so würde ich es auf der Stelle sagen; aber ich weiß es nicht (...).» (5. Kapitel)

Es handelt sich bei dieser Wendung um ein sehr verbreitetes Bild. Die enge Verbindung zwischen der ‹Angst› und dem Bissen, der im Hals stecken bleibt, findet sich schon in sogenannten «Gottesurteilen» (mittellateinisch *iudicium Dei*, *ordalium*, *Ordal*) altgermanischen Rechts. Peter Schels (http://www.mittelalterlexikon.de/index.html) führt dazu in seinem «Lexikon des Mittelalters: Kleine Enzyklopädie zum Mittelalter im deutschsprachigen Raum» aus:

«Eidesunfähigen Personen (Frauen oder unfreien Hintersassen) stand als prozessuales Beweismittel das noch aus der vorkarolingischen Zeit stammende Gottesurteil zur Verfügung, das etwa vom 9. Jh. an mit christlichen Ritualen verbunden wurde. Die Beklagten konnten ihre Unschuld beweisen, indem sie durch göttliche Hilfe eine Probe bestanden (Abwehrordal) oder sie galten bei Nichtbestehen als überführt (Ermittlungsordal).»

Neben der *Feuerprobe*, der *Wasserprobe*, der *Giftprobe*, der *Bahr-* oder *Blutprobe* und anderen nennt Schels auch das «Elementarordal» der *Bissenprobe*: «Schuldig war, wer sich beim Abschlucken eines trockenen Brot- oder Käsewürfels verschluckte – wem *der Bissen im Halse stecken blieb.*»

bißchen

Bedeutungserweiterung und Bedeutungsverengung von Wörtern spielen bei der Entwicklung einer Sprache eine große Rolle. Sie merken, daß ich *ein bißchen* (in manchen Landschaften sagt man: *a bissel*) – ich hätte auch sagen können: *ein wenig* – auf die historische Entwicklung eingehe: Ursprünglich redete man nur von einem *Bißchen* im Sinne eines ‹kleinen Bissens›, wo etwas Eßbares abgebissen wurde, z.B. von einem *bißchen Brotes*, später von einem *bißchen Brot*, einem *bißchen Fleisch* usw. Heute umgehen wir das Substantiv *Bißchen* durch den Ausdruck *ein kleiner Bissen.*

Zum erstenmal belegt gegen Ende des 17. Jahrhunderts, wird der Ausdruck *ein bißchen* – wie es Christoph Ernst Steinbachs in Breslau 1734 erschienenes «Vollständiges Deutsches Wörter-Buch» verzeichnet – bis heute in der allgemeinen Bedeutung ‹ein wenig› auch in anderem Zusammenhang gebraucht, etwa bei Maßangaben für Getränke (*ein bißchen Milch, ein bißchen Schnaps*) und bei Dauerangaben von Tätigkeiten: *ein bißchen zuhören, ein bißchen schlafen*. Neuerdings hat man den Eindruck, daß alle Welt das Wort *bißchen* nicht nur ein bißchen, sondern nahezu völlig meidet und es durch *ein Stück* (*weit*) ersetzt. Meine uneingeschränkte Solidarität gilt dem Journalisten Axel Hacke, der diese sprachliche Unsitte am 20. Januar 2002 in der Zeitung «Der Tagesspiegel» aufs Korn genommen hat:

> «Es geht einem nicht aus dem Kopf, wie Angela Merkel, als alles entschieden war, an einem Pult stand und sagte, sie glaube, verantwortlich gehandelt zu haben, und sei ‹deshalb auch *ein Stück stolz*›. Ein Stück stolz, hmmm ... Hatte sie nicht nach dem 11. September erklärt, sie sei

‹ein Stück weit fassungslos›? Diese Stück-Rhetorik ist eine Mode, nichts wird richtig und ganz gemacht, alles bloß *ein Stück weit*. Der Grüne Oswald Metzger klagte, ‹die globale Wirtschaftsdelle› sei nach dem 11. September ‹*ein Stück weit* verlängert worden›. Der Fußball-Präsident Gerhard Mayer-Vorfelder jammerte nach dem Ausscheiden bei der Europameisterschaft, er habe bei den Deutschen ‹*ein Stück weit die Professionalität vermißt*›. Und beim Öko-Staffellauf von Vorarlberg nach Wien, einer Werbeaktion für Klimabündnis-Kaffee, wurde gebeten: ‹Tragen Sie *ein Stück Fairness* ein Stück weit dem Ziel entgegen!› Ja, so schafft man gewiß ein Stückchen Frieden in der Welt ...

Aber manchmal möchte man doch das Wort *Stück* nehmen und irgendwo tief vergraben, wo es keiner findet, der bloß *ein Stück weit gräbt*. Es ist nicht mehr anzuhören! Andererseits: Daß Angela Stückweit-Merkel (nach einem Frühstück übrigens, wie sie zu erwähnen nicht vergaß) nicht für den Kanzlerposten kandidieren darf – hat es womöglich auch was mit der Art zu tun, wie sie dieses Wörtlein *Stück* verwendet?

Hat man denn, zum Beispiel, je von Helmut Kohl den Begriff in anderen Zusammenhängen vernommen als: ‹Bring mal zwei *Stück* Kuchen, Juliane!› Hat man nicht. Oder hat Schröder, als er an des Kanzleramtes Toren rüttelte, gerufen: ‹Macht mal *ein Stück auf*! Ich möchte hier *ein Stück weit rein*!› Hat er nicht.»

Blümchenkaffee

Dünnen, schwachen, faden – wie man in Norddeutschland auch sagt: *labbrigen* – Kaffee nennt man vielfach *Blümchenkaffee*. Lutz Röhrich (²1995:222) hält die auf den ersten Blick völlig unsinnig erscheinende Getränkebezeichnung – *aus zwee Buhn sind zwölf Tassen bereitet* – für sächsischen Wortwitz. Auf jeden Fall scheint das Wort *Blümchenkaffee* schon 1729 bekannt gewesen zu sein, denn in diesem Jahre erschien, «vorgestellet durch Orestes», die Komödie «Der Dressdnische Mägde-Schlendrian: In einem Satyrisch-Moralischen Nach-Spiele auff dem Theatro zu Nirgendshausen»; und auf S. 47 dieses achtzigseitigen Werkes findet sich diese tiefgründige Erklärung: «Blümgen-Coffée – so

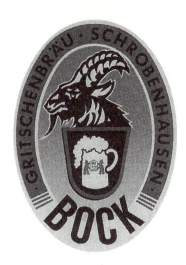

nennen die Leipziger den Coffée, wenn er allzu dünne ist, weil man die Blümgen auf dem Boden der Coffée-Tasse dadurch sehen kann.»

→ *Bohnenkaffee;* → *Kaffee;* → *Kaffeeklatsch;* → *Mokka;* → *Muckefuck*

Bockbier

Zunächst möchte ich mich der Frage zuwenden, ob der Ziegenbock etwas mit dem *Bockbier* zu tun hat und dazu zwei prominente Stellungnahmen präsentieren:

Hans Reimann (1964:49f.) konstatiert: «Bei den Germanen spendete Heidrun, die Ziege, einen ganz besonders süffigen Saft; zwei Böcke verschönten das Mahl Odins bei Ögir und schleppten von Hymir, dem Riesen, einen Braukessel herbei. Kurzum, der Beziehungen vom Bier zum Bock sind ihrer etliche.»

Roland Michael (1990:82f.) wird deutlicher und beantwortet die Frage, ob der Ziegenbock der Namengeber des Bockbiers sei, mit einem klaren «Nein!», räumt allerdings ein: «Es muß zugegeben werden, daß der Ziegenbock ganz offiziell mit dem *Bockbier* in Verbindung gebracht wird. So gibt es Bockbiere, auf deren Etikett ein Ziegenkopf abgebildet ist, und Bockbierproben, bei denen ein Ziegenbock als Maskottchen bemüht wird, wenn der erste Anstich erfolgt. Aber in Wirklichkeit handelt es sich dabei nur um ein legalisiertes Mißverständnis.»

Reimann (ibid.) gibt uns einen präzisen Kurzbericht zur Geschichte des Bockbieres:

«Martin Luther saß am 15. April 1521 – die zweite Sitzung des Reichstages hatte er hinter sich – in seiner Herberge zu Worms, als ihm Herzog Erich von Brandenburg eine Kanne *Einbecker* überreichte. Die hohen Herren schätzten allerorten gleichfalls einen guten Trunk, und von den Fürsten in Bayern ist bezeugt, daß sie bis 1614 das Einbecker Bier (*Ainpockisch*) in rauhen Mengen bezogen. Im genannten Jahr glückte dem Hofbraumeister ein Stoff, der dem Ainpockischen gleichwertig war, und der Ausdruck *Ainpockisch* wurde zum Begriff. Allenthalben sprach man und verlangte man *Ainpock*. Aus *Ainpock* ward *Ainbock* und aus *Ainbock* unser *Bockbier*. Der Franzose nennt noch heute ein Glas Bier: *un boc*, einen Bock. Vor dem Ainbock hatten unsere Ahnen als Lieblingsgetränk den Met, und wer ein wenig Umschau hält in der Geschichte, der findet beispielsweise in Schriftstücken aus dem Jahre 1490 die Bezeichnung *bockmedt* (Bockmet) und in einer Wasserburger Rechnung von 1600 die Aufzeichnung: *Pogkmöth*.»

Nun wissen wir es also genau: Das *Bockbier* hieß zunächst *Ainpockisch Bier* (zuweilen liest man auch *Ainpöckhisch Bier*), weil es als Spezialbier nur im niedersächsischen Einbeck gebraut wurde. Und Roland Michael (ibid.) verrät uns auch, daß der 1614 an den kurfürstlichen Hof in München berufene Braumeister aus Einbeck – nomen est omen! – *Elias Pichler* hieß. Er brachte die einbeckische Brauart in die bayerische Hauptstadt, wo man sie in lautlicher Umprägung *Oackbockbier* nannte, woraus später die schlichte Bezeichnung *Bockbier* wurde.

→ *Altbier;* → *Bier;* → *Hopfen*

Bocksbeutel

Immer wieder hört und liest man den Unsinn, *Bocksbeutel* bezeichne eine fränkische Weinsorte. Richtig ist, daß man unter *Bockbeutel* eine flache, seitlich gebauchte grüne Weinflasche versteht, nicht aber deren Inhalt. Roland Michael (1990:83) weist darauf hin, daß diese Flaschenform in der Bundesrepublik Deutschland den Frankenweinen und bestimmten Weinen aus dem Anbaugebiet Baden vorbehalten sei und daß die Winzer dieser Gebiete sich gegen den Verkauf auch der Weine aus Südtirol und Portugal in Bocksbeutelflaschen wehrten. Bezüglich der Herkunft der Bezeichnung *Bocksbeutel* neigen die meisten Sprachforscher heute zu der Überzeugung, es müsse der *Bocksbeutel* wohl vom ‹Beutel›, dem Hodensack des Ziegenbocks, abgeleitet worden sein, denn Beutel dieser Art sind früher zum Flüssigkeitstransport verwendet worden: vgl. die Zeichnung auf S. 44.

Roland Michael (ibid.) stellt eine Reihe von Vermutungen an: «Vielleicht stammt er vom niederdeutschen *Booksbüdel* ab, jenem Buchbeutel, in dem die Hamburger Frauen noch im 17. Jahrhundert ihr Gesangbuch zur Kirche trugen.» Einleuchtend ist auch die Erklärung, es habe sich ursprünglich um einen *Bugsbeutel*, eine Feldflasche, gehandelt, wie sie die Mönche verwendeten, um ihr Tränklein mit in den Weinberg zu nehmen.

Vom heutigen Sprachgebrauch aus betrachtet, muß es überraschen, daß *Bocksbeutel(ei)* noch bei Goethe soviel wie ‹Schlendrian› bedeutete. So lesen wir in «Wilhelm Meisters Wanderjahre» (3. Buch, 12. Kapitel, HA 8:412): «Betrachten wir aber die beiden, sowohl die freien als strengen Künste, in ihren vollkommensten Zuständen, so hat sich diese vor Pedanterei und *Bocksbeutelei*, jene vor Gedankenlosigkeit und Pfuscherei zu hüten.»

Und die Schrift «Der deutsche Gil Blas – eingeführt von Goethe oder Leben, Wanderungen und Schicksale Johann Christoph Sachses, eines Thüringers, von ihm selbst verfaßt» (1807; AGA 14:500) überrascht mit folgender Passage:

Fränkischer Bocksbeutel

Aus: *Ernst Kahls Tafelspitzen. Kulinarische Pannen und andere Delikatessen.*

«Ergötzlich ist es zu sehen, wie ein Mann, in dem bürgerlichen Wesen selbst befangen, sich durch geniale Betrachtung darüber erhebt und dasjenige, was wir sonst als Philisterei, *Bocksbeutel*, Schlendrian und alberne Stockung zu verachten pflegen, in seiner natürlichen anmutigen Notwendigkeit sehen läßt (...).»

Bockwurst

Über *Bockbier* habe ich schon gesprochen. Beim überreichlichen Genuß dieses Getränks soll erstmals von Studenten auch die Bezeichnung *Bockwurst* für jene Berliner Kochwurst geprägt worden sein, deren wahrscheinlicher Erfinder im Jahre 1898 ein gewisser *Richard Scholtz* ist. Er war Buffetier in der Skalitzer Straße 46b (in der deutschen Hauptstadt) und ist später als *Bockwurstkönig* bekannt geworden. Der beleibte Scholtz soll die *Bocki*, wie sie in Berlin liebevoll genannt wurde, mit Soße, Salat und Sauerkohl serviert haben. In der Scholtzschen Kneipe wurde sie mit dem Ausruf *eene Kahle, Chef!* bestellt; später nannte man sie *die Heeße* (‹die Heiße›).

Es gibt, das sei nicht verschwiegen, noch eine andere Version bezüglich der Namengebung für die (Berliner) *Bockwurst*; Roger Rössing (2001:122) schrieb nämlich: «Die *Bockwurst*, eine deutsche Leidenschaft, enthält so wenig Bockfleisch wie der Hundekuchen Hundefleisch enthielte. Ohne Spaß, sie wurde nach Fleischermeister *Wilhelm Bock* aus Berlin so genannt, der die Brühwurst aus Ochsen- und Schweinefleisch aus der Taufe hob.»

Bohne

Ich gehe davon aus, daß viele Leser(innen) die Ausführungen in diesem Buch *goutieren* und nicht erklären: *Das interessiert mich nicht die Bohne*. Die *Bohne* diente nämlich schon im Mittelhochdeutschen als Ausdruck für etwas Geringwertiges, um die Verneinung zu betonen.

Bohnenkaffee

Die Bezeichnung *Kaffee* stammt aus dem Arabischen, wo *qahwa* eigentlich ‹Wein›, dann einen ‹aus Beeren gekochten Trank› bezeichnet. Franz Harder (^{5}1925:33f.) bemerkt dazu:

> «In Deutschland sagte man anfänglich *Koffee*, da man die Sache (im 17. Jahrhundert) aus England und den Niederlanden bekam (vgl. *Tobak);* seit dem 18. Jahrhundert drang nach dem französischen *café* das *a* durch. Der Baum ist in Mittelafrika, von Habesch, wo ein Distrikt *Kaffa* heißt, auf den man ebenfalls den Namen zurückführt, bis Guinea einheimisch; es scheint, daß die Gallastämme die gerösteten Bohnen mit Butter gemengt genossen haben. Die Bereitung des Getränkes ist die Erfindung des arabischen Scheichs El Schäsili um die Mitte des 15. Jahrhunderts; sie sollte den Zweck haben, die Derwische zur besseren Abhaltung der

Gebetsstunden wachzuhalten. Seitdem wurde der Baum durch den Mufti Gemal Eddin aus Aden 1459 in Arabien, dann in Java (1690) und Westindien (1727) angebaut. Hakem aus Aleppo und Schems aus Damaskus legten um 1550 die ersten Kaffeehäuser in Konstantinopel an, und um 1580 wurde die Sache durch die Venezianer dem Abendlande übermittelt, aber der augsburgische Arzt Leonhardt Rauwolf, der den Kaffee 1573 in Aleppo kennenlernte, ist der erste, der die Pflanze und das Getränk beschreibt (1582 erschien sein Reisebericht), also früher, als Prospero Alpino (1592), dem dies meist zugeschrieben wird. [...] Beim Filtrieren des Kaffees mag man daran denken, daß das franz. *filtrer* vom deutschen *Filz* herstammt und ‹durch Filz laufen lassen› bedeutet.»

Für ‹leeres Gerede›, eine ‹wertlose Sache›, eine ‹hoffnungslos veraltete Geschichte› oder eine ‹reizlose Feststellung› wählen wir umgangssprachlich häufig den Ausdruck *kalter Kaffee*. Da es im Zusammenhang mit dem *Kaffee* offenbar eine Reihe von Mißverständnissen gibt, scheint es keineswegs *kalter Kaffee* zu sein, sich gelegentlich zu vergegenwärtigen, daß es eigentlich blühender Unsinn ist, von *Bohnenkaffee* zu sprechen. Deshalb polemisiert Mechtilde Lichnowsky (1949:307f.) in ihrem Buch «Worte über Wörter» gegen die Bezeichnung:

«*Kaffee* ist der Name eines Getränks. Wenn das, was getrunken wird, nicht von der Kaffeebohne stammt, sondern von der Gerste, kann man das Getränk *Gerstenkaffee* nennen, so wie das Wort *Salat* nicht nur der Name eines Gemüses ist, sondern auch der einer mannigfachen Art, kulinarisch Wertvolles zuzubereiten.
Aber, daß man den echten Kaffee damit insultiert, daß man ihn im Gegensatz zu Gerstenkaffee, *Bohnenkaffee* nennt, also dem Ersatz erlaubt, sich für das Original zu halten, den Kaffee für die Kopie, das kann ich nicht durchgehen lassen. *Bohnenkaffee* gibt es nicht; es gibt nur die lieblich oben gespaltene unten glatte Kaffee*bohne*. Dabei ist das Wort *Bohnenkaffee* auch noch dumm gewählt, da es andere Bohnen gibt, grüne, weiße, gesprenkelte. Die Verbindung mit einem Adjektiv, also *echter* Kaffee wäre erträglich und gut. Aber sie müssen immer zusammengesetzte Substantive bilden ...»

An dieser Stelle sei erwähnt, daß das arabische Wort *bunn* die ‹Frucht des Kaffeestrauches› bezeichnet und volksetymologisch zu *Bohne* umgedeutet wurde: daher die Bezeichnung *Kaffeebohne*.
→ *Blümchenkaffee;* → *Kaffee;* → *Kaffeeklatsch;* → *Mokka;* → *Muckefuck*

Borschtsch

Zwar variieren die Zutaten und Anleitungen zur Herstellung dieser russischen Suppenspezialität in manchen Rezepten ein wenig, doch meistens weisen sie in die von Alphonse Petit in seiner Abhandlung «Traité de la cuisine russe» (1897) vorgegebene Richtung, aus der Martha v. Zobeltitz (1923:41) zitiert:

«Man schneidet die Bestandteile einer Gemüsesuppe aus roten Rüben, Kohlrüben, Petersilie und Zwiebeln, schneidet einen großen Weißkohlkopf in acht Teile, wellt ein dreipfündiges Stück Rinderbrust und zwei Pfund geräucherten Bauchspecks auf und schneidet beides in Würfel. Das Fleisch kommt mit den Gemüsen in einen Topf, halb mit der Brühe, halb mit dem säuerlichen Sud der roten Rüben begossen, und wird gepfeffert und gesalzen. Bis das Rindfleisch völlig gar ist, läßt man die Suppe sanft brodeln. Vor dem Anrichten wird die Suppe entfettet, mit Vollsahne gebunden und mit recht kräftigem Rotrübensaft gefärbt. Zum Abschluß wirft man eine Prise gehackten Fenchels in die Terrine.»

Gleichwohl stellt die aus einer russisch-jüdischen Familie stammende Schriftstellerin und Lyrikerin Mascha Kaléko (1907–1975) uns die nötigende Frage:

Wie wäre es mit einem «Borschtsch»?

Man nehme erstens zirka sieben
Fein abgeschälte rote Rüben.
Dann hacke man den Weißkohl klein,

Tu Zwiebel, Salz und Essig rein.
Mit Hammelfleisch muß das nun kochen,
Auf kleiner Flamme, sieben Wochen.
Jetzt Kaviar mit Wodka ran
Nebst Zimt und frischem Thymian.
Nun schüttet man das Ganze aus
Und ißt am besten – außer Haus.

Gerade um dieses Gericht rankt sich eine Vielzahl jüdischer Witze. Bei Jan Meyerowitz (1971; 1997:42) findet sich einer,

> «... mit eingebauter Lebensregel: ‹Kellner ein Teller Borschtsch!› Der Kellner bringt einen Teller Suppe, der Gast beginnt zu essen. ‹Kellner, die Borschtsch is nich sauer genug!› ‹Das ist keine Borschtsch, das is Buljong.› ‹IS ES BULJONG, IS ES SAUER GENUG.› (Der Leser dürfte (...) das Hauptthema hier (...) erkennen. Daß der Witz auch ein Schlüssel zur jüdischen Geschichte ist, die wesentlich aus Dulden und Anpassen-Müssen besteht, verleiht ihm seinen doppelten Gehalt, seinen doppelten Boden, eben die besondere Art Tiefsinn ...).»

Bratwurst

Unter diesem Stichwort belehrten uns vor einigen Jahren die Rekordhalter in einer Ausgabe des «Guinness-Buch der Rekorde», es sei interessant zu wissen, daß für ihre Riesenbratwurst ca. 1700 kg Schweinefleisch benötigt würden; daß diese Menge Fleisch in ca. 6 Stunden von 5 Metzgern zur längsten Bratwurst der Welt mit 5200 m geformt werde; daß für ihre Herstellung ca. 50 kg Gewürze benötigt würden; daß, und darauf seien sie besonders stolz, dieses Fleisch garantiert aus heimischer Wirtschaft komme, weil im wahrsten Sinne des Wortes der Bedarf durch «Sauspenden» von den umliegenden Landwirten gedeckt werde.

Nicht zuletzt nach dieser Information liegt es nahe, das Wort *Bratwurst* mit dem Verb *braten* in Zusammenhang zu bringen. Doch eben das ist – sprachhistorisch gesehen – eigentlich

Unsinn! Das althochdeutsche Wort *brāto* und das mittelhochdeutsche Wort *brāte* hatten nämlich die Bedeutung ‹schieres Fleisch›; im Wort *Wildbret* (‹Fleisch von Wild›) ist diese Bedeutung noch heute bewahrt. *Bratwurst* war also ursprünglich die Bezeichnung für eine ‹Fleischwurst›; erst später nahm *bräte* in Anlehnung an das Verb *braten* die Bedeutung ‹gebratenes Fleisch› an.

Brezel

Viele Gebäckstücke werden nach ihrer Form bezeichnet; die *Brezel* (auch *Prezel*), althochdeutsch *brezitella*, geht wie das italienische *bracciatello* auf eine Ableitung aus lateinischem *brachium* zurück, ist also eigentlich ein ‹Gebäck in Form von (verschlungenen) Armen›.

Vor nicht allzu langer Zeit wurde der *Brezel* eine weltweite Medienaufmerksamkeit zuteil. Am 13. Februar 2002 veröffentlichte «Die Welt» auf ihrer Titelseite ein großes Foto, das Laura Bush mit einer *Brezel* in der Hand zeigte, und kommentierte:

> «Bei ihrem ersten Auftritt in einer nächtlichen Talkshow hat die amerikanische First Lady Laura Bush Humor bewiesen. Sie brachte dem Moderator der ‹Tonight Show›, Jay Leno, eine *Bretzel* (sic!) mit und spielte damit auf das Mißgeschick ihres Mannes an, der sich nach dem Genuß einer solchen *Bretzel* (sic!) vor einigen Wochen verschluckt hatte und kurzzeitig in Ohnmacht gefallen war. George W. Bush wolle in Zukunft nur noch *safe snacks* (‹sichere Snacks›) essen, sagte die Präsidenten-Gattin.»

Übrigens: die amerikanische Schreibweise *pretzel* hat offenbar das angesehene Blatt dazu verführt, in seiner deutschsprachigen Notiz die orthographische Variante *Bretzel* einzuführen.

Brosamen

Karl Kraus schrieb in «Die Schere im Kopf oder: ‹Heine und die Folgen›» (1910/11)[*]: «Es erscheinen Feuilletonsammlungen, an denen man nichts so sehr bestaunt, als daß dem Buchbinder die Arbeit nicht in der Hand zerfallen ist. Brot wird aus *Brosamen* gebacken.»

Die Brosame – man kann auch sagen: *der Brosamen* – ist ein ‹kleines Bröckchen›, ein ‹Brotkrümel›. Eines ist sicher: Wenn man den etymologischen Hintergrund des Wortes aufbröselt, wäre es blühender Unsinn, bei diesem Wort eine Verbindung zu *Samen* herzustellen; das Substantiv – im Althochdeutschen als *brōs(a)ma*, im Mittelhochdeutschen als *brosem(e)/brosme* belegt – gehört nur dem deutsch-niederländischen Bereich an. Es stellt sich zu altenglischem *brosnian* (‹zerfallen, verderben›) und *brȳsan*; im Neuenglischen gibt es noch heute das Verb *to bruise* (‹zerquetschen›). Die Ausgangsbedeutung ist also ‹abgebröckeltes, beim Zerbrechen abgefallenes Stückchen›. Spätmittelhochdeutsches *brosemlīn* und frühneuhochdeutsches *bröslein* sind Diminutivbildungen zu *Brosame* und führen (seit dem 16. Jahrhundert) zu *Brösel* (‹kleines Bröckchen, Krümel›).

Brot

«Der Mensch lebt nicht vom Brot allein» – lesen wir in der Bibel (5. Mose 8,3; Matthäus 4,4). Gerade dieses Wort hat eine Vielzahl von Verballhornungen, parodistischen Stellungnahmen und bitteren Kommentaren nach sich gezogen, in Form von ein- und zweizeiligen Aphorismen, zuweilen sogar als Sagwort. Ein sol-

---

[*] «Heine und die Folgen» erschien im Dezember 1910 im Verlag Albert Langen, München. Kraus ergänzte im August 1911 den Aufsatz und veröffentlichte ihn in seiner in Wien erscheinenden Zeitschrift *Die Fackel* Nr. 329/330, S. 1–33. Das 1917 verfaßte «Schlußwort» erschien in der Fackel 462–471, S. 76–78. Der Text der Heine-Polemik in der ergänzten Fassung aus dem Jahr 1911 mit dem «Schlußwort» findet sich im Internet unter: heinrich-heine.com.

ches findet sich bei Werner Mitsch (1978:90): «Der Mensch lebt nicht vom Tod allein, sagte der Friedhofsgärtner»; an anderer Stelle (1978:84) heißt es dort: «Der Mensch stirbt nicht vom Brot allein.» Und Ulrich Erckenbrecht (1983:18) kommentiert zunächst bitter: «Der Mensch lebt nicht vom Brot allein. Er wird außerdem mit dieser Redensart abgespeist» und fügt einige Jahre später hinzu (1991:78): «Der Mensch lebt nicht vom Brot allein. Es kann auch etwas Butter sein.» –

> Wer nie sein Brot mit Tränen aß,
> Wer nie die kummervollen Nächte
> Auf seinem Bette weinend saß,
> Der kennt euch nicht, ihr himmlischen Mächte.

Auch dieses (schon im Jahre 1783 geschriebene) Gedicht des Harfenspielers in Goethes «Wilhelm Meisters Lehrjahre» (1795/96) ist immer wieder parodiert worden. So hat Wolfgang Hecht u.a. diesen anonymen «Stoßseufzer eines Junggesellen» aus dem Jahre 1886 in seine Sammlung «Frei nach Goethe» (1965:123) aufgenommen:

> Wer nie versalzne Suppe aß,
> Wer nie vor lederzähen Klößen
> Und halbverbrannten Schnitzeln saß,
> Vor dem will ich mein Haupt entblößen,
> Ihn fragen froh und freudiglich:
> «Wo speisen Sie denn eigentlich?»

Zum Schluß dieses Abschnitts ein sachdienlicher Hinweis: Es gibt ein hervorragend gestaltetes «Deutsches Brotmuseum» (Salzstadelgasse 10; 89073 Ulm); um die Bedeutung des Brotes für den Menschen zu dokumentieren, sammelten Willy Eiselen (1896–1981) und dessen Sohn Hermann Eiselen seit 1952 alles Interessante rund um das Thema Brot.

Bückling

Fischliebhaber wissen ihn zu schätzen: den ‹gesalzenen, geräucherten, nicht ausgeweideten Fetthering›, den man *Bückling* nennt. Das *l*-haltige Suffix in dieser Bezeichnung kommt allerdings erst gegen Ende des 15. Jahrhunderts auf. Die mittelniederdeutsche Form lautete noch *buckinc*, die spätmittelhochdeutsche *bückinc*, *bücking* oder *pücking*: letztere Variante findet sich auf S. 168 in den von Joseph Baader herausgegebenen «Nürnberger Polizeiordnungen» aus dem 14. Jahrhundert. Alle diese Formen sind abgeleitet aus dem mittelniederdeutschen *buc* (‹Bock›), denn die Bezeichnung beruht auf dem Geruch des geräucherten Fisches, der mit dem eines Bockes verglichen wurde. Darauf deutet im Niederländischen auch die neben *bokking* bestehende Bildung *boksharing* hin, die eigentlich ‹Bockshering› bedeutet. Fr. L.K. Weigand (^{5}1909:302) verwies auf die im Mittelniederländischen neben *buckinc* existierende Bezeichnung *boxhoren* und führt sie darauf zurück, daß «der Fisch einem Bockshorn ähnelt».

Karl Faulmann hatte zuvor (1893:70) sogar die Meinung vertreten, niederländisches *bokking* sei «eine Ableitung von ndl. *pok* (‹Pocke›) (...), da die besten Bücklinge die niederländischen Fleckbücklinge oder Fleckheringe von Enkheysen und Hoorn sind.»

Solcherlei sprachhistorische Erwägungen haben Heinrich Heine nicht beeindruckt. Er hielt an einer wagemutigen These fest, die von Roger Rössing (2001:123) noch immer kolportiert wird; in seiner «Harzreise» (1824) bringt der Dichter einen mysteriösen «Erfinder» des *Bücklings* ins Spiel:

> «In der ‹Krone› zu Clausthal hielt ich Mittag. Ich bekam frühlingsgrüne Petersiliensuppe, veilchenblauen Kohl, einen Kalbsbraten, groß wie der Chimborasso in Miniatur, sowie auch eine Art geräucherter Heringe, die Bückinge heißen, nach dem Namen ihres Erfinders, Wilhelm Bücking, der 1447 gestorben, und um jener Erfindung willen von Karl V. so verehrt wurde, daß derselbe anno 1556 von Middelburg nach Bievlied in Seeland reiste, bloß um dort das Grab dieses großen Mannes zu sehen. Wie herrlich schmeckt doch solch ein Gericht, wenn man die

historischen Notizen dazu weiß und es selbst verzehrt. Nur der Kaffee nach Tische wurde mir verleidet, indem sich ein junger Mensch diskursierend zu mir setzte und so entsetzlich schwadronierte, daß die Milch auf dem Tische sauer wurde.»

Auch Fritz C. Müller (1969:32) war einem Namenspaten auf der Spur; er nennt «den 1397 verstorbenen holländischen Fischer Willem Beukelsz (spricht Bökels)», über den er zu berichten weiß:

«Beukelsz, der in Viervliet südöstlich von Vlissingen seinem Handwerk nachging, hat das Verfahren, Fische durch Einsalzen haltbar zu machen, nicht ersonnen. Dem Wesen nach war es schon vorher bekannt. Sein Verdienst ist vielleicht, das Verfahren so vervollkommnet zu haben, daß es bedeutenden wirtschaftlichen Nutzen brachte.
Karl V. machte Anno 1556 von Middelburg aus eigens einen Abstecher nach Biervliet, um das Grab des Beukelsz zu besuchen. Der Kaiser schätzte den Hering als Volksnahrungsmittel, das in mageren Zeiten Fleisch und Korn zu ersetzen vermochte und einer Hungersnot vorzubeugen half, in der immer auch die Gefahr eines Aufruhrs steckte.»

Unser *Bückling* heißt im Englischen *red herring*. Aber ein *red herring* ist nicht nur ein *Bückling*, sondern – als sogenannte phraseologische Verbindung – ein *Ablenkungsmanöver*. *To draw a red herring across the path* heißt daher: ‹ein Ablenkungsmanöver durchführen› oder ‹eine falsche Spur hinterlassen›. Wie kommt es zu diesem Ausdruck? Heringe, die in geräuchertem Zustand eine rötliche Farbe annehmen, wurden früher dazu benutzt, Hunden die Spuraufnahme beizubringen – so wie es schon 1686 ein gewisser Nicholas Cox in seiner Abhandlung über «The Gentleman's Recreation» beschrieben hat: «The trailing or dragging of a dead cat, or fox, and in case of necessity a red herring, three or four miles (...) and then laying the dogs on the scent (...).» Tote Katzen oder Füchse und, wie gesagt, notfalls ein roter Hering wurden drei, vier Meilen durchs Gelände gezogen, bevor anschließend Hunde zur Witterungsaufnahme auf diesen Geruch angesetzt wurden. Irgendein Gauner hat natürlich später schnell herausgefunden, daß man bei der Jagd jeden Hund mit einem Bückling auch von der Spur *ablenken* kann. Seit dem 19. Jahrhundert wird daher der Ausdruck *red herring* im übertragenen Sinne ‹Ablenkungsmanöver› gebraucht. Am 7. November 1884 kennzeichnete die «Liverpool Daily Post» das «Geschwätz von den Gefahren einer Revolution» so: «The talk of revolutionary dangers is a mere *red herring*.»

→ *Hering*

Bulette

In seinem äußerst amüsanten Buch «Berlinisch für Berliner und alle, die es werden wollen» weist Peter Schlobinski (1984:84) darauf hin, daß der Große Kurfürst im Jahre 1665 durch das Potsdamer Edikt die religiös verfolgten Hugenotten ins Land geholt und ihnen anfänglich Privilegien und Steuerfreiheit zugesichert hat. Des weiteren betont er, daß Ende des 17. Jahrhunderts jeder fünfte Einwohner Berlins französischer Abstammung war:

> «Daß dies nicht ohne sprachliche Folgen auf das Berlinische war, belegen zahlreichen französische Wörter, die erhalten geblieben sind. *Eclair, Haschee, Kotelett, Roulade* sind einige Pikanterien der cuisine française, natürlich auch – die Franzosen mögen es verzeihen – die berlinische Variante der Frikadelle. Ob Ketchup oder Curry dazugehören, sei dahingestellt. Auch, ob man sie mit *u* oder *ou* schreibt. Eines aber ist sicher: ob Arbeiter, Angestellter oder Professor – jeder hat sie schon mal gegessen, und jeder Berliner kennt ihren Namen. Das ‹Wahrzeichen der Berliner Speisekarte› ist allen bekannt, weniger jedoch ihr hochdeutscher Name. Wahrscheinlich wurde die *Bulette* von den Hugenotten mitgebracht, auf jeden Fall leitet sich ihr Name von *boulette*, d.h. ‹Fleischkügelchen›, ab. Dies scheinen einige Berliner zu bezweifeln. Sie schrieben mir bei einer Fragebogenerhebung für Boulette: *Bäckerbraten, verzauberte Schrippe, heiße Schrippe, Eternitplätzchen, Semmeltörtchen* und *Kampfbrötchen*. Na dann – juten Appetit!»

Butter

Die «Berliner Illustrierte Zeitung» vom 29. April 2001 veröffentlichte eine Rezension von Rolf-Bernhard Essig zu Birgit Pelzers und Reinhold Reiths Untersuchung «Margarine. Die Karriere der Kunstbutter» (2001). Darin heißt es:

> «Seit 130 Jahren beginnt nun auch schon beim Frühstück die Entscheidungs-Qual: Butter oder Margarine? Parteigänger, und das sind wir schließlich alle, sprechen natürlich gleich von der *guten Butter* und der *gesunden Margarine*, von der *Cholesterin-Bombe* und dem *Schmier-Fett*. Es scheint unmöglich zu sein, ohne Eifer über das Thema zu sprechen. Alltägliche Nahrungsmittel wie Streich-, Brat- und Backfette besitzen einen symbolischen, fast kultischen Charakter.
> Butter bedeutete über Jahrhunderte Reichtum, höchsten Eßgenuß, Heilkraft; sie hält sich deshalb noch heute in mancherlei Redensarten und Sprichwörtern: *Alles in Butter, sich die Butter nicht vom Brot nehmen lassen, jemandem etwas aufs Butterbrot schmieren, Butter bei die Fische haben (geben)*. Erst das Ende der Freßwelle und der Beginn des Gesundheitsterrors konnten das Image der Butter ankratzen.»

In diesem Zusammenhang sei auf die Ausführungen des Germanisten Rudolf Ibel (1965:64f.) verwiesen, der uns über den Ursprung des Wortes Butter aufklärt:

> «Wenigen nur mag geläufig sein, daß die Butter auf dem Brot, um die es ja im Wirtschaftswunderland beinahe schon mehr geht als um das Brot selbst, als Wort nicht einmal indogermanischen Ursprungs ist: Die antiken Mittelmeervölker scheinen sich mehr vom Öl genährt zu haben und übernahmen die *Butter* als skythisches Wort aus der pontinischen Steppe. So kam *butyron* (‹Kuhquark›) zu den Griechen und erschien als *butyrum* im Lateinischen. Von da haben es die westgermanischen Stämme übernommen. Nur im Norden setzte sich das germanische Wort durch, das uns im Schwedischen als *smör* vertraut ist, im Deutschen als *Schmer* (‹Schmalz, Fett›) weiterlebt und noch dem deutschen *Schmerbauch* seinen ausdrucksstarken Klang gibt. Auch wenn wir uns ein Butterbrot *schmieren* (vornehmer ist es, ein Brot zu *streichen*), ist das Saft- und Kraftwort *Schmer* wirksam. Das vor allem in Schwaben

beheimatete Wort *Anke* für Butter ist infolge indogermanischen Zusammenhangs mit dem lateinischen Wort *unguen* (‹Fett, Salbe›) verwandt und im Gemeindeutschen nicht mehr zu finden.

Für uns ist die Butter fast zum Zeichen sozialen Wohlstandes geworden: Um sie dreht sich Wohlsein und Wohlhabenheit. Deshalb die ehemals verächtliche Etikettierung der Margarine als *Proletenbutter*, in Notzeiten des Staates auch als *Beamtenbutter*. Ist aber die soziale Ordnung ausgeglichen, hat jeder genug Butter auf dem Brot, ist alles gut und richtig, dann sagen wir erfreut: *Es ist alles in Butter.*»

Ich möchte an dieser Stelle auf die letztgenannte Redewendung eingehen: Thomas, der Held des Buches «Für'n Groschen Brause», hat 1953 in den Westen «rübergemacht». Die Abenteuer und Ereignisse, die er auf seinen Stationen von Berlin über Hannover, Baden-Baden bis nach München erlebt hat, haben viele von uns in jenen turbulenten Wirtschaftswunder-Jahren des Neubeginns und Wiederaufbaus am eigenen Leib erfahren, und sie erscheinen uns heute nostalgisch wie ein Stück unwiederbringlicher Geschichte. Diesen Eindruck gewinnt man aus Dieter Zimmers 1985 veröffentlichtem Folgeroman, der den bezeichnenden Titel trägt: *«Alles in Butter.»* Doch schon mehr als ein Jahrzehnt zuvor und noch mehr als ein Jahrzehnt später mußte die Redewendung auch für Filmtitel herhalten: Jean-Luc Godards Film «Tout va bien» aus dem Jahre 1972 ist ein bedeutendes Zeitdokument der gesellschaftlichen Stimmung Ende der 60er Jahre; die deutsche Fassung trug den Titel *«Alles in Butter»*. Das Darmstädter Theater am Platanenhain spielte im Juni 1999 die Farce «A Rise in the Market» des englischen Autors Edward Taylor; auch hier trug die deutsche Bearbeitung den Titel *«Alles in Butter»*.

Die sprachliche Wendung ist bis heute äußerst populär, ihre Bedeutung (‹alles in Ordnung›) ist klar, ihre Herkunft jedoch keineswegs sicher geklärt.

Auf der Website (http://www.allesinbutter.de/index.html) findet sich der Hinweis:

«Die Redewendung *alles in Butter* hat folgenden Ursprung: Früher – im Mittelalter – wurden Gläser, vor allem auf der Route von Venezien über die Alpen, zum Schutz vor Bruch in Butterfett eingegossen. Da konnte ein Faß auch mal vom Wagen fallen und ins Tal rollen, die Gläser blieben heil. Daher auch die Bedeutung: *alles in Butter* = ‹alles sicher›.»

Ich halte diese Herleitung für höchst spekulativ und vermute, daß die Wendung jüngeren Datums ist. Die «Brockhaus-Enzyklopädie» (Bd. 27, ¹⁹1999:204) schreibt: «Die saloppe Redewendung bezieht sich ursprünglich vermutlich darauf, daß alles mit guter Butter und nicht mit billigem Fett zubereitet ist.» Heinz Küpper (⁴1990:147) glaubt an eine Entstehungszeit im späten 19. Jahrhundert für *alles in Butter*: «Fußt auf der Beteuerung, daß alles mit Butter zubereitet werde und keineswegs mit billigerem Fett. Hängt zusammen mit den Versuchen, eine billigere ‹Volksbutter› herzustellen, wie es Kaiser Napoleon III. befohlen hatte.»

Wer sich einmal den Mund verbrannt hat,
pustet auch auf kalten Kaffee.
Gerhard Uhlenbruck (1997:72)

C

Chop Suey

Es gibt, speziell im kulinarischen Bereich, eine Fülle von Wörtern, die bestimmte (positiv oder negativ besetzte) Konnotationen hervorrufen, hinsichtlich der Zubereitungsart, wie wir bei der *Bratwurst* erfahren haben (vgl. S. 48f.), aber auch bezüglich der Qualität und, was manchen Esser überraschen wird, bezüglich der Herkunft der jeweiligen Kost.

Ein geradezu klassisches Beispiel dafür ist das *Chop Suey*, jenes beliebte Gericht, das traditionell weltweit auf den Speisekarten chinesischer Restaurants zu finden ist und von dem der Gast geneigt ist zu glauben, es handele sich hierbei um eine landestypische Spezialität. Doch das ist blühender Unsinn. Roland Michael (1990:729) räumt mit diesem Vorurteil auf:

> «Die delikate Mischung aus Hühner- und Schweinefleisch, Bambussprossen, Pilzen und Glasnudeln sieht zwar überaus chinesisch aus und schmeckt auch so, sie gehört aber nicht zu den klassischen Gerichten der chinesischen Küche, trotz des original chinesischen Namens, der etwa ‹gemischte Reste› bedeutet.»

Michael spezifiziert die Herkunft des milden Gerichts, indem er darauf hinweist, daß *Chop Suey* von chinesischen Köchen in den USA «erfunden» worden sei:

> «Die Speise wurde in den Staaten zu einem großen Erfolg und setzte sich bald auch in anderen Ländern durch. Heute kann man *Chop Suey* auch in China bestellen. Aber die Autoren chinesischer Kochbücher distanzieren sich von dem ‹Einwanderer›».

E.N. Anderson (1988:182) erläutert in seinem Buch «The Food of China» das typische «Resteessen» etwas genauer:

> «Chop Suey is not – as many would-be connoisseurs believe – an American invention; [...] it is a local Toisanese dish. Toisan is a rural district south of Canton, the home for most of the early immigrants from Kwantung to California. The Name is Cantonese *tsap seui* (Mandarin *tsa sui*) ‹miscellaneous scaps.› [...], it is leftover or odd-lot vegetables stir-fried together. Noodles are often included. Bean sprouts are almost invariably present, but the rest of the dish varies according to whatever is around.»

Curry

Nicht nur bei Bezeichnungen für chinesische Gerichte gibt es sprachliche Fehldeutungen und Irrtümer. Auch ein kulinarischer Begriff des indischen Subkontinents gibt immer wieder Anlaß zu Mißverständnissen.

Die den indischen Drawidasprachen Tamil und Canarese angehörenden Wörter *kari* beziehungsweise *karil* sind zum Wort *curry* (im 16. Jahrhundert noch *carriel*, im 17. Jahrhundert noch *carree*) anglisiert worden, das im Deutschen seit der 2. Hälfte des 19. Jahrhunderts belegt ist. Da über das, was *Curry* ist, jedoch eine Vielzahl höchst unsinniger Vorstellungen rankt, soll die Expertin Julie Sahni zu Wort kommen, die «Das Große indische Kochbuch» (1980:43) verfaßt hat und darauf hinweist, daß *Curry* zweierlei bedeuten kann:

«Zum einen die süßaromatischen Blätter der *Kari*pflanze (...), zum anderen die südindische Zubereitungstechnik für bestimmte Gemüsegerichte, wie etwa die grünen Bohnen mit Kokos und schwarzen Senfkörnern. Die Gewürzmischung für diese *Kari*gerichte heißt *Kari Podi* oder *Currypulver*. Es gibt viele Varianten davon, doch das klassische Rezept enthält folgende Zutaten: Kurkuma (Gelbwurz), Cayennepfeffer, Koriander, schwarzen Pfeffer, Kreuzkümmel, Bockshornklee, *Kari*blätter, Senfkörner und (manchmal) Zimt und Nelken – alles geröstet und zu Pulver zermahlen.

Die ersten britischen Kaufleute, die nach Indien kamen, hatten den Wunsch, die köstlichen Gerichte Indiens auch in ihre Heimat zu bringen. Doch da ihnen weder die indischen Zubereitungstechniken noch die Zusammensetzung der Gewürzmischungen bekannt waren, streuten sie aller Wahrscheinlichkeit nach einfach *Kari Podi* über alle indischen Eintopf-Gerichte. Dadurch entstanden Gerichte mit der vertrauten goldgelben Farbe und dem scharfen Geschmack, die man *curries* nannte.

In der englischsprechenden indischen Mittelklasse wurde das Wort *curry* so populär, daß eines Tages ein einfaches, alltägliches Gericht mit dem Namen *Salan* (würzige dünne Sauce) in *Kari* umbenannt wurde. Daraufhin wurde beispielsweise auch eine Speise, die jahrhundertelang als *Murghi Ka Salan* (Hühnchen in Würzsauce) bekannt war, in *Chicken Kari* (oder *Curry*) umgetauft. In der nordindischen Küche gibt es nichts, was dem hierzulande üblichen Currypulver (oder auch einem als *Curry* bezeichneten Gericht) vergleichbar wäre.»

Jetzt wissen wir mehr, wenn es uns nach einer *Bratwurst*, nach einer Portion *Chop Suey* oder einem *Chicken Curry* gelüstet.

Currywurst

Wenn Ihnen jemand weismachen will, auch die *Currywurst* stamme aus Indien, so redet er Unsinn. Denn diese kulinarische Köstlichkeit ist am 4. September 1949 von der Imbißbesitzerin Herta Charlotte Heuwer aus Charlottenburg erfunden worden, die während der Zeit der «Berliner Luftbrücke» (sie dauerte vom 26. Juni 1948 bis zum 12. Mai 1949) für das Surrogat ursprünglich alle möglichen Gewürzreste verwendete, nur um sie noch zu verwerten. Dieses Gemisch vermengte sie mit verdünntem Tomatenketchup, woraus die «geheimnisvolle» Curry-Sauce entstand, und verkaufte sie samt Bockwurst und *Schrippe* (das ist der Berliner Ausdruck für das norddeutsche *Brötchen* bzw. die bayerische *Semmel*) in ihrer Imbißbude an der Ecke Kantstraße/Kaiser-Friedrich-Straße. Als Besonderheit dieser (seit 1958 unter dem Warenzeichen 721319 sogar urheberrechtlich geschützten) Original-*Curry*-Wurst galt, daß sie in mundgerechte Happen kleingeschnitten serviert wurde, übrigens auf einem Pappteller, der aus Luckenwalde stammte, der «Stadt der Pappteller» – so genannt, seitdem dort der Buchbinder Hermann Henschel im Jahre 1867 neben faltbaren Kartons auch diese Wurstunterlage erfunden hatte.

«Ein wenig rührend ist es dennoch», – schrieb «Der Tagesspiegel» am 20. August 1999 anläßlich des Todes der legendären Wurstverkäuferin –

«(...) wenn jetzt Wurstforscher beklagen, die Erfinderin habe ihr ‹streng gehütetes Geheimnis mit ins Grab genommen›. Tomatenmark, Wasser und zehn indische Gewürze – eben soviel wissen wir, aber wir wissen auch, daß die Mischung etwa zehn indischer Gewürze gemeinhin den Namen *Curry* trägt. So steht zu vermuten, daß es am Ende zwar den Mythos gab und die Wurst zum Mitnehmen, aber nicht das geringste Geheimnis.»

Ob es dazu kommt, daß Herta Heuwers Nichte Brigitte Böhme, die ihre Tante in den letzten Jahren vor ihrem Tode pflegte, mit ihrem Ehemann Olaf ein geplantes Currywurst-Archiv in Heuwers Charlottenburger Haus realisiert, bleibt fraglich. Eines ist allerdings sicher: Literarische Berühmtheit hat die Currywurst schon jetzt erlangt – durch Uwe Timms Novelle «Die Entdeckung der Currywurst» (1993). In Erinnerung an seine Kindheit macht sich der Erzähler auf die Suche nach der ehemaligen Besitzerin einer Imbißbude am Hamburger Großneumarkt; er findet die hochbetagte Lena Brücker und erfährt die Geschichte ihrer «schönsten Jahre» und wie es zur Entdeckung der Currywurst kam.

Auch musikalisch ist die kulinarische Köstlichkeit verewigt worden – durch den Herbert Grönemeyer-Klassiker «Currywurst» mit dem Text:

> Jehste inne Stadt,
> Wat macht Dich da satt?
> 'ne Currywurst.
> Kommste vonne Schicht,
> Wat Schöneret jibtet nicht
> Als wie Currywurst.
> Mit Pommes dabei.
> Ach, dann jeben Se jleich
> zweimal Currywurst!
> Biste richtich daun,
> Brauchste wat zu kaun,
> 'ne Currywurst (…).

Die Suppe auslöffeln, die man sich selber
eingebrockt hat: also bitte. Doch wer,
zum Teufel, hat sie mir obendrein
auch noch versalzen?
Herbert Eisenreich (1985:87)

D

Delikatessen

Im Deutschen haben sich die *Delikatessen* semantisch unter anderem zu ‹feinen Wurstwaren› weiterentwickelt, im Amerikanischen zu ‹Imbißstuben›; in Frankreich ist die *delicatesse* geblieben, was sie ursprünglich war: das Wort für *Zartgefühl*; diese Verdeutschung aus dem Jahre 1789 stammt übrigens von dem Erzähler und Publizisten Joachim Heinrich Campe (1746–1818) und war eine der wenigen schnell erfolgreichen Neubildungen.

Diner

Der «Duden» (Deutsches Universalwörterbuch; ³1996:326;346) verzeichnet zu *Diner* und *Dejeuner* folgende Einträge:

> Diner [di'ne:], *das* (...) [französisch *dîner*, Subst. von: *dîner* = ‹eine Hauptmahlzeit zu sich nehmen›, über das Vulgärlateinische, vgl. *dejeu-*

nieren] (gehoben): ‹[festliches] Abend- oder Mittagessen mit mehreren Gängen›: *ein ausgezeichnetes, raffiniertes Diner; eine Einladung zu einem offiziellen Diner besorgen.*

Dejeuner [deʒø'ne:], *das;* (...) [französisch *déjeuner* (...)]: a) (veraltet) ‹Frühstück›; b) (gehoben) ‹kleines Mittagessen›; *dejeunieren* (schwaches Verb ...) [französisch *déjeuner*, über das Vulgärlateinische (ursprünglich = ‹zu fasten aufhören›) zu lateinisch *ieiunare* = ‹fasten›] (veraltet): ‹frühstücken›.

Georg Winter (1888:50f.), Sammler und Erklärer «unbeflügelter Worte», räumte schon vor mehr als einhundert Jahren angelegentlich seiner Ausführungen zum Wort *Diner* ein:

«Die Zeiten ändern sich (tempora mutantur ...) Das paßt auch für die *Mahlzeiten*. Früher überall (und jetzt noch in kleinen Städten und auf dem Lande so wie bei den Gewerbetreibenden und Handwerkern etc. der größeren Städte) war die Mittagsstunde im eigentlichen Sinne des Wortes die Stunde, in welcher man zu Mittag aß, d.h. die Hauptmahlzeit nahm. Das gestaltete sich in England und Frankreich anders unter dem Einflusse des Geschäftsverkehres im Allgemeinen und der Börsen insbesondere, und da unsere ‹Gesellschaft› zumeist in Pariser Sitten sich gefiel und gefällt, der ‹Hof› nach dem französischen Zeremoniell sich richtete und der Brauch des *Hofes* allein als *höflich* gilt, so verschob auch bei uns sich die Stunde für die Hauptmahlzeit, und das Wort *Mittagessen* verlor seine Bedeutung. Es ist durch kein anderes deutsches ersetzt worden; wir können doch nicht zum Mittagessen auf 6 Uhr abends einladen! Seltsam erschiene auch eine Einladung zur Hauptmahlzeit. Wir sind also gezwungen – und das Unglück ist nicht groß – das Wort *Diner* beizubehalten.»

Döner kebab

In einem Buch, in dem *Maggi* und *Ketchup*, *Currywurst* und *Buletten* präsentiert werden, darf ein Hinweis auf den *Döner kebab* nicht fehlen.

«Überall, in Istanbul, Münchens Westend und Penzberg», so Alois Gutmund im Sammelband «Von Aal bis Zabaione» (2000:40), «drehen sich die Fleischtürme in den türkischen Imbissen, von denen der Wirt jene Stücke absäbelt, die dann, zusammen mit Salat, Knoblauchsoße und reichlich Zwiebeln in ein Fladenbrot gestopft, als Innbegriff nahöstlicher Schnellkost gelten.» Der Autor hat auch die präzise Worterklärung zur Hand: «*Döner* lautet das türkische Wort für ‹sich drehend›, *Kebabetmek* das für ‹an Spießen bratend›. Also ist ein *Döner kebab* nichts anderes als ein Braten vom Drehspieß.»

Dreikäsehoch

250 Gramm Makkaroni, Salz, 100 ml Sahne, 1 Prise Chili, 50 Gramm Gorgonzola in kleinen Stücken, 100 Gramm Parmesan, 100 Gramm Emmentaler gerieben – das sind die Zutaten für ein vegetarisches Gericht, das den Namen «Dreikäsehoch-Makkaroni» trägt. Hier wird der Ausdruck wörtlich genommen.

Gewöhnlich bezeichnen wir einen sehr kleinen Menschen, besonders aber ein kleines Kind, das sich als ein Gernegroß aufspielt, als einen *Dreikäsehoch*; schon seit dem 18. Jahrhundert kennt man aufgestapelte Käselaibe als scherzhafte Maßangabe für Kinder.

Essen Sie eigentlich gern? Essen Sie mit Vergnügen?
Wo nicht, desto schlimmer für Sie. Mir ist jede Mahlzeit
ein kleines Fest: Jemand hat gesagt,
das Leben sei doch schön, da es so eingerichtet sei,
daß man täglich viermal essen könne.
Thomas Mann, Wälsungenblut

E

Ei

Der Ausspruch *Das ist das Ei des Kolumbus!* – gebraucht für ‹die überraschend einfache Lösung einer schwierigen Frage› – ist zu einem geflügelten Wort geworden, das Humoristen, Satiriker und Werbestrategen immer wieder zu faszinieren scheint.

Als philologische Leistung kann man es nicht betrachten, aber amüsant ist es doch – das «Forschungsergebnis», mit dem Heinz Erhardt (1974:14) zu unserer Redewendung aufwartet:

Kolumbus
Als Kolumbus von seiner Amerikafahrt
nach Spanien heimkam mit Gold und mit Bart
und, hochgeehrt und umjubelt, schritt
durch die Hauptstadt des Landes, nämlich Madrid,
entdeckte er plötzlich da drüben rechts
eine hübsche Person femininen Geschlechts.

Bei ihrem Anblick – was war schon dabei? –
entschlüpfte ihm was, und zwar das Wort «ei» (...).
Seitdem sind die Forscher sich darüber klar,
daß das das «Ei» des Kolumbus war!

Die internationale Vermögensverwaltungsgesellschaft «International Commercial Advice» wirbt mit der Frage: «Kennen Sie jemand in Ihrer Umgebung, der ein finanzielles Ei des Kolumbus erfunden hat?» Sie stellt heraus, daß die Anekdote vom *Ei des Kolumbus* sehr anschaulich illustriere, daß eine Entwicklung oft einer einfachen, aber ganz unerwarteten Idee zu verdanken sei; einzig dieser «kreative Funke» könne das Unmögliche möglich machen. Die Anzeige ist mit einer belehrenden Erläuterung versehen:

> «Die Geschichte vom Ei des Kolumbus geht zurück auf eine Herausforderung von Kolumbus an spanische Edelleute. Die scheinbar unmögliche Aufgabe, ein Ei senkrecht auf den Tisch zu stellen, konnte keiner der Adligen lösen. Kolumbus jedoch setzte einfach das Ei so kräftig hin, daß die Spitze zerbrach.»

Nun stellt sich die kritische Frage, ob Kolumbus den nach ihm benannten Trick mit dem Ei tatsächlich erfunden hat. Der polnische Aphoristiker Stanisław Jerzy Lec (1991:131) brachte es nämlich satirisch auf den Punkt: «Nicht jedem Ei entschlüpft sogleich ein Kolumbus.»

«Es ist wahrlich schwierig, die Entstehung dieses geflügelten Wortes zu belegen. Wahrscheinlich geht es auf eine Erzählung des Botanikers und Amerikareisenden Girolamo Benzoni (geb. 1522) über die Geschichte der Neuen Welt zurück, die als «Historia del Mondo Nuovo» 1565 in Venedig erschienen ist. Danach soll Kolumbus nach seiner ersten Amerikareise bei einem Gastmahl, das Kardinal Mendoza im Jahre 1493 ihm zu Ehren ausgerichtet hatte, auf die allgemein vorgetragene Behauptung, seine Entdeckung sei gar nicht so schwierig gewesen, ein Ei genommen und die Tafelrunde gefragt haben, wer es auf eine seiner Spitzen stellen könne. Als dies niemandem gelang, nahm Kolumbus das Ei und schlug das eine Ende auf den Tisch, so daß es stand.

Benzoni räumte ein, diese Begebenheit auch nur vom Hörensagen zu kennen. Von einer ähnlichen Geschichte wußte nämlich schon Giorgio Vasari (1511–1574) in seiner «Vite de' più eccellenti pittori, scultori e architetti», erschienen 1550, über den Florentiner Renaissance-Baumeister Filippo Brunelleschi (gest. 1444) zu berichten; der flüchtete sich nämlich offenbar in den «Eierbeweis», als es bei einer Architektenversammlung um die beste Konstruktion für den Domkuppelbau seiner Heimatstadt ging. Auf Brunelleschi paßt die Anekdote mit dem Ei deshalb so besonders gut, weil die Kuppel des Doms zu Florenz in der Tat die Form eines an der Spitze eingedrückten Eis aufweist.

Es steht zu vermuten, daß Benzoni die Brunelleschi-Geschichte lediglich auf Kolumbus übertragen hat – und das posthum, als ihn der Entdecker nicht mehr zur Rede stellen konnte. Neuere Forschungsergebnisse – so schreibt auch Lutz Röhrich (²1995:357) – weisen darauf hin, daß die Erzählung vom stehenden Ei orientalischen Ursprungs ist.

Ins Deutsche ist die Redewendung vom *Ei des Kolumbus* vermutlich durch Calderón de la Barcas (1600–1681) Komödie «La dama duende» (1629; dt. «Dame Kobold») gelangt, denn darin wird die Geschichte wie folgt erklärt:

«(...) Das andere kennst du doch, mit Hänschens Ei? Womit viele hoch erhabne Geister sich umsonst bemühten, um auf einen Tisch von Jaspis solches aufrecht hinzustellen; aber Hänschen kam und gab ihm einen Knicks nur, und es stand.»

Zu unserer Abbildung auf S. 69 paßt eher der Ausspruch von Nikolaus Cybinski (1979:89): «Sie fand das Ei des Kolumbus. Und das andere auch! So genial war sie.»

Eierkopf

Die Hopfenstangen-, Käse- und Nudelvergleiche sind insgesamt recht harmlos, eher zum Schimpfwort tendiert die Bezeichnung *Eierkopf*. «Am schlimmsten ist der Bürovorsteher, der Eierkopf,

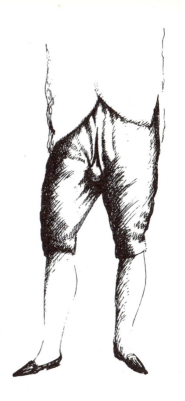

Aus: Thyrso A. Brisolla, *Das Ei des Kolumbus und andere deutsche Redensarten.*

der Mergenthal», schrieb 1934 Hans Fallada in seinem Roman «Wer einmal aus dem Blechnapf frißt». Die Bedeutung ‹Intellektueller› ist eine Lehnbedeutung, die nach dem englischen Wort *egghead* gebildet wurde: «Ich hatte [...] die entsprechenden Eierköpfe zu kidnappen, ehe sie von den Russen kidnappt wurden», heißt es in Heinar Kipphardts Theaterstück «In der Sache J. Robert Oppenheimer» (1964). Und doch wird jeder zugeben müssen, daß Eierköpfe zuweilen eine ‹überraschend einfache Lösung für ein schwieriges Problem› finden. Dafür existiert im Deutschen seit 1672 die Wendung *das Ei des Kolumbus finden*; sie geht, wie erwähnt, zurück auf eine Anekdote, die von dem Italiener Girolamo Benzoni 1565 in seiner «Historia del Mondo Nuovo» berichtet wird (vgl. S. 67).

einwecken

Schon in meinem Buch «Lauter böhmische Dörfer» (⁵2001:60f.) habe ich darauf hingewiesen, daß das Verb *einwecken* zu den sogenannten Eponymen gehört, also von einem Namen abgeleitet worden ist – in diesem Fall von einem gewissen Johann Weck (1841–1914).

Auf der Website von @leMenu – bekannt als «*der* deutsche Informationsdienst rund um die Themen Genießen und Kochen» – findet sich ein prägnanter historischer Abriß zur Entstehung des Einweck-Verfahrens:

> «Der erste Nachweis des Konservierens von Lebensmitteln stammt aus römischer Zeit: Der römische Dichter Varro (116–27 v. Chr.) beschreibt ein Verfahren, bei dem Früchte in unvergorenen und durch Kochen eingedickten Traubensaft oder auch in abgekochten Salzlösungen in Tonkrügen eingelegt und mit einem Deckel verschlossen wurden. Das Einkochverfahren selbst wurde erst in der Neuzeit entwickelt. Otto von Guericke (1602–1686) erkannte als Erster die Stofflichkeit der Luft und ihre Ausdehnung bei Wärme. Dadurch war der Weg frei für den naturkraftbedingten Verschluß von Einkochgläsern (was freilich noch etwas auf sich warten ließ). Der Franzose Denis Papin (1647–1712) machte Versuche rund um das Vakuum und konstruierte dabei den ersten *Dampfkochtopf mit Sicherheitsventil* aus Kupfer. Papin konservierte mit dessen Hilfe Gelees und Kochfleisch. An Stelle der heute verwendeten Einkochringe verwendete er Terpentinkitt. François Nicolas Appert entdeckte um 1790 das Prinzip der Hitzekonservierung, und Louis Pasteur bestätigte diese Entdeckung auf wissenschaftlicher Basis. Doch noch waren es Einzelentdeckungen, und erst ihre Kombination durch Dr. Rudolf Rempel (1859–1893) bahnte den Weg für das Einkochen. Zu seinen ersten Kunden gehörte Johann Weck, der später das Patent des Dr. Rempel erwarb und so den Grundstock legte für die weltbekannten *Weck-Gläser*. So wurde *einwecken* zu einem Synonym für *einkochen*.»

Die von Johann Wecks Firma unter dem Namen «Die Frischhaltung» herausgegebene Zeitschrift verwendete seit dem Jahre

1901 das Verb *einwecken*. Ausführliche Informationen rund ums Einmachglas findet man bei der Firma Weck im Internet unter *www.weck.de*.

Eisbein

«Die *Eisbeine* in kochendem Salzwasser abbrühen und dann mit kaltem Wasser, dem Wurzelgemüse und den Zwiebeln 2–3 Stunden langsam sieden lassen. Des öfteren abschäumen, die Gewürze nach 1 Stunde dazugeben. Wenn sich das Fleisch vom Knochen löst, die Eisbeine aus dem Sud nehmen und warm stellen ...
Das Sauerkraut gut wässern, ausdrücken und in Butterschmalz frittieren. Auf Küchenkrepp abtropfen lassen und salzen.
Das Püree auf einem Teller anrichten, das Eisbein daraufsetzen, die Gemüsewürfel und das Sauerkraut darüberstreuen. Mit Blattpetersilie garnieren (...).»

Dieser Auszug aus einem Rezept des Star- und Fernsehkochs Johann Lafer wird den Leserinnen und Lesern vielleicht Appetit machen auf ein «*Eisbein* mit Erbsenpüree und frittiertem Sauerkraut». Dabei wird ihnen die Variation Hans Georg Stengels (1986:21) helfen, der die volkstümlich abgewandelten Zeilen «Wo man singt, da laß dich ruhig nieder; / Böse Menschen haben keine Lieder» aus Johann Gottfried Seumes Gedicht «Die Gesänge» (1804) seinerseits modifiziert hat zu: «Wo man *Eisbein* mampft, dort kannst du hocken, / Böse Menschen schlabbern Haferflocken.»

Ungelöst bleiben dadurch allerdings die sprachlichen Mißverständnisse, die sich um Immanuel Kants Lieblingsessen, das *Eisbein* ranken, die norddeutsche Bezeichnung für mitteldeutsche *Schweineknochen*, südwestdeutsche *Schweinsfüße*, württembergische *Knöchle*, bairische und österreichische *Schweinshachsen* (auch: *Schweinshaxen*) bzw. *Schweinsstelzen* oder pfälzische *Eisknochen*.

In der Bedeutung ‹Gericht aus Schweinebein› tritt die Bezeichnung *Eisbein* erst im 19. Jahrhundert auf. Doch wie ist die eigenartige Bezeichnung entstanden? Die Antwort, die Adolf Josef Storfer dazu 1935 in seinem Buch «Wörter und ihre Schicksale» gibt, ist für den zweiten Teil des Kompositums relativ einfach: «*Bein* ist gleich ‹Knochen› in Zusammensetzungen wie *Nasenbein, Schlüsselbein, Fischbein* (= ‹Walfischknochen›) usw.» Schon Robert Block (²1921:49f.) hat die sprach- und kulturgeschichtlichen Hintergründe trefflich erläutert:

> «Das ist doch Bein von meinen Beinen und Fleisch von meinem Fleisch (1. Mose 2,23): *Bein* steht hier offenbar als Gegensatz zu *Fleisch* in der Bedeutung ‹Knochen›. Das ist auch der ursprüngliche Sinn des Wortes *bên zi bêna, bluot zi bluoda, lid zi gelîden, sôse gelîmida sîn* – ‹Knochen zu Knochen, Blut zu Blut, Glied zu Gliedern, als ob sie geleimet seien› –, so heilen die zauberkundigen Asen den verrenkten Fuß von Baldrs Pferde (Zweiter Merseburger Zauberspruch). Aus dieser Bedeutung hat sich allmählich die Bezeichnung des Schenkels entwickelt, während der alte Sinn nur noch in Zusammensetzungen und Formeln ein mattes Leben fristet. (...).»

Nun wird auch den meisten Lesern einleuchten, daß *Bein* etymologisch verwandt ist mit englischem *bone*, das ‹Knochen› bedeutet; es wird übrigens heute im amerikanischen städtischen Straßenslang auch adjektivisch im Sinne von ‹sinnlos, dümmlich› verwendet: *Don't give me no bone excuses!* (‹Komm' mir nicht mit solch blöden Ausreden!›)

Zurück zum *Eis*bein, denn Storfer gibt sich nicht mit Ausreden zufrieden; er bietet einige überraschende Ausführungen zum ersten Wortbestandteil des heiß dampfenden Gerichts:

> «Die Lösung der lange offengebliebenen Frage, wie die Silbe *Bein* zum *Eis* kommt, wurde schließlich vom Germanisten Hans Sperber gefunden. Auf dem ganzen nordgermanischen Gebiet wurden einst die Röhrenknochen größerer Tiere, besonders die Fußknochen der Pferde, gespalten, glattgeschliffen und als *Schlittschuhe* verwendet. Schon in der ‹Edda› werden *Eis*knochen erwähnt. Ausgrabungen in Skandinavien haben derart hergerichtete Knochen in großer Anzahl zutage gefördert, und selbst aus neuerer Zeit sind sie nachweisbar. In Schweden waren auf dem

Lande solche Schlittschuhe vor gar nicht langer Zeit noch in Gebrauch. Sie hießen dort *isläggar*, wörtlich ‹Eisschenkel›. Übrigens fand man auch in der Schweiz Schlittschuhe aus Pferdeknochen; in Bern wird ein solches Exemplar, annähernd 30 cm lang, aufbewahrt.» (S. 93 f.)

Vom Schlittschuhlaufen auf Kalbsknöchelchen ist übrigens auch die Rede in der von Theodor Storm (1817–1888) im Jahre 1862 veröffentlichten Novelle «Auf der Universität»: im Kapitel «Auf dem Mühlenteich» heißt es darin:

> «Neujahr war vorüber. Schon längst hatte ich mit der glatten Stahlsohle meiner holländischen Schlittschuhe geliebäugelt, nicht ohne eine kleine Verachtung gegen meine Kameraden, welche sich noch der hergebrachten scharfkantigen Eisen zu bedienen pflegten. Aber erst jetzt war ein dauernder Frost eingetreten.
> Es war an einem Sonntagnachmittage; über dem Mühlenteich, einem mittelgroßen Landsee unweit der Stadt, lag ein glänzender Eisspiegel. Die halbe Einwohnerschaft versammelte sich draußen in der frischen Winterluft; von alt und jung, auf zweien und auf einem Schlittschuh, sogar auf einem untergebundenen *Kalbsknöchlein* wurde die edle Kunst des Eislaufs geübt.»

Stolz, wenn auch ohne jeglichen Beleg, vermeldet das Heft «Forschung aktuell» (Nr. 1/2000) der Technischen Universität Berlin, das dem Thema «Wasser» gewidmet ist, auf S. 87:

> «Das *Eisbein*, eines der Berliner Lokalgerichte, kam auf kuriosem Weg zu seinem Namen. Im 17. Jahrhundert hatten holländische Einwanderer das Eislaufen nach Berlin gebracht. Für die Kufen benutzte man damals häufig Knochen aus den Hinterbeinen der Schweine – eben *Eisbeine*.»

enteisent

Bei der Wahl seines Mineralwassers wird so mancher ernährungsbewußte Gourmet stutzig, wenn er auf das Flaschenetikett schaut und auf die Bezeichnung *enteisent* stößt.

Daß das Wort mit *Eis* nichts zu tun haben kann, dürfte einleuchten. Aber wird durch den Wasserverzehr der Körper gar des Eisens beraubt? Keineswegs, abgesehen davon, daß das Wort in dem Fall (selbst nach der Rechtschreibreform!) *enteisend* geschrieben werden müßte.

Laut Auskunft der Ernährungsberatung der Verbraucherzentrale Baden-Württemberg e.V. weist diese Aufschrift darauf hin, daß dem Mineralwasser das wertvolle Spurenelement vor der Abfüllung entzogen wurde – und zwar vor allem aus optischen Gründen. Denn das im Wasser gelöste Eisen würde beim Kontakt mit Luftsauerstoff oxidieren und als bräunlich-rote Flecken ausfallen. Der ästhetisch orientierte Verbraucher bevorzugt jedoch ein kristallklares Naß. Hinzu kommt, daß ein Zuviel an diesem Mineralstoff auch den Geschmack des Wassers beeinträchtigen könnte.

Epikureer

Ich spreche an anderer Stelle dieses Buches vom «epicure of words» (vgl. S. 153). Die Bezeichnung leitet sich von dem griechischen Philosophen Epikur (372–270 v. Chr.) her. Als *Epikureer* gilt, wer ‹einen verfeinerten Geschmack bei Essen, Trinken und der Kunst besitzt – ein Mensch, der sich den Sinnesfreuden hingibt›. Dies ist – so schreibt Francesca Rigotti (2002:74;76) in ihrem Buch über die «Philosophie in der Küche» –

> «aufschlußreich [...], nicht so sehr im Hinblick auf das, was Epikur selbst tat und dachte, als vielmehr darauf, was seine Zeitgenossen über ihn dachten. Epikur hatte das Glück (oder Pech), den berühmten Satz zu formulieren: ‹Anfang und Ende alles Guten ist die Lust des Bauches: Und auch alles Weise und Erlesene bezieht sich auf ihn›, und hat sich damit für über zweiundzwanzig Jahrhunderte den Ruf verdorben.»
>
> ...
>
> «Mit ziemlicher Sicherheit war Epikur nicht der bulimische Vielfraß, als den seine Zeitgenossen ihn hinstellten, indem sie ihm zügellose Leidenschaft fürs Essen und für den Wein vorwarfen und behaupteten, seine Freßsucht würde ihn zwingen, sich dreimal am Tag zu übergeben.

Seine Botschaft lautet vielmehr, daß den Hunger zu stillen für den Weisen die Voraussetzung sei, um im erlangten Frieden des Leibes in vollem Umfang jene heitere Gelassenheit auszukosten, die allein ihm erlaubt, ohne Furcht und Schrecken zu leben.»

Erbsenzähler

Man hört sie immer wieder, die Bezeichnung *Erbsenzähler* – im privaten wie im politischen Bereich. Wörtlich genommen, macht sie eigentlich kaum einen Sinn, denn in welchem Kontext sollte sie vorkommen, wer zählt schon Erbsen? Vor kurzem las ich in einem Börsenbrief die Überschrift: «Neue Wege zum Erfolg an der Börse: Vom *Erbsenzähler* zum Börsenfuchs.»

Handelt es sich hier um eine moderne Wortprägung, ist ihr übertragener Gebrauch neueren Datums? Keineswegs! Die vergleichende Bezeichnung, die wir noch heute häufig verwenden für ‹Menschen, die übergenau sind und sich um alles kümmern›, so daß man annimmt, sie seien so geizig, daß sie die in ihrem Besitz befindlichen Erbsen einzeln zählten, ist schon recht alt, wie diese Stelle in Grimmelshausens «Der abenteuerliche Simplicissimus» (1669) beweist:

> «Einstmals brachte er sechs Pfund Sülzen oder Rinderkutteln heim; das setzte er in seinen Speisekeller, und weil zu seiner Kinder großem Glück das Tagfenster offen stund, banden sie ein Eßgabel an einen Stecken und angelten damit alle Kuttelfleck heraus, welche sie also halb gekocht in großer Eil verschlangen und vorgaben, die Katz hätte es getan; aber der *Erbsenzähler* wollt es nit glauben, fing derhalben die Katz, wog sie, und befand, daß sie mit Haut und Haar nicht so schwer war, als seine Kuttlen gewesen (…).»

essen

«Essen und Trinken hält Leib und Seele zusammen» – so lautet ein in Prosa umgesetztes geflügeltes Wort. Es entstammt dem in Hamburg entstandenen Singspiel «Der irrende Ritter D[on] Quixotte De la Mancia» (1690) des Komponisten Johann Philipp Förtsch (1652–1732), für das Hinrich Hinsch das Libretto geschrieben hat; dort hieß es ursprünglich: «Weil Speis und Trank in dieser Welt / doch Leib und Seel' zusammenhält.»

Ein weiteres Sprichwort, das in leicht abgewandelter Form gern zitiert wird, hat seinen Ursprung in Hamburg. Es wurde von dem als antihöfischer Satiriker bekannt gewordenen protestantischen Pastor Johann Balthasar Schupp (1610–1661) geprägt, den die patrizische Oberschicht der Hansestadt einen «lukianischen Schreivogel» nannte. Aus Schupps Werk «Salomo oder Regentenspiegel» (1658) stammen die Verse:

Nach dem Essen sollst du stehn (*zitiert*: ruhn)
Oder tausend Schritte gehen (*zitiert*: tun).

Im 2. Brief an die Thessalonicher (3,10) redet Paulus den Müßiggängern, die in Erwartung des Weltendes keine Arbeit mehr verrichten wollen, ins Gewissen: «Und als wir bei euch waren, geboten wir euch dies, daß, so jemand nicht will arbeiten, der soll auch nicht essen.»

Der nordamerikanische Erzähler Ambrose Bierce (1842–1914) veröffentlichte in der Zeit von 1881 bis 1906 in verschiedenen Zeitungen und Zeitschriften zahlreiche Beiträge, die 1906 in Buchform unter dem Titel «The Cynic Word Book» erschienen; im Jahre 1911 publizierte er sie als erweiterte Sammlung, die er «The Devil's Dictionary» nannte. Gisbert Haefs gab seiner Übersetzung den Titel «Des Teufels Wörterbuch»; darin findet sich folgender Eintrag zum Verb *essen*:

«Nacheinander (und mit Erfolg) die Verfahren der Nahrungszerkleinerung, -bespeichelung und -verschluckung durchführen.
‹Ich befand mich im Salon, allwo ich mich meines Mahles ergötzte›, sagte Brillat-Savarin zu Beginn einer Anekdote. ‹Was!› unterbrach ihn Rochebriant, ‹in einem Salon speisen?› – ‹Ich darf Sie bitten, Monsieur, festzuhalten›, erläuterte der große Gastronom, ‹daß ich nicht gesagt habe, ich hätte mein Mahl zu mir genommen, sondern mich seiner ergötzt. Gespiesen hatte ich eine Stunde zuvor.›»

Für die Nahrungsaufnahme gibt es eine Vielzahl umgangssprachlicher Ausdrücke und Regionalismen. Klaus Laubenthal, Ordinarius für Kriminologie und Strafrecht an der Juristischen Fakultät der Universität Würzburg, weist in seinem «Lexikon der Knastsprache» (2001:199) auf folgende Varianten hin: *einpfeifen*; *napfen* (für ‹Essen fassen›); *Abkübeln*, *Abkellen* (beide für ‹Essensausgabe›).

Berühmt-berüchtigt ist der Satz: *Der Mensch ist, was er ißt.* Ursprünglich hat der Philosoph Ludwig Feuerbach (1804–1872) mit ihm in den «Blättern für literarische Unterhaltung» vom 12. November 1850 (auf Seite 1082) das Buch «Lehre der Nahrungsmittel für das Volk» (1850) angekündigt, das Jakob Moleschott (1822–1893), Physiologe, Chemiker und Vertreter des mechanischen Materialismus, veröffentlicht hatte. Der Satz wurde zum Klischee, so daß Feuerbach sich in einer besonderen Schrift mit dem Titel «Das Geheimnis des Opfers oder Der Mensch ist, was er ißt» (1851) gegen vulgarisierende Deutungen seines Ausspruchs zur Wehr setzen mußte. Schon der berühmte französische Schriftsteller, Jurist und Gastronom Jean Anthelme Brillat-Savarin (1755–1826) hatte 1825 in seiner «Physiologie du goût» («Physiologie des Geschmacks») behauptet: «Dis-mois ce que tu manges, / je te dirai ce que tu es. (‹Sage mir, was du ißt, / und ich sage dir, wer du bist.›)»

Es liegt nahe, daß dieser Ausspruch fortlaufend persifliert worden ist. So schrieb Gabriel Laub (1979:25): «Der Mensch ist, was er ißt. Aber er ißt je nach dem, was er ist.» Und Ulrich Erckenbrecht (1991:169) gelangte zu dieser Abwandlung: «Der Mensch ist, was er liest.»

Wolf Uecker, der die kulinarischen Vorlieben berühmter Leute in seinem Buch «Das Püree in der Kniekehle der Geliebten» geschildert hat, weiß dortselbst unter der Kapitelüberschrift «Der Mensch ist, was er ißt» eine treffliche Begebenheit mit Heinrich Heine zu schildern:

> «Heine muß so um die 25 Jahre alt gewesen sein, als er bei einer Veranstaltung des Vereins für Kultur und Wissenschaft der Juden einer Hamburger Reedersgattin vorgestellt wurde, deren literarischer Salon

großen Ruf hatte. Oft lud sie aufstrebende musische Talente in ihr Haus an der Elbchaussee zur Tafel – Heine war nie unter den Eingeladenen. ‹Seiner jüdischen Abstammung wegen›, vermutete man. Überraschend sage die Mäzenin zu ihm: ‹Kommen Sie doch am Freitag zu einer Tasse Kaffee.› Heine antwortete: ‹Leider kann ich Ihre Einladung nicht annehmen. Ich trinke meinen Kaffee nur dort, wo ich gegessen habe.› Ob diese Geschichte wahr ist oder nur von Heine gut erfunden wurde, die Pointe paßt zu ihm.» (Uecker 2000 [*Püree*]: 75.)

Was den *Esser* betrifft, gilt es festzuhalten, daß die Maßlosigkeit schon vom frühen Christentum verdammt wurde. Der hingebungsvolle Schlemmer (vgl. S. 206f.) und Fresser macht seinen eigenen Bauch zum Götzen. Augustinus (354–430) entwirft in seinen selbstverleugnenden «Confessiones» (‹Bekenntnisse›, 10. Buch, 31. Kapitel) ein Bild vom *gottgefälligen Esser*:

«Du lehrtest mich, guter Vater: ‹Es ist zwar alles rein; aber es ist nicht gut dem, der es isset nur einem Anstoß seines Gewissens.› Und ‹alle Kreatur Gottes ist gut und nichts verwerflich, das mit Danksagung empfangen wird›; und: ‹die Speise fördert uns nicht vor Gott›; und: ‹so lasset nun niemand uns Gewissen machen über Speise oder über Trank›; und: ‹welcher isset, der verachte den nicht, der da nicht isset; und welcher nicht isset, der richte den nicht, der da isset.› Ich lernte dies; Lob dir, Dank dir, meinem Gott, meinem Lehrer, der du mein Ohr getroffen, mein Herz erleuchtet: entreiße mich aller Versuchung. Nicht fürchte ich die Unreinigkeit der Speise, sondern die Unreinigkeit der Begierde. Ich weiß, daß dem Noah alles Fleisch, das zur Speise diente, zu essen erlaubt war; daß Elias durch Fleischspeise gekräftigt wurde; daß Johannes infolge seiner wunderbaren Enthaltsamkeit, durch Essen von Tieren, nämlich von Heuschrecken, nicht befleckt worden ist. Ich weiß aber auch, daß Esau durch sein Begehr nach Linsen betrogen wurde, daß David einst wegen seiner Sehnsucht nach Wasser sich selbst tadelte und daß unser König (des Himmels) nicht mit Fleisch, sondern mit Brot versucht ward. Daher erwarb sich das Volk in der Wüste Mißgunst, nicht weil es nach Fleisch trachtete, sondern weil es aus Eßgier wider Gott murrte.

In diese Versuchungen gestellt, kämpfe ich täglich gegen die Begier zu

essen und zu trinken: denn nicht ist es möglich, daß ich es ein für allemal abschneiden kann und es nicht mehr zu berühren beschließe, so wie ich's beim Beischlaf vermocht habe. Daher muß ich die Zügel meiner Kehle bald locker lassen, bald fester anziehen. Und wer ist, Herr, der sich nicht etwas über das Maß des Notwendigen hinreißen ließe? Wer es auch ist, er steht groß da; er erhöhe deinen Namen. Ich aber bin es nicht, denn ich bin ein sündiger Mensch. Aber auch ich preise deinen Namen; und es bittet vor dir für meine Sünden, der die Welt überwand, mich aufnehmend unter die schwachen Glieder seines Leibes, denn deine Augen sahen mich, da ich noch unbereitet war; und waren alle Tage auf dein Buch geschrieben, die noch werden sollten.»
(Aus dem Lateinischen von Otto F. Lachmann.)

Unter den modernen Schriftstellern wußte Carl Zuckmayer (1896–1977) den Menschen beim Essen trefflich zu porträtieren:

Das Essen

Ein Mensch beim Essen ist ein gut Gesicht,
wenn er nichts denkt und nur die Kiefer mahlen,
die Zähne malmen und die Blicke strahlen
von einem sonderbaren Urweltlicht.

Vorspeisen sind wie Segel über Buchten,
schlank und zum Hafen schnellend in erregter Fahrt,
indes die schweren Fleischgerichte wuchten
gewaltig über Wiesen und Gemüsen zart.

Welch ein entzückendes Spiel: zu hohen Festen
erlesener Bissen Liebreiz zu erflehen,
und welche Lust: sich mächtig vollzumästen
satt und mit Saft gefüllt vom Hals bis zu den Zeh'n.

Fischfleisch ist weiß und heilig oder rosen,
und manchmal rauchgebeizt und lauchgewürzt.
Auch kleine Fische gibt's in blanken Dosen,
die man wie Schnäpse jach hinunterstürzt.

Wildbret: Du Perle Cumberlands, von edler Fäule,
und nackter Horden rohgebratner Fraß!
Wohl dem, der Schneehuhn oder Rentierkeule
(gespickt mit Sahne) hoch im Norden aß.

Beefsteak tatare ist fast so stark an Gnade
wie ein am Grill gebratnes Lendenstück
und viele Götter leben im Salate,
saftrot und samenkerngeschwellt das Weib Tomate,
die kühlen Wässer und den warmen Mist.

Laßt mich hier schweigen vom Besoffensein,
vom tiefsten, tödlichsten Hinübergleiten,
vom hellsten, wachsten Indiewindereiten,
die Welt ist groß und unser Wort ist klein.

Laßt mich hier schweigen von dem Blutgericht
geheimster Liebe in verrauschten Zeiten –
laßt mich nur essen, dankbar und bescheiden –
ein Mensch beim Essen ist ein gut Gesicht.

→ Speise

Kein Wein ist so sauer, wie der reine,
der einem eingeschenkt wird.
Markus Ronner (1977:39)

F

Farce

Bei zwei literarischen Genrebezeichnungen, der *Farce* und der *Satire*, ist der Bezug zur Küche, insbesondere für den Nicht-Lateiner, ein wenig verdunkelt. Das Wort *Farce* wird gemeinsprachlich für etwas ‹Lächerliches› und ‹Nichtswürdiges› verwendet. Im 18. Jahrhundert wurde es entlehnt aus dem französischen *farce* für ‹Fleischfüllung aus Kleingehacktem, vor allem von Geflügel und Pastete›. Darauf basieren unsere Wörter *farcieren, faschieren* und *Faschiertes*; das lateinische *farcire* entsprach unserem *stopfen*. Die übertragene literarische Bedeutung geht von Einlagen in mittelalterlichen Mysterien- und Mirakelspielen aus, die sich später zu eigenständigen Darbietungen verselbständigten. Goethe veröffentlichte 1774 die Satire «Götter, Helden und Wieland» und nannte sie im Untertitel gleichwohl: «Eine Farce».

Apropos *Satire*. Was hat diese Bezeichnung, so wird sich manche(r) fragen, mit der Küche zu tun? Der Altphilologe Ulrich Knoche verrät es uns in seiner Abhandlung über «Die römische Satire» ([2]1957); unter Bezug auf den lateinisch schreibenden Grammatiker Diomedes aus dem 4. Jahrhundert deutet er das lateinische *satura* als eine ‹Pastete oder ein Füllsel, beispielsweise für Geflügel: trockene Trauben, Graupen und Pinienkerne, mit Honigwein besprengt …›. Eine Satire enthält schließlich so allerlei Kritisches und Spöttisches von diesem und jenem.

Fett

Ein Jahr nach den Bombenangriffen auf dem Balkan veranstalteten Friedensbewegte «eine bissige Performance», wie die Zeitung «Trierischer Volksfreund» am 31. März 2000 berichtete: «Das Antikriegsbündnis Trier zog eine ironische Bilanz des Krieges, der vor einem Jahr im Kosovo tobte. Besonders Rudolf Scharping *bekam dabei sein Fett ab*.»

Sein Fett kriegen oder *sein Fett wegbekommen (haben)* heißt: ‹die verdiente Schelte oder Strafe erhalten› (vgl. u. a. Oskar Weise, 1906:10–12). Der «Duden» (Bd. 11; «Redewendungen und sprichwörtliche Redensarten: Wörterbuch der deutschen Idiomatik», 1992:202) hält den Ursprung der Wendung für nicht sicher geklärt und stellt – ähnlich wie Hermann Paul ([9]1992:272) – anheim, hier von einem euphemistischen «Essens- oder Bewirtungsbild» auszugehen, wie bei den Redensarten *jemandem etwas einbrocken*, *jemandem eine Kopfnuß / Ohrfeige geben* usw.

Die «Brockhaus-Enzyklopädie» (Bd. 27, [19]1999:226) ist ähnlich unsicher und äußert die Vermutung, hier könne es sich ursprünglich um einen ironischen Vergleich mit dem früheren Brauch des gemeinsamen Schweineschlachtens handeln, wobei jeder Besitzer eines Schlachttieres eine bestimmte Menge Fett erhielt; Lutz Röhrich ([2]1995:770) favorisiert diese Deutung:

«Dieser Redewendung liegt wohl ein Vergleich aus gemeinsamer Wirtschaftsgebarung zugrunde, etwa beim Schweineschlachten oder Buttermachen. Das Fürwort ‹sein› weist auf eine bestimmte zu erwartende Menge hin (…). Bei Hausschlachtungen verteilte früher der Hausvater Fett und Fleisch an alle Familienmitglieder, jeder wurde ge-

schmiert. Einem eine schmieren nimmt durch ironische Färbung später den Sinn an: ‹eine Ohrfeige geben› (...). Erinnert sei auch an das englische *schoolbutter* = ‹Hiebe›.»

Auch Heinz Küpper (⁴1990:230) schreibt, *jemandem sein Fett geben* (‹rügen›) meine eigentlich den zustehenden Teil beim Hausschlachten und in übertragener Bedeutung den verdienten Teil der Prügel und datiert die Entstehung der Wendung auf die Jahre 1850ff.; die Variante *sein Fett kriegen* im Sinne von ‹getadelt werden; seine Strafe erhalten; mit Anzüglichkeiten bedacht werden› sei auch ab 1800ff. «vom Hausschlachten hergenommen und ins Ironische gewendet» worden – im Verlauf des 19. Jahrhunderts ebenfalls in der Bedeutung ‹Prügel erhalten›.

Durchweg abgelehnt – nicht nur von Röhrich (²1995:770), sondern früher auch schon von Borchardt-Wustmann-Schoppe (⁷1955:139f.) und Albert Richter (⁴1921:55) – wird die noch von Heinrich Raab (1981:46f.) vertretene volksetymologische Herleitung der deutschen Wendung *sein Fett kriegen* aus der unvollständigen Übersetzung der französischen Phrase *donner à quelqu'un son fait* (heute: *dire à quelqu'un son fait*).

«Der Tagesspiegel» berichtete am 5. Januar 2001 in einem Artikel über die Hochschulen, die erneut als Sparopfer herhalten sollen:

«Berlin ist für Überraschungen immer gut. Seit Jahren verkündet der Regierende Bürgermeister mit der Überzeugungskraft einer tibetanischen Gebetsmühle, daß Wissenschaft, Hochschulen und die Kultur zu den Leuchttürmen in Berlin gehören (...).
Nun setzt der Staatssekretär in der Finanzverwaltung, Robert Heller, noch einen drauf: Ihm sind die Strukturveränderungen, die die Hochschulen mit Massenstreichungen von Studienplätzen und Wissenschaftlerstellen vornehmen mußten, nicht weitreichend genug. Über die künftigen Hochschulverträge für die Jahre 2003 und 2004 wird in wenigen Wochen verhandelt. Da soll beim Staatszuschuß erneut gespart werden. Denn, so meint der Staatssekretär, der Wissenschaftsrat habe doch Vorschläge für weitere Strukturveränderungen an den Berliner Hochschulen veröffentlicht (...).

Das liest sich wie der gekonnte *Marsch durch sämtliche Fettnäpfchen der Hochschulpolitik.*»

Der Verfasser des Artikels scheint in das Bild vom *Fettnäpfchen* so verliebt zu sein, daß er dem ganzen Artikel die Überschrift gibt: «Marsch durch die Fettnäpfchen».

Die Redensart *Marsch durch die Fettnäpfchen* zielt nicht auf die heute übliche übertragene Bedeutung des Ausdrucks *ins Fettnäpfchen treten* ab, die besagen soll, daß man es mit jemandem ‹verdorben hat aufgrund einer unbedachten Äußerung›; die Formulierung greift eher spielerisch die ursprüngliche Herkunft der Redensart auf: Karl Müller-Fraureuth verweist in seinem «Wörterbuch der obersächsischen und erzgebirgischen Mundarten» (1911) darauf, daß die Wendung den Brauch widerspiegelt, daß – z. B. in erzgebirgischen Bauernhäusern – zwischen Tür und Ofen ein Fettnäpfchen stand, mit dessen Inhalt die nassen Stiefel der Heimkehrenden sogleich eingerieben werden konnten, nachdem sie getrocknet waren. Wer nun durch Unachtsamkeit in das Fettnäpfchen trat und so Fettflecken auf der Diele verursachte, zog sich den Unwillen der Hausfrau zu.

Fisch

Bertolt Brecht (1898–1956), plädierte dafür, «fröhlich vom Fleisch zu essen»:

> Fröhlich vom Fleisch zu essen, das saftige Lendenstück
> Und mit dem Roggenbrot, dem ausgebackenen, duftenden
> Den Käse vom großen Laib und aus dem Krug
> Das kalte Bier zu trinken, das wird
> Niedrig gescholten, aber ich meine, in die Grube gelegt werden
> Ohne einen Mundvoll guten Fleisches genossen zu haben
> Ist unmenschlich, und das sage ich, der ich
> Ein schlechter Esser bin.

Georg Büchmann hat das Fleisch nur in der übertragenen Bedeutung (z.B. in *Der Geist ist willig, aber das Fleisch ist schwach*:

Weder Fisch noch Fleisch. Aus: Thyrso A. Brisolla, *Das Ei des Kolumbus*...

Matthäus 26,41), den Fisch gar nicht auf dem Speiseplan seiner Zitatensammlung, dabei hätte sich doch zumindest die Wendung *weder Fisch noch Fleisch*, die u. a. bei Johann Fischart (ca. 1546–1590) und Erasmus von Rotterdam (1469–1539) schriftlich belegt ist, für einen Eintrag angeboten. Die einleuchtende Erklärung für diese Wendung gibt Göhring (1937:62): «Der Ausdruck hat seine Wurzel in den Vorschriften der katholischen Kirche: am Freitag, wo Fleischgenuß verboten ist, darf jedoch eine Fischspeise genossen werden. Denn der Fisch gilt ihr nicht als Fleisch. Fisch und Fleisch sind somit Gegensätze, und die Redensart besagt daher: ‹weder das eine, noch das andere, gar nichts›.»

Fressen

Mit der umgangssprachlichen Wendung *ein gefundenes Fressen sein* wird ausgedrückt, daß jemandem etwas ‹sehr gelegen kommt, weil er es für seine Zwecke ausnutzen kann›.

Die Erläuterungsversuche für diese Redewendung sind in der Literatur recht dürftig. Der «Duden» (Bd. 11, 1992) schweigt sich ganz aus, die «Brockhaus-Enzyklopädie» (Bd. 27, [19]1999:263) meint, ein gefundenes Fressen sei immer willkommen, weil es einem die oft mühevolle Suche danach erspare; Klaus Müller (1994/2001:148) bemüht unsere animalischen Triebe:

> «In der Redensart steckt das Bild eines Tieres, das sich voller Gier über Nahrung her macht. Auch der gierig schlingende Mensch wird als *Fresser* bezeichnet, dessen Unbändigkeit im Sinne der Redensart noch gesteigert wird, weil seine Nahrung nicht erarbeitet, sondern zufällig gefunden ist. Die Redensart erscheint zunächst bei Andreas Gryphius im 17. Jahrhundert und ist in der Literatur des Sturm und Drangs, die eine drastische Sprache liebte, aufgegriffen worden.»

«Erst kommt das *Fressen*, dann kommt die Moral», heißt es in Bertolt Brechts «Die Dreigroschenoper» (1928, *Zweites Dreigroschen-Finale*: «Denn wovon lebt der Mensch?»).

Immer wieder wird diese Aussage modifiziert. So schrieb Wolf Biermann im November 1990 (in: «Die Zeit», Nr. 47: S. 15): «Erst kommt das Fressen, dann kommt die Unmoral.» Und Christophe Büchi schrieb 1995 in «Die Weltwoche» (Nr. 4: S. 35): «Nach dem Fressen kommt jetzt die Moral: Seit dem Rücktritt des Polizeidirektors zittert das politische Establishment.»

Frikadelle

Eine Lübeckerin, die nach Bayern umgezogen ist, läßt sich über ihre dortige Köchin, mit der sie Verständigungsschwierigkeiten hat, in folgenden Worten aus:

> «(...) wenn ich ‹Frikadellen› sage, so begreift sie es nicht, denn es heißt hier ‹Pflanzerl›; und wenn sie ‹Karfiol› sagt, so findet sich wohl nicht so leicht ein Christenmensch, der darauf verfällt, daß sie ‹Blumenkohl› meint, und wenn ich sage: ‹Bratkartoffeln›, so schreit sie so lange

‹Wahs?›, bis ich ‹Geröhste Kartoffeln› sage, denn so heißt es hier, und mit ‹Wahs?› meint sie ‹Wie beliebt?›. Und das ist nun schon die zweite, denn die erste Person, welche Kathi hieß, habe ich mir erlaubt, aus dem Hause zu schicken, weil sie immer gleich grob wurde; oder wenigstens schien es mir so, denn ich kann mich auch geirrt haben, wie ich nachträglich einsehe, denn man weiß hier nicht recht, ob die Leute eigentlich grob oder freundlich reden.»

Diese für den vorgegebenen zeitlichen Bezugsrahmen wohl recht lebensechte Schilderung kann man in Thomas Manns Roman «Buddenbrooks. Verfall einer Familie» (1901) nachlesen. Sie zeigt, daß im Bereich des kulinarischen Wortfeldes erhebliche dialektale Unterschiede zu beobachten sind.

Das aus dem Griechischen stammende Wort *Dialekt* bezeichnete dort die regionaltypische Ausprägung einer Sprache in einer bestimmten Landschaft. Philip von Zesen (1619–1689) hat den fremdsprachlichen Ausdruck eingedeutscht: seither existiert der Ausdruck *Mundart*, ist aber stets als künstliche Wortprägung empfunden und nie recht volkstümlich geworden. Immerhin hat Philip von Zesen den interessanten und wichtigen Aspekt hervorheben wollen, daß es sich um die gesprochene Variante der Sprache handelt – im Gegensatz zur geschriebenen, die er als *Schreibart* bezeichnete.

Es ist schwierig, umfassend und präzise zu definieren, was unter einem *Dialekt* zu verstehen ist. Josef Berlinger versuchte es in seinem Buch über «Das zeitgenössische deutsche Dialektgedicht» (1983:23 f.):

«Mundart ist stets eine der Schriftsprache vorangehende, auf den grammatischen Ebenen reduzierte, eher in der Unter- und unteren Mittelschicht der Gesellschaft anzutreffende, örtlich gebundene, auf mündliche Realisierung bedachte und vor allem die natürlichen, alltäglichen Lebensbereiche einbeziehende Redeweise, die nach eigenen, im Verlaufe der Geschichte durch nachbarmundartliche und hochsprachliche Einflüsse entwickelten Sprachnormen von einem großen heimatgebundenen Personenkreis in bestimmten Sprechsituationen gesprochen wird.»

Man kann seit einigen Jahren beobachten, daß Europa einerseits politisch zusammenrückt, daß anderseits in vielen Ländern das Interesse an sprachgeographischen und dialektalen Entwicklungen auflebt.

Während gegen Ende des neunzehnten und zu Beginn des zwanzigsten Jahrhunderts die *Regionaldialekte* im Zentrum der dialektologischen Forschung standen, gilt seit etlichen Jahren – wohl auch aufgrund einer stärkeren Mobilität – den *Stadtdialekten* zunehmend die Aufmerksamkeit. Dabei ist es vor allem die *Soziolinguistik*, die sich der im Unterschied zur überregionalen Standardsprache weniger normierten und häufig nur mündlich verwendeten Sprachvarietäten annimmt. Sie untersucht z.B. die Verbreitung und den Gebrauch der Dialekte in verschiedenen sozialen Schichten.

Tony Buddenbrook, von der wir eingangs hörten, spricht davon, sie habe ihre erste Köchin aus dem Hause geschickt, weil sie immer gleich grob geworden sei, räumt dann aber selbstkritisch ein: «(...) wenigstens schien es mir so, denn ich kann mich auch geirrt haben, wie ich nachträglich einsehe, denn man weiß hier nicht recht, ob die Leute eigentlich grob oder freundlich reden.»

Dies verdeutlicht zweierlei: Zum einen können sich innerhalb eines Sprachgebietes, in unserem Falle des Deutschen, teilweise erhebliche Verständnisschwierigkeiten zwischen den Sprechern verschiedener Dialekte ergeben; zum anderen können in die Bewertung fremder Dialekte manche Vorurteile eingehen. Fremdheit und zugleich nostalgischer Reiz der Dialekte manifestieren sich in unterschiedlichen Redewendungen, unterschiedlicher Satzintonation und Lautgestaltung einzelner Vokale und Konsonanten, doch manchmal auch in unterschiedlichen syntaktischen, morphologischen und semantischen Gebrauchsweisen.

Dabei erscheint einem – wie in vielen Bereichen des Lebens – das Eigene, Vertraute, oft als angenehm und wohlklingend, das Fremde zuweilen als häßlich oder grob (wie in Thomas Manns Beispiel), – manchmal auch als lächerlich oder komisch. Heutzutage würde natürlich kein Norddeutscher mehr bei einer Nachfrage im Dialog «Wie beliebt?» sagen, sondern eher «Wie bitte?» oder «Was?», doch das gedehnte «Wahs?» mit entsprechender

Vokalfärbung reicht aus, den Sprecher als südlich des Mains gebürtig zu identifizieren.

«Jede Provinz liebt ihren Dialekt: denn er ist doch eigentlich das Element, in welchem die Seele ihren Atem schöpft», heißt es in Goethes «Dichtung und Wahrheit». Besonders auffällig sind natürlich einzelne Bezeichnungen, durch die sich Dialekte voneinander unterscheiden. Statt *Frikadellen* heißt es in Bayern, wie erwähnt, *Pflanzerl*, statt *Blumenkohl* heißt es *Karfiol*, statt *Bratkartoffeln: geröstete Kartoffeln* (genauer: *geröhste Kartoffeln*).

Gerade der Wortschatz der täglichen Umgangssprache, auch darauf deutet unser Beispiel, enthält eine Vielzahl regionaler Varianten. Wir kennen die Unterschiede bei den Bezeichnungen von Wochentagen, bei Grußformeln, bei vielen Dingen des Alltags, besonders, wenn sie mit dem leiblichen Wohl zu tun haben: *Brötchen, Semmel* oder *Wecken, Alsterwasser* oder *Radler, Kartoffelpfannkuchen* oder *Reiberdatschi, Endiviensalat* oder *Andifi, Bierfaß* oder *Banzn, Bierschaum* oder *Foam, Sauerteig* oder *Loawidoag, Schmorbraten* oder *Bifflamott* bzw. *Böfflamod* (= Boeuf à la mode), *Mehlschwitze* oder *Einbrenne, Gänseklein* oder *Gansjung, Rotkohl* oder *Blaukraut, Apfelsine* (vgl. S. 20) oder *Orange* (vgl. S. 20f.), *Metzger, Fleischer* oder *Schlachter* (vgl. S. 155f.).

Froschsuppe

Martha v. Zobeltitz präsentiert in ihrem Buch «Das Kasserol» (1923:26f.) «einige absonderliche Gaumenletzen aus aller Zeit», wie es im Untertitel nachvollziehbar heißt. Darunter befindet sich auch das nachfolgend in französischer Urfassung und in (der von der Verfasserin besorgten) Übersetzung dargebotene Rezept für eine *Froschsuppe*. Verfaßt hat es Pierre de la Varenne (1618–1678), Küchenchef des Marquis d'Uxelles. Sein 1651 unter dem Titel «Le Cuisinier François» erschienenes Buch erlebte bis 1720 dreißig Auflagen und gilt als das erste Standardwerk der klassischen französischen Küche.

Vor dem Lesen sollte man sich vergegenwärtigen, daß Albert Lortzing (1801–1851) in seiner Oper «Der Wildschütz» (II,14) dem Schulmeister Baculus das Wort in den Mund gelegt hat: «Die Geschmäcker sind verschieden.»

Potage de grenouilles
Troussées les en cerises, les faites frire et les mettez mitonner et entre deux plats, avec peu du beurre frais, un filet de verjus, un jus d'orange ou de citron, et les assaisonnez bien, avec un bouquet. Pouis pour faire vostre bouillon, faites en bouillir avec de la purée ou de l'eau, sel, persil, siboules, une poignée d'amendes pilés, et jaunes d'œufs; après quoi vous passerez le tout ensemble. Faites mitonner vostre pain, sur lequel vous pouvez mettre peu de achis; emplissez votre plat, et le garnissez de vos grenouilles, citrons et grenades. Puis servez.
La Varenne, *Le cuisinier françois* (1654)

Man brät aufgereihte Frösche und läßt sie im geschlossenen Topf schmurgeln mit etwas frischer Butter, einem Schuß Sauerwein, dem Saft einer Orange oder Zitrone und starkem, gemischten Gewürz. Brühe oder Wasser setzt man mit Salz, Petersilie, Zwiebeln, einer Hand voll geschälter Mandeln und Gelbei an und treibt die Masse durch einen Durchschlag über geröstetes Suppenbrot, das mit Haché bestrichen ist. Die gefüllte Schüssel wird mit den Fröschen, Zitron- und Granatapfelscheiben garniert.

Früchte

«An ihren *Früchten* sollt ihr sie erkennen» – so heißt es in der Bibel (*Matthäus* 7,16). Immer wieder ist diese Erkenntnis parodiert worden. Pessimistisch klingt die Warnung Guido Hildebrandts (1977:32): «An ihren *Früchtchen* sollt ihr sie erkennen.» Und von Skepsis getragen ist auch Gerhard Uhlenbrucks Mahnung (1977:43): «An ihren *Ausflüchten* sollt ihr sie erkennen.»

Korf erfindet eine Mittagszeitung,
welche, wenn man sie gelesen hat,
ist man satt.
Ganz ohne Zubereitung
irgend einer andern Speise.
Jeder auch nur etwas Weise
hält das Blatt.
Christian Morgenstern, Die Mittagszeitung

G

Gänsefüßchen

Unter der Überschrift «Abenteuer China» berichtete Ingeborg Voelter-Servatius am 10. Dezember 2001 im Reisejournal der Zeitung «Welt am Sonntag» über ihre 20-tägige China-Reise und schilderte den 18. Tag wie folgt:

«Guilin ist eine kleine, rückständige Stadt von ‹nur› 650000 Einwohnern. Vorsichtig werden wir auf so genannte ‹Bambusmäuschen› vorbereitet, die in Käfigen vor den Restaurants sitzen (…). Ich vermeide es, auch nur ein Restaurant in den Blick zu kriegen (…). Vor dem neuesten, ‹schönsten›, das an Ungemütlichkeit nicht zu überbieten ist, stehen Plastikschüsseln mit Schlangen und bizarren Fischen vor der Tür. Keine Bambusmäuschen. Dafür landen alsbald gebratene *Gänsefüße* und Schlangensuppe auf dem Tisch. Mein Mann ißt sie nicht nur, er findet sie auch noch delikat! Zum Glück ist Hunde-, Katzen- und Haifischfleisch sehr teuer und damit auf der Speisekarte besonders ausgewiesen. Im Süden Chinas scheinen sie noch ein bißchen wild zu sein. Dafür tanzen abends auf öffentlichen Plätzen Pärchen Walzer zu Musik aus dem Kofferradio. Genial!»

Meine Neigung, in chinesischen Restaurants Gänsefüße der geschilderten Art zu bestellen, hat seit meiner Londoner Studienzeit erheblich abgenommen. Aber nicht allein deshalb ziehe ich es vor, kurz auf die übertragene Wortbedeutung einzugehen, die eine lange Geschichte hat.

Das *signum citationis* wurde ungeschickt und unvollständig als *Anführungszeichen* übersetzt. Die verdeutlichende Variante *An- und Abführungszeichen* klang und klingt vielen Sprachbenutzern zu holprig, weswegen sie manchmal salopp von *Tüttelchen* sprechen. Älter ist jedoch der Spaß Jean Pauls (1763–1825), der eben diese *Anführungszeichen* zu *Gänsefüßchen* machte.

Bettine Menke hat in das Archiv der Internetseite des Instituts für Allgemeine und Vergleichende Literaturwissenschaft der Universität Erfurt ihren Aufsatz über «Zitat, Zitierbarkeit, Zitierfähigkeit» eingestellt und vermerkt in einem kurzen historischen Rückblick:

«Zur bisher nicht geschriebenen Geschichte des Zitats gehört, daß im Mittelalter und in der Antike nur dem Sinne nach, nicht wörtlich, ‹falsch› zitiert wurde, daß es Anführungszeichen für Zitiertes erst seit dem 16. und 17. Jahrhundert gibt. Die ‹Alten› zeigten nicht an ‹und unterschieden› nicht, ‹wer eigentlich rede›, sagte der selbst extensiv zitierende Jean Paul: ‹Bei uns aber fehlen solche Anzeigen wohl nie, und so folgen wir natürlich gleichsam auf den *Gänsefüßchen* dem Autor leichter und vernehmen ihn mit dem Hasenöhrchen leiser.›»

Klaus Mampell (1993:48f.) hielt die Bezeichnung *Gänsefüßchen* ursprünglich für inakzeptabel, weil Gänsefüße ja nicht spitz zulaufen, «da Gänse Schwimmvögel sind und Schwimmhäute an den Füßen haben». Er diskutierte daher einen anderen Vorschlag: «Anführungszeichen sehen aus wie Rüben. Die sind oben dick und laufen spitz nach unten zu, wie man an jeder Zuckerrübe sieht.» Wie wär's also mit der Bezeichnung *Zuckerrübchen*? Auch hierbei kamen Mampell Bedenken: Da eine Zuckerrübe groß sei und ein Diminutiv *-chen* nicht vertrage, es der deutschen Sprache zudem an einem Synonym für *Zuckerrübe* fehle, sei das Dilemma komplett. Aber letztlich fand sich doch noch eine imponierende Lösung für das Benennungsproblem:

> «Aus dieser Sackgasse heraus schien kein Weg zu führen, bis ein Botaniker den Linguisten erklärte, daß Zuckerrüben zu den Gänsefußgewächsen gehören, das heißt, im botanischen Sinn ist die Zuckerrübe tatsächlich ein Gänsefuß, und eben an den Gänsefuß ließ sich ein ‹*-chen*› vortrefflich anhängen. Und so bezeichnete man die Anführungszeichen als *Gänsefüßchen*, obgleich sie mit Gänsen sehr wenig zu tun haben, mit Zuckerrüben dagegen sehr viel. Nur weiß das kein Mensch, es sei denn, man sagt es ihm. Ergo: Jedem, der es wissen will – und das werden ja wohl sehr viele sein –, habe ich es hiermit gesagt.»

Gin-Tonic

Die sogenannte «Alkoholregel» zählt zu den wohl außergewöhnlichsten Entdeckungen der Linguisten Cooper und Ross (1975). Sie besagt, daß das stärkere Getränk zumeist vor dem schwächeren Getränk erwähnt wird. Daher heißt es im Englischen *Bourbon and water, gin and juice, rye and Coke, rye and ginger, scotch and soda, rum and Coke*. Im Deutschen greifen wir zu *Gin und Wermut, Wodka-Tonic, Rum-Orange, Whisky-Cola* und *Campari-Soda*, wobei wir die Angewohnheit haben, die Getränke zumeist ohne ein verbindendes Element aneinanderzureihen. Bei den Angelsachsen hingegen legt man Wert auf die Konjunktion *and*: Wollen Sie sich Ihren britischen oder amerikanischen Freunden gegenüber als Kenner der englischen Sprache erweisen, so bestellen Sie bei Ihrem nächsten gemütlichen Beisammensein in einem der zahlreichen Clubs und Pubs oder einer Bar keinen *Gin-Tonic*, sondern einen *gin and tonic* oder mit kennerhafter Miene einen *whisky and soda* anstelle eines einfachen *Whisky-Soda*.

Die von Cooper und Ross propagierte Alkoholregel scheint nicht nur für die englische und deutsche Sprache zuzutreffen, sondern auch das Französische und Spanische sprachlich zu durchtränken. Ein Franzose verlangt ebenfalls nach einem *anis à l'eau*, und auch der Spanier wird bei einem Streifzug durch die Welt der Drinks das stärkere Getränk an erster Stelle zu nennen wissen: *whisky con soda* (Whisky-Soda), *whisky con hielo* (Whisky mit Eis), *ginebra con tónica* (Gin-Tonic). Die Alkoholregel trifft auch für die im Restaurant gern getrunkene Weinschorle *vino con gaseosa* zu, und sogar die unter Fachtrinkern als *carajillo*, *paloma* und *cuba libre* bekannten Getränke geraten in den Bann der Alkoholregel, sobald man ihre Bestandteile herausdestilliert. Hinter *carajillo* verbirgt sich *café y copa* (Kaffee mit Brandy); *paloma* dient als Deckname für *anis con agua* (Anislikör mit Wasser); und *cuba libre* – umgangssprachlich auch *cubata* genannt – verwenden Spanier(innen) zur Bezeichnung von *bacardi con Cola*.

In seinem 1980 erschienenen Aufsatz «Ikonismus in der Phraseologie» vermutete John Robert Ross, daß die Alkoholregel sogar die Getränkeabfolge in Bezeichnungen für cocktailtechnische Errungenschaften wie z.B. *Kahlua and Dr. Pepper* oder *Bacardi and Malve* vorhersagbar mache. Vor allzuviel Enthusiasmus ist allerdings zu warnen. Immerhin lassen die in Deutschland beliebten Getränkekombinationen *Bier und Korn* oder *Cola-Rum* hinsichtlich der Allgemeingültigkeit der Alkoholregel leichte Zweifel aufkommen.

Gourmet/Gourmand

Albert Langen und Th(omas) Th(eodor) Heine riefen im Jahre 1896 in München den «Simplicissimus» ins Leben, eine politisch-satirische Wochenschrift, die eine herausragende Bedeutung für das Wilhelminische Deutschland gewinnen sollte. In seinen besten Zeiten hatte der «Simplicissimus» über 50 000 Abonnen-

Th. Th. Heine: Zeichnung aus dem
Jahre 1901/02

ten, und seine Durchschnittsauflage bewegte sich 1904 bereits um die 85 000 Exemplare, eine für die damalige Zeit erstaunlich hohe Zahl. Außerordentlich groß war sein Einfluß auf das Denken und Fühlen der damaligen Leserschaft. Die obige Zeichnung von Th. Th. Heine (1867–1948) entstammt dieser Zeitschrift (Jahrgang VI, 1901/2, Nr. 7).

Unter dem Titel «Simplicissimus Humor» erschien 1984 eine Auswahl aus den ersten drei Jahrgängen, in der sich u.a. diese Leserzuschrift findet:

> «*Lieber Simplicissimus!*
>
> Ein Pastor, der ein großer Feinschmecker war, richtete seine Tischgebete bei Taufen und Hochzeiten immer nach dem Inhalt des Speisezettels. War es eine gewöhnliche, nicht vielversprechende Speisenfolge, so betete er: ‹Herr, wir danken dir usw.› War es aber ein ausgesuchtes Menu, das auf eine feine Küche schließen ließ, oder kannte er gar den Hausherrn als raffinierten Gourmand, so begann er sein Gebet: ‹Herrgott, himmlischer Vater, der du uns aus der überschwenglichen Fülle deiner unerschöpflichen Gnade so reichlich beschenkt hast.›» (S. 137)

Die meisten englischen Lexika definieren den Unterschied zwischen einem Gourmet und einem Gourmand so:

«A *gourmand* is someone who is excessively fond of food and drink: *He's a real gourmand, and never stints on his weekly shopping*. A gourmet is a connoisseur of food and drink: *TV cookery expert Graham Kerr was nicknamed the ‹Galloping Gourmet› because he produced exquisite dishes with lightning speed.*»

Der «Duden» (Deutsches Universalwörterbuch; ³1996:625) kennzeichnet den *Gourmand* als ‹Schlemmer›, als ‹jemanden, der gern gut und zugleich viel ißt›; als *Gourmet* (altfranzösisch *gormet* = ‹Gehilfe des Weinhändlers›) gilt ein ‹Feinschmecker›, also ‹jemand, der aufgrund seiner diesbezüglichen Kenntnisse in der Lage ist, über Speisen und Getränke, besonders Wein, ein fachmännisches Urteil abzugeben, und der gern ausgesuchte Delikatessen verzehrt, ohne jedoch unmäßig dabei zu sein›.

Dichter waren und sind bei ihren Äußerungen über andere Vertreter der schreibenden Zunft nicht immer zimperlich. Winfried Hönes hat seinem Buch «Dichter über Dichter» (1991) als Oberzeile ein besonderes Zitat vorangestellt: «Auch frisset er entsetzlich.» Jean Pauls Charakterisierung Goethes findet sich in einem Brief vom 18. Juni 1796 an den Freund Christian Georg Otto. Goethe scheint also eher ein *Gourmand* gewesen zu sein.

großkotzig

Der «Duden» (Deutsches Universalwörterbuch; ³1996:635 f.) definiert das Adjektiv *großkotzig* als ‹widerlich aufschneidend, protzig›. Mit dem Essensbereich hat es jedenfalls, auch wenn sich Assoziationen mit dem Erbrechen einstellen mögen, überhaupt nichts zu tun, denn es entstammt dem jiddischen Wort *kozn*, das seinerseits von dem hebräischen Wort *katzin* (‹Richter/Fürst›) hergeleitet ist. Werner Weinberg (1996:73) nennt das jüdischdeutsche Sprichwort «Der *kozen* läßt's klingen, der *dalfen* läßt's springen» (‹der Reiche gibt mit seinem Geld an, der Arme gibt seines aus›), der *großkozen* ist für ihn ein ‹Schwerreicher›, aber auch ‹jemand, der sich selber große Wichtigkeit zumißt›.

... es war sicherlich kein geringer Fortschritt im Denken von der Sorge für den Magen zu der Sorge für den Gaum!
Georg Forster (1754–1794), Über Leckereien

H

Hamburger

Das «Anglizismen-Wörterbuch» (2001:606) definiert die in Deutschland besonders in den 70er Jahren durch amerikanische Schnellimbißketten bekannt gewordene Fast-Food-Delikatesse als «aufgeschnittenes, weiches Brötchen, gefüllt mit gebratenem Rinderhackfleisch und Zutaten wie Zwiebeln, Tomaten, Ketchup etc., das zu einer flachen Scheibe geformt ist.» Schon am 20. Oktober 1944 schrieb die «Weltwoche»: «Aus der Omelette ist gewissermaßen ein ‹Virginia Ham›, wenn nicht ein ‹Hamburgher› (sic!) geworden […].» Das legt allerdings eine falsche Interpretation nahe: Die US-amerikanische und britische Bezeichnung *hamburger* ist keineswegs eine Wortmischung aus *ham* (‹Schinken›) und *burger* (‹eine Art Brötchen›), sondern eine Kurzform von *hamburger steak*. Das Hackfleisch ist offenbar mit deutschen Auswanderern im 19. Jahrhundert über Hamburg in die Vereinigten Staaten von Amerika gelangt. In Robert K. Barnharts «Dictionary of Etymology» (1995:340) findet sich s.v. *hamburger (steak)* der diesbezügliche Hinweis: «(…) borrowed from Ger-

Karikatur von Ernst Kahl aus: *Häuptling eigener Herd*

man *Hamburger*, originally, of or from the city of Hamburg, perhaps because this type of steak was associated with the port of Hamburg, through which many immigrants came to the United States.»

Als eigentliche Geburtsstunde des *hamburger* – so die herrschende Meinung unter Etymologen – gilt die Weltausstellung in St. Louis 1904, als der gebratene Fleischklops – zunächst noch schlicht *Hamburg* genannt – erstmals zwischen zwei Brötchenhälften serviert worden sein soll. Die amerikanische Autorin Martha Barnette, frühere Reporterin der «Washington Post», weist allerdings in ihrem Buch «Ladyfingers and Nun's Tummies» (1998:118) darauf hin, daß es noch einen onomastischen Mitstreiter bezüglich der Herkunftsbezeichnung gibt: «Among the contenders: the city of Hamburg, New York, where two refreshment vendors at the 1885 Erie County Fair supposedly ran out of pork for making sandwiches and came up with this now ubiquitous beef sandwich.»

Unstreitig ist für Linguisten, daß die spätere Bezeichnung *hamburger* dann Ausgangspunkt für mehrere Analogiebildungen mit *-Burger* als zweitem Bestandteil geworden ist und daß sich *Burger* sogar zur Gattungsbezeichnung für diese Art von Schnellimbiß entwickelt hat.

→ *Berliner;* → *Würstchen: Wiener* ~

Hamburger Aalsuppe → **Aalsuppe**

Hans Dampf

Auf der Intergastra-Messe 2002 las ich in einem Prospekt über Innovationen in der Küche:

> «Hygiene ist in der Küche eine wichtiges Thema. Die Reinigung aber kostet viel Zeit, und diese Arbeitszeit ist heute der teuerste Kostenfaktor überhaupt. Deshalb bieten inzwischen zahlreiche Hersteller von Kombidämpfern ihre Geräte mit automatischen Reinigungsprogrammen an. Das heißt: früher Feierabend für die Küchencrew, weil das Gerät sich über Nacht selbst reinigt. Solche Reinigungsprogramme bieten zum Beispiel die Kombidämpfer von Convotherm in Eglfing genauso wie die baugleichen, unter dem Namen *Hans Dampf* vertriebenen Geräte von MKN in Wolfenbüttel.»

Die Namengeber haben sich natürlich etwas dabei gedacht, als sie den Namen *Hans Dampf* für ihr Produkt gewählt haben. Die Werbeanzeige, die auch in der «Bunten Illustrierten» im Jahre 1978 (Nr. 13/22.3., S. 186) publiziert wurde, zeigte die Beliebtheit des zugrunde liegenden sprachlichen Ausdrucks: «*Hans Dampf* der kleinen Klassen: Der Ford Fiesta.»

Es hat allerlei Spekulationen über die Herkunft dieses Ausdrucks gegeben. Ich will einige Spuren verfolgen und beginne zunächst mit einem Dichter im frühen 19. Jahrhundert:

Im Jahre 1802 unternahm er zusammen mit Heinrich von Kleist (1777–1811) und Ludwig Wieland, dem Sohn Christoph Martin Wielands (1733–1813), eine Wanderung. Er trat energisch für bürgerliche Freiheitsrechte ein, gründete eine Freimaurerloge, eine Gewerbe- und eine Taubstummenschule sowie eine Sparkasse. Er war ein erfolgreicher Theaterdichter, über den Goethe berichtet, seine Stücke seien denen Schillers gleichgestellt worden, und war einer der meistgelesenen deutschsprachigen Schriftsteller. Ich spreche von (Johann) Heinrich (Daniel) Zschokke (auch: Johann von Magdeburg und L. Weber; 1771–1848). Er ist Autor einer im Jahre 1814 veröffentlichten Erzählung mit dem Titel «Hans Dampf in allen Gassen».

Daß der Ausdruck *ein Hans-Dampf-in-allen-Gassen sein* von dieser Erzählung herrührt, ist höchst unwahrscheinlich. Übrigens: Schon ein paar Jahre zuvor war in «Des Knaben Wunderhorn» (1806–1808), der Sammlung deutscher Volkslieder durch Achim von Arnim und Clemens Brentano, unter dem Titel «Hans in allen Gassen» dieses nach einem fliegenden Blatt aus dem Jahre 1636 gestaltete Gedicht erschienen:

Ich will einmal spaziren gehn,
Und suchen meine Freud,
Begegnet mir ja alsobald,
Ha ha, ja ja, ja alsobald,
Ein Knäblein war schön bekleidt.

Zwei Flüglein thät er tragen,
Ein Bogen in seiner Hand,
Er thät gleich zu mir sagen,
Ha ha, ja ja, ja sagen,
Schenk mir dein Herz zum Pfand.

Was thust du da, du kleiner Bub?
Was machst du hier im Wald?
Du g'hörst nach Haus in deine Ruh,
Ha ha, ja ja, in deine Ruh,
Die Nacht ist dir zu kalt.

> Seine Aeuglein hat er verbunden,
> Mit einem schwarzen Flor,
> Du machst mir ja viel Wunden,
> Ha ha, ja ja, viel Wunden,
> Du kleiner Kupido.
>
> Itzt will ich erst recht lieben,
> Weils die Leut verdriessen thut,
> Ich wills nicht mehr aufschieben,
> Ha ha, ja ja, aufschieben,
> Wills nehmen für mein Buß.

Mit diesem Gedicht dürfte der Ausdruck erst recht nichts zu tun haben.

Fest steht zweifellos, daß der Name *Hans* in der Phraseologie der deutschen Sprache eine bedeutende Rolle spielt; deshalb spricht der Schweizer Dichter Hans Manz (1991:185) sogar vom «Hansentag»:

> Eines Tages geschah es,
> das sich die Hansen zusammentaten:
> *Hans Guck in die Luft* ließ den Kopf hängen,
> *Großhans* duckte sich,
> *Hanswurst* macht ein ernstes Gesicht.
> Unglücklich stand *Hans im Glück* herum,
> *Hansdampf in allen Gassen* saß still,
> und *Prahlhans* sagte kleinlaut:
> «So wär'n wir ja wohl noch schlimmer, nicht?»

Zurück zu unserem *Hans Dampf*. In einem Werbeprospekt stellte eine westdeutsche Ausbildungsstätte kürzlich ihr Konzept wie folgt vor:

> «Die Kölner Journalistenschule entwickelte 1968 als erste Institution in der Bundesrepublik ein Konzept, das die journalistische Ausbildung mit einem akademischen Studium verband – eine Absage an den Typus des «Allround-Journalisten», dieses *Hans-Dampf-in-allen-Gassen*, der von

allem ein bißchen, von nichts aber wirklich etwas versteht. Die Kölner Nachwuchsjournalisten studieren daher parallel zur journalistischen Ausbildung an der Universität – Volkswirtschaft, kombiniert mit Politik oder Soziologie.»

Sicherlich ist es in vielen Berufsfeldern heutzutage nötig, sich zu spezialisieren, wenn man Erfolg haben will, gleichwohl muß und wird es immer «Generalisten» geben, die einen (wenn auch vielfach oberflächlichen) fachspezifischen Gesamtüberblick besitzen. Im obigen Zitat wird der *Hans-Dampf-in-allen-Gassen* kritisch gesehen, Heinz Griesbach (2000:44) definiert den Begriff freundlicher, nämlich als ‹jemand, der überall Bescheid weiß›, als ‹jemand, der sehr rege ist und sich überall auskennt›. Entsprechend positiv zu bewerten ist daher auch die Jury-Begründung zur Verleihung des Adolf-Grimme-Preises mit Gold an Hans W. Geißendörfer:

«Es ist nicht übertrieben, zu sagen, dass es – abgesehen vom Zuschauererfolg – nach innen insbesondere die vom Gründervater der ‹Lindenstraße› geschaffene familiäre (Produktions-)Atmosphäre ist, die das Team zusammenhält und die Langlebigkeit der Serie ausmacht. Geißendörfer ist dabei *Hans Dampf in allen Gassen* wie warmherziger Pater familias; er ist genau der Spiritus-Rector-Typ, der im positiven Sinne den Geist richtet und aufrichtet.»

Auch für Heinz Küpper ([4]1990:327) ist der *Hans-Dampf-in-allen-Gassen* ein ‹Mensch, der sich in jeder Lebenslage zu helfen weiß›. Küpper deutet in vorsichtiger Form an, Kurt Böttcher et al. ([5]1988:407) und Lutz Röhrich ([2]1995:661) geben einen noch deutlicheren Hinweis darauf, daß der Ausdruck möglicherweise auf einen real existierenden Namensträger zurückgehen könnte:

«In Gotha wird behauptet, ein Hans Dampf sei dort im 19. Jahrhundert eine stadtbekannte Persönlichkeit gewesen, und man beruft sich dabei auf die 1846 anonym in Gotha erschienene Dichtung: ‹Die Wirkung

des Dampfes oder Das Leben auf der Thüringer Eisenbahn ...›, wo es in der 10. Strophe heißt:
Nun kommt auch Hans George, genannt der Hans Dampf,
Hat Abschied genommen, überstanden den Kampf,
Er will gern mitfahren in die höllische Fremd',
Mit seinen sieben Sachen, zwei Strümpf und ein Hemd;
Das Entree bezahlet das Mütterchen fein,
Und nun fährt der Schlingel über den Rhein.» (Röhrich, ibid.)

Doch auch diese Herleitung hat nicht viel für sich. Man muß nämlich wissen, daß Johann Agricola (aus Eisleben; gest. 1566), ein Schüler und Weggenosse Luthers, im Jahre 1529 in Nürnberg unter dem Titel «Dreyhundert gemeyner deutscher Sprüchwörter» die erste hochdeutsche Sammlung dieser Art herausgegeben hat, die er in mehreren Folgen bis 1534 auf insgesamt 750 Sprichwörter und Redewendungen erweiterte. Und in dieser Nürnberger Ausgabe findet sich bereits die Wortprägung *Hans-Dampf-in-allen-Gassen*.

→ *Hans Wurst*; → *Schmalhans*

Hans Wurst

«Es ist begreiflich», so schrieb schon Othmar Meisinger in seinem Buch über «Hinz und Kunz: Deutsche Vornamen in erweiterter Bedeutung» (1924:29), «daß in den Spielen des Mittelalters der Name *Hans* früh eine Rolle spielte; ihnen verdanken wir vor allem den *Hans Wurst*.» Ludwig Kapeller charakterisiert den *Hanswurst* in seinem «Schimpfbuch», das im Jahre 1962 erschienen ist, wie folgt:

«Er gilt als ausgelassener, gutmütiger Mensch, als Schalk, der gern Possen treibt, aber mitunter als Hampelmann, der sich selbst veralbern läßt. Bayerisch, österreichisch *Wurstel*. Ursprünglich *Hans Wurst*, Spitzname für einen *Fettwanst* (dick wie eine Wurst), dann Karnevalsnarr (1550) und bis 1737 ständige Bühnengestalt. In Wien gibt es noch heute den ‹Wurschtl-Prater›, wo *Hanswürste* (Kasperle) auftreten. –

Hans Worst war auch eine Figur in der niederdeutschen Fassung von Brants ‹Narrenschiff› (1519), bei Brant selbst: *Hans Mist.* Dann *Hans Wurst* 1575 in Fischarts ‹Gargantua›.» (S. 76)

→ *Hans Dampf;* → *Schmalhans*

Hechtsuppe

Wie in jedem Wissenschaftsbereich gibt es auch in der Sprachwissenschaft nicht immer einhellige Meinungen. Selbst wenn ich gelegentlich ausrufe *Es zieht wie Hechtsuppe!*, muß ich einräumen, daß auch die Herkunft dieser Redensart nicht eindeutig geklärt ist. Heinz Küpper (⁴1990:335) und Klaus Müller (1994:237f.) bieten indessen eine nachvollziehbare volksetymologische Übertragung aus dem Jiddischen an, wo *hech supha* bedeutet: ‹wie ein Sturmwind›; aus *hech supha* wäre also die *Hechtsuppe* geworden. Beide Autoren überzeugen weniger mit ihrer kulinarische Erklärungsvariante: Müller schreibt: «Zunächst kann an das langsame Köcheln einer Fischsuppe auf dem Herd gedacht werden, das ebenfalls als *Ziehen* bezeichnet wird.» Küpper, möglicherweise ein engagierter Hobbykoch, führt etwas präziser aus, es könne sein, daß von der «mit Meerrettich und Pfeffer bereiteten Hechtsuppe auszugehen (sei), die ziehen muß, um wohlschmeckend zu werden». Die Logik scheint mir auch hier auf der Strecke zu bleiben.

Hering

Der *Hering* ist von Poeten gewürdigt worden und durch einen berühmten Staatsmann zu besonderer Ehre gekommen.

So hat der Schriftsteller Heinrich Seidel (1842–1906), der mit humorvoller Kleinmalerei die idyllischen Seiten des einfachen bürgerlichen Lebens schilderte, in einem Gedicht konstatiert:

> Der Hering ist ein salzig Tier,
> er kommt an vielen Orten für.

Wer Kopf und Schwanz kriegt, hat kein Glück.
Am besten ist das Mittelstück.
Es gibt auch eine saure Art,
in Essig wird sie aufbewahrt.
Geräuchert ist er alle Zeit
ein Tier von großer Höflichkeit.
Wer niemals einen Hering aß,
wer nie durch ihn von Qual genas,
wenn er mit Höllenpein erwacht,
der kennt nicht seine Zaubermacht!
Drum preiset ihn zu jeder Zeit,
der sich der Menschheit Wohl geweiht,
der heilet, was uns elend macht,
dem Hering sei ein Hoch gebracht!

Man muß sich dabei vergegenwärtigen, daß Heringe, die als Mahlzeit heute in verschiedensten Zubereitungsformen als kulinarische Besonderheit gelten, früher eher ein typisches Arme-Leute-Essen waren. Interessant ist in diesem Zusammenhang Roger Rössings (1995:194f.) Bemerkung über den früheren deutschen Reichskanzler: «Mit Sicherheit hat er es nicht verdient, allein in der Bezeichnung *Bismarckhering* fortzuleben. Dies geschah, weil er in einer Gesprächsrunde geäußert hatte, wenn der Hering so teuer wie der Hummer wäre, gälte er mit Sicherheit in den höchsten Kreisen als Delikatesse.»

Sibylle Riley-Köhn (1999:342f.) zählt die Bezeichnung *Bismarckhering* zu den «anthroponymen Benennungen nach berühmten oder bekannten Personen, aus der Politik oder Kultur, die als *VIP-Garnituren* bezeichnet werden» und nennt u.a. noch den *Hummer Churchill*, das *Beef Wellington* und das vegetarische Auflaufgericht *Woolton Pie*.

Konrad Breitenborn (1990:53) verrät uns unter Bezug auf das Tagebuch des Bismarckverehrers Eugen Wolf (1850–1912), daß der Kanzler gern und reichlich zugelangt hat:

«Zu Bismarcks alltäglicher Behaglichkeit gehörte gutes und reichliches Essen. Mittags und abends soll er fünf Gänge sowie Unmengen von

Bier und Wein zu sich genommen haben. Seine Angewohnheit, bei den Mahlzeiten wahllos Süßigkeiten, Heringe, Gebratenes und Mehlspeisen regelrecht in sich hineinzustopfen, überraschte anwesende Gäste immer wieder. Schon zum zweiten Frühstück, das erst gegen Mittag eingenommen wurde, dominierte deftige Kost. Einmal gab es ‹Kaviar, Spickaal, kalte Küche, dann Königsberger Klops mit Kartoffeln (...); dazwischen wurde alter Litauer Korn angeboten›. Häufig kredenzte der Hausherr seinen Gästen aber auch hausgemachte Würste aus Varzin, in Bouillon eingelegte Heringe, Anchovis, Kartoffelsalat und Fluhm, ein pommersches Gänsefett, das Bismarck neben Eiernkuchen besonders gern verspeiste. Anschließend kamen Kaffee, Kognak und Zigarren auf den Tisch. Nach der ebenfalls recht üppigen Abendmahlzeit, dem Diner, ‹legte sich der Fürst im Wohnzimmer auf eine Chaiselongue und zündete die lange Pfeife an; nachdem sie ausgeraucht war, folgte eine andere›, notierte Eugen Wolf in sein Tagebuch.»

Honig

«Handelt einer mit *Honig*, er leckt zuweilen die Finger», heißt es in Goethes «Reineke Fuchs». Auch Hans W. Fischer weiß in seinem «Schlemmer-Paradies» (1949:74) die Wonnen des Honigs zu preisen:

«Honig ist zu konzentriert, um ihn in größeren Massen zu schlucken, obwohl es lohnt, mit dem Löffel über eine Kruke zu gehen, namentlich, wenn der Inhalt zu lockerem Kristall erstarrt ist; die kleinen Körner, die sich auf der Zunge lösen, kratzen noch weit lieblicher den Hals hinunter, als wenn der Honig fließt. Eine Violine beginnt in dir zu singen. Zweistimmig ertönt die Melodie des Wabenhonigs, bei der das edle Wachs die Begleitung führt; berückend, wenn nicht die ewige Spuckerei wäre. Aber wie auch immer: das Duftkonzert durchtönt den ganzen Schlauch, und der Magensack zittert als Resonanzboden mit.»

Der Katalog der von «Spicy's Gewürzmuseum» (Am Sandtorkai 32; 20457 Hamburg) veranstalteten Hamburger Ausstellung

«Aphrodisia 2002» unterstreicht die vom Kama-Sutra empfohlene Verwendung von Honigstaub:

> «Er ist wohlriechend wie eine Geißblattblüte und aus reinem natürlichen Honig. Zärtlich wird er mit einem weichen Federpinsel auf den Körper des Partners aufgetragen, wo er seinen Duft entfaltet und zum Abküssen einlädt. Was nun das eigentliche Aphrodisiatische dabei ist, das Einpinseln, Abküssen, der Honig selbst oder alles zusammen, müssen Sie schon selbst herausfinden.» (Spicy's Gewürzmuseum 2001:13)

Wer *jemandem Honig um den Bart schmiert* will ihm schmeicheln, ihm ‹eine Sache vorteilhafter darstellen als es der Wirklichkeit entspricht›. Heinz Küpper (⁴1990:358) verweist darauf, daß die Wendung bei uns schon seit mittelhochdeutscher Zeit bekannt ist: «Meinte ursprünglich, ‹jemandem Honig mit dem Löffel eingeben›. Dies tat man vor allem gegenüber Kindern gern, um sie zu verwöhnen, zu trösten oder abzulenken. Hiernach entwickelte sich der Nebensinn des Täuschens.»

Küppers Aussagen sind durchaus akzeptabel, über die Herkunft der Wendung hat sich allerdings Martin Stankowski (1998:125) weitergehende Gedanken gemacht:

> «In China wurde früher, und das seit uralten Zeiten, ein Herdgeist verehrt, den jedes Haus und jede Familie kannte. Bisweilen wurde daraus auch ein Küchengott, bis in unsere Zeiten eine der populärsten Gottheiten bei den Chinesen. Ihm wurden reichlich Opfer gebracht, war er doch zuständig für den Segen auf dem Haus, das gute Essen, die Gesundheit, das Feuer im Herd und ähnliche entscheidende Dinge des Alltags.
> Die Geschenke an den Herdgeist resp. Küchengott nahmen gegen Jahresende zu, denn dann werde er in den Himmel steigen und über die Hausbewohner Bericht erstatten. Die Götter brauchten eben Informationen über die Menschen. So wie wir es in christlichen Breitengraden vom Nikolaus ja auch gewohnt sind, daß er die relevanten Sünden und Verfehlungen notiert hat, wenn er mit seinem Kumpel Ruprecht Anfang Dezember auftaucht. Jedenfalls, die Chinesen wußten das auch,

der informelle Mitarbeiter des Himmels war namentlich bekannt und so versuchten sie, ihn günstig zu stimmen, um die Berichtstage zu verbessern. Und eine der beliebten Bestechungsmethoden, neben vielen Geschenken, war, dem Küchengott Honig auf die Lippen zu streichen.

Die süße Sitte ist von Seefahrern im Abendland berichtet worden und nicht in Vergessenheit geraten. Wenn wir davon sprechen, jemandem zu schmeicheln, vor allem einem, von dem wir abhängig sind, ihm Gutes tun wollen, dann sagen wir: *man schmiert ihm Honig ums Maul* oder auch *um den Bart.*»

Hopfen und Malz

Schlicht aufs Gegenständliche gerichtet war ursprünglich der Spruch *Wo das Bier im Keller versauert, / Ist Hopfen und Malz verdorben*, der eine Allgäuische Variante hat: *Am sure Bier ist Hopfe und Malz verlore*. Hopfen und Malz sind bekanntlich die Grundsubstanzen des Bieres. Man darf annehmen, daß dieser Wortlaut (*verloren* für *verdorben*) den eigentlichen Ausgangspunkt des Sprichworts bildet, das auch Goethe benutzte:

> Denn oft ist Malz und Hopfen
> An so viel armen Tropfen,
> So viel verkehrten Toren,
> Und alle Müh verloren.

Offenbar hat der Volksmund die Aussage so weit verallgemeinert, daß sie nicht mehr auf das Getränk bezogen wurde, sondern unmittelbar auf die Personen. Menschen an denen *Hopfen und Malz verloren* sind, sind der Mühe nicht wert, die man an sie verschwendet. Sie gelten als ‹unverbesserlich›; sind sie zudem von magerer Gestalt, so sagt man häufig – wie Klopstock (1724–1803) –, sie seien *lang und dürr wie Hopfenstangen*.

Ein abschließender Hinweis: Wer sich über die Geschichte und den Anbau des Hanfgewächses informieren möchte, dem sei ein Besuch im «Tettnanger Hopfenmuseum» (Hopfengut 20, 88 069

Tettnang-Siggenweiler) empfohlen, das, umgeben von Hopfengärten, in alten Hopfengebäuden untergebracht ist.
→ *Altbier;* → *Bier;* → *Bockbier*

Hunger

Ein böhmisches Sprichwort lautet: «Der Hunger ist ein Gläubiger, dem man nicht ausweichen kann»; eine neapolitanische Wendung besagt: «Besser verrecken am Leibweh als am Hunger», ein provenzalischer Spruch kündet: «Leidest Du an Hungers Not, / Wird zu Torte armes Brot.»

Die deutsche Weisheit «Hunger ist der beste Koch», darauf macht Büchmann (1959:105) aufmerksam, taucht zum erstenmal um 1230 in Freidanks «Bescheidenheit» auf, einer mittelhochdeutschen lehrhaften Spruchsammlung religiöser und moralischer Erkenntnisse, und zwar im Abschnitt «Von dem Hunger». *Bescheidenheit* bedeutete in diesem Werk übrigens soviel wie ‹Urteilsfindung, Entscheidung zwischen gut und schlecht›. Doch schon einer Schrift Ciceros mit dem Titel «De finibus» (‹Über das höchste Gut und Übel›: 2,90) kann man den vergleichbaren lateinischen Spruch entnehmen: *Cibi condimentum fames est* – ‹Der Speise Würze ist der Hunger›. An der entsprechenden Stelle führt Cicero nämlich aus: «Wenn nun Epikur behaupten wollte, es habe auf die Glückseligkeit keinerlei Einfluß, wie man sich ernähre, so wäre ich einverstanden; ich würde dies sogar loben. Denn er würde die Wahrheit sagen, und ich stelle fest, daß Sokrates, für den die Lust überhaupt nicht zählt, gesagt hat, die Würze des Essens sei der Hunger, diejenige des Trinkens der Durst.»

Unersättlich ist nicht der Bauch,
wie die Menge sagt,
sondern die falsche Vorstellung
vom unbegrenzten Anfüllen des Bauches.
Epikur (341–270 v. Chr.), Vatikanische Spruchsammlung

I

Ingwer

Elmar Seebold konstatiert in seinem grundlegenden Werk über «Etymologie» (1981:99f.), daß es selbstverständlich schon seit frühester Zeit Lehnbeziehungen gegeben hat, und weist darauf hin, daß die ersten Lehnwörter, die man als eine ausgesprochene Lehnwörter-Schicht fassen kann, die sogenannten kulturellen Wanderwörter sind (*Hanf, Erbse* usw.), also «(...) die Bezeichnungen für viele Rohstoffe und Pflanzen (besonders Gewürze), die irgendwann irgendwo die Aufmerksamkeit des tätigen Menschen erregten und von ihm bezeichnet wurden, worauf dann andere Völker und Sprachen mit der Kenntnis der Sache auch deren Bezeichnung übernahmen.»

Zu diesen «Wanderwörtern» zählt auch *Ingwer*, dessen Entlehnungsweg Seebold wie folgt nachzeichnet:

«Unser Wort *Ingwer* geht zurück auf ahd. *gingibero, gingeber, ingúber.* Diese Formenvielfalt zeigt zunächst, daß solche Entlehnungen, die ja der Lautstruktur einer fremden Sprache entsprechen, angepaßt werden müssen, wobei meist mehrere Möglichkeiten versucht werden, aus denen dann im Laufe der Zeit eine einzige Form als Sieger hervorgeht. Das deutsche Wort geht dabei zurück auf das altfranzösische *gimgibre* (auch hier mit zahlreichen Nebenformen), dieses ist aus lateinisch *zingiber(i)* ererbt (lt. *z* entwickelt sich in den romanischen Sprachen gleich wie palatalisiertes *g*), und dieses wiederum ist eine Entlehnung aus gr. *zingíberis*. Das lateinische Wort ist der Ausgangspunkt für die entsprechenden Wörter fast aller europäischer Sprachen geworden (...).

Einige wenige osteuropäische Sprachen haben ihr Wort nicht aus dem Lateinischen entlehnt, sondern von den mitteliranischen Sprachen (gegebenenfalls auf den Umweg über das Arabische und Türkische). Beide Überlieferungswege (über das Griechisch/Lateinische und über das Mitteliranische) treffen sich in den mittelindischen Sprachen als gemeinsamen Ausgangspunkt; als Beispiel für diese sei Pali *singivera-* angeführt. Und hier läßt sich das Wort nun endlich analysieren, denn der zweite Bestandteil *(vera-)* ist ein aus den dravidischen Sprachen bekanntes Wort für ‹Wurzel›, und da das Gewürz Ingwer aus einer Wurzel gewonnen wird, ist dies wohl kein Zufall. Auch der erste Bestandteil kommt – als selbständiges Wort in der Bedeutung ‹Ingwer› – in den dravidischen Sprachen vor (das sind die nicht-indogermanischen Sprachen Indiens). Darüber hinaus ist dieses einfachere Wort für Ingwer in praktisch allen Sprachen Südostasiens in ähnlichen Lautformen belegt, ohne daß sich hier ein Zentrum für die Entlehnung nachweisen ließe (...).

Insgesamt haben wir also von einem südostasiatischen Wort für die Ingwerpflanze auszugehen, das in Indien aus den dravidischen Sprachen zusammen mit deren Wort für ‹Wurzel› in die mittelindischen Sprachen entlehnt wurde und von dort aus einerseits über die mitteliranischen Sprachen, andererseits über das Griechische in die Sprachen Europas und Afrikas verbreitet wurde. Es handelt sich dabei um ein vergleichsweise spätes Wanderwort – deshalb ist der Weg seiner Verbreitung auch verhältnismäßig gut zu erschließen.»

Die Hühner fühlten sich plötzlich verpflichtet,
statt Eiern Apfeltörtchen zu legen.
Die Sache zerschlug sich. Und zwar weswegen?
Das Huhn ist auf Eier eingerichtet.
(So wurde schon manche Idee vernichtet.)
Erich Kästner, Aktuelle Albumverse II

K

Kaffee

Bei genießerischen Freuden oder harmlosen Genußmitteln – je nach Betrachtungsweise – gibt es viele arabisch-deutsche Spracheinflüsse: *Haschisch, kiffen, Natron, Kandiszucker* – und natürlich *Kaffee*.

Ein norwegisches Sprichwort besagt: «Wer Kaffee trinkt, wirft sein Geld ins Wasser; wer Tabak raucht, bläst es in die Luft.» Ich möchte kurz auf das braun-schwarze Getränk eingehen, von dem in Deutschland täglich fast 300 Millionen Tassen konsumiert werden. «Kaffee schwarz wie die Nacht/, Süß wie die Liebe/, Heiß wie die Hölle» – so lautet ein arabisches Sprichwort. Die arabische Bezeichnung, die über das Türkische nach Europa kam, könnte vom Namen der abessinischen Landschaft *Kaffa* stammen, der Heimat des Kaffeestrauches. Beim altarabischen Wort *qahwa* vollzog sich, wahrscheinlich aufgrund des von Mohammed schrittweise eingeführten Alkoholverbots, eine verblüffende semantische Veränderung: ursprünglich bedeutete es nämlich ‹Wein›.

Das von Klaus Kreiser et al. herausgegebene «Lexikon der Islamischen Welt» (Bd. 3, 1974:172) schildert, daß es Mohammed nicht möglich gewesen wäre, den Weingenuß abrupt zu untersagen, ohne auf heftige Reaktionen seitens der Bevölkerung zu stoßen: «In Sure 16,67 gilt der Wein noch als ein Geschenk Gottes, Sure 4,43 verbietet den Gläubigen, betrunken zum Gebet zu kommen, in Sure 5,90 schließlich werden Wein und Glücksspiel als Teufelswerk verdammt.»

Es nimmt nicht wunder, daß ein so köstliches Getränk wie der Kaffee auch medizinisch bewertet und poetisch gefeiert worden ist. Annerose Menninger hat eine vergleichende Untersuchung unter dem Thema vorgelegt: «Die Verbreitung von Schokolade, Kaffee, Tee und Tabak in Europa (16.–19. Jahrhundert.)» (http://www.stub.unibe.ch/extern/hv/1_01/menninger.pdf); sie führt darin aus:

> «Ein Blick in die Medizingeschichte erklärt maßgeblich, weshalb die Genußmittel in Europa überhaupt Zuspruch fanden. Seit dem 16. Jahrhundert sahen viele Ärzte in ihnen nämlich wirksame Heilmittel, was zur Überwindung von Ressentiments gegenüber den ungewohnten Konsumartikeln beitrug. Aus heutiger Sicht mag dieses Lob überraschen, wissen wir doch um die gesundheitlichen Risiken der Genußmittel. Aus der Perspektive der Zeit mit ihren medizinischen Möglichkeiten steckten dahinter aber Logik und System. So meinte man, Tee und Kaffee würden durch ihre warme Flüssigkeit und sonstige Bestandteile den zähen, Verstopfung verursachenden Schleim in Magen und Darm verdünnen und damit einen trägen Stuhlgang oder gar eine Kolik kurieren. Durch ihre schweiß- und urintreibende Wirkung würden dem Blut zudem zäher Schleim und Salz entzogen. Dadurch löse sich der Schleim in Lunge, Brust und in den Leberdrüsen, deren Verstopfung sonst eine Gelbsucht entstehen lassen könne. Die urintreibende Kraft verhindere auch Blasen- und Nierensteine. Und durch ihre den Verstand schärfende und den Schlaf vertreibende Wirkung seien Kaffee und Tee beste Konzentrationsförderer.»

Unter den vielen Wissenschaftlern, die sich mit der Wirkung des edlen Getränks befaßten, war auch der französische Arzt Phillipe Sylvestre Dufour mit seiner Schrift «Traitez nouveaux et curieux du café, du thé et du chocolate». Die 1683 erschienene Publikation widerlegte aufklärend die Argumente der Kaffeegegner über die Unverträglichkeit des Kaffees. Bei Curt Sigmar Gutkind (1929:137) findet sich die von Laura Maria Kützer besorgte Übersetzung eines kurzen Exzerptes aus dem Werk Dufours:

Wie man den Kaffee entdeckte

«Ein Schafhirte kam hilfesuchend zu den Mönchen und klagte ihnen, daß seine Schafe die ganze Nacht nicht schlafen wollten und wild herumsprängen. Der Abt ahnte sofort, daß dies mit der Weide in Zusammenhang stehe. Um ein rechtes Bild zu gewinnen, ging er an Ort und Stelle und fand die Weide, wo die Schafe tagsüber, vor der schlaflosen Nacht, gefressen hatten, voll von kleinen Bäumchen, deren Früchte die Schafe gefressen hatten. Er nahm davon mit nach Hause, um sie auf ihre Eigenart zu prüfen. Dazu ließ er sie in Wasser kochen. Nachdem er davon getrunken hatte, merkte er, daß das Getränk ihn wach erhielt. Darauf gab er es seinen Mönchen, um sie zum Nachtgottesdienst wach zu halten: auch hier entsprach das Resultat seinen Erwartungen; bald entdeckte man, daß diese Frucht noch viele andere nützliche Eigenschaften besitze, die ihr zu schneller Verbreitung verhalfen.»

Von der anregenden Wirkung des Kaffees wußte auch Eugen Roth (1895–1976):

Der starke Kaffee

Ein Mensch, der viel Kaffee getrunken,
Ist nachts in keinen Schlaf gesunken.
Nun muß er zwischen Tod und Leben
Hoch überm Schlummerabgrund schweben
Und sich mit flatterflinken Nerven
Von einer Angst zur andern werfen
Und wie ein Affe auf dem schwanken

Gezweige turnen der Gedanken,
Muß über die geheimsten Wurzeln
Des vielverschlungnen Daseins purzeln
Und hat verlaufen sich alsbald
Im höllischen Gehirn-Urwald.
In einer Schlucht von tausend Dämpfen
Muß er mit Spukgestalten kämpfen,
Muß, von Gespenstern blöd geäfft,
An Weiher, Schule, Krieg, Geschäft
In tollster Überblendung denken
Und dann sich nicht ins Nichts versenken.
Der Mensch in selber Nacht beschließt,
Daß er Kaffee nie mehr genießt.
Doch ist vergessen alles Weh
Am andern Morgen – beim Kaffee.

Wer über *Kaffee* redet, kann zum *Kuchen* nicht schweigen, denn Gebäck und Süßigkeiten – das stellten Otto Neuloh und Hans-Jürgen Teuteberg (1979:174) in ihren soziologischen Untersuchungen bereits vor zwei Jahrzehnten fest – unterliegen heutzutage in Deutschland einem «relativ gleichmäßigen Dauerkonsum; (...) der *Kuchen* hat einen festen Platz am Nachmittag». Somit kommt ihm in der Moderne zweifellos die Bedeutung eines Grundnahrungsmittels zu. Alois Wierlacher, der Mahlzeiten in Erzähltexten von Goethe bis Grass untersucht hat, belegt dies (1987:69) im Rahmen seiner Analyse des Essens in der deutschen Literatur auch durch folgenden Hinweis:

«Während sich sein fester Platz unangefochten im kulturkundlichen Außenblick auf Deutschland spiegelt – ich denke an Ratschläge für Touristen, die das Café als eine Rettungsinsel landesfremder Besucher rühmen und an Charakterisierungen ‹deutscher Nachmittage› im Ausland als solcher, mit Kaffee und Kuchen –, stellen moderne deutsche Erzähltexte die Lust auf Kuchen in kultureller Binnensicht vornehmlich als kompensatorischen Ausdruck fürchterlicher Kommunikations- und Sinndefizite der Essenden dar. Nachdem diese Defizite zunächst, z. B. in Bölls *Auch Kinder sind Zivilisten* (1948) und *Haus ohne Hüter* (1954) als

Folgen der verheerenden Wirkung des Zweiten Weltkrieges erscheinen, gibt sie das Prüfbild der Literatur im Lauf der Jahre immer deutlicher als Teil und Resultat der mehrere Generationen umfassenden Verlustbilanz zu erkennen (...); das kompensatorische Verlangen der geschädigten Figuren von Manns *Buddenbrooks* bis Grass' *Örtlich betäubt* und Gabriele Wohmanns *Ausflug mit der Mutter* (1976) nach Süßem aktualisiert sich nicht grundsätzlich anders als das Verhalten der bei Wohmann dargestellten Mutter: ‹Man darf in einem Abbild ihres Kummers nicht diesen kleinen Vorgang unterschlagen: mitten in der Nacht, die umrahmt war von Corelli vor dem Einschlafen und einer Morgenandacht nach dem Aufwachen, mitten in der Nacht hat die Mutter Lust gehabt, was zu essen, und sie ist aufgestanden, sie hat drei Pralinés gegessen›.»

→ *Blümchenkaffee;* → *Bohnenkaffee;* → *Kaffeeklatsch;* → *Mokka;* → *Muckefuck*

Kaffeehaus

«Die für arabische Länder typische Sitte, den wohlduftenden, aromatischen Trunk auf der Straße zu verkaufen» – so Illy und Illy (1994:109) –, «verbreitete sich anfangs auch in Paris, wenigstens so lange bis das erste Kaffeehaus eröffnet wurde, wo man bequem an einem Tischchen sitzen und den Kaffee genießen konnte.»

Nicht nur der Kaffee ist poetisch gewürdigt worden, häufiger noch wurde das *Kaffeehaus* von Dichtern gerühmt. So stoßen wir in Hermann Kestens Biographie «Dichter im Café» (1949:7) im Vorwort auf das Bekenntnis:

«Ich habe einen guten Teil meines Lebens im Kaffeehaus verbracht, und ich bedaure es nicht. Das Kaffeehaus ist ein Wartesaal der Poesie. Das Beste am Kaffeehaus ist sein unverbindlicher Charakter. Da bin ich in einer Gesellschaft, und keiner kennt mich. Man redet, und ich brauche nicht zuzuhören. Ich sehe einen nach dem andern an und erkenne alle. Für mich agieren sie wie Komödianten. Wenn mir der erste beste mißfällt, greife ich nach meinem Hut und gehe ins nächste Kaffeehaus.»

Als Epilog hat Kesten (1949:421) folgende Verse gewählt:

In dem Kaffeehaus zur Erde
Bist du ein ungeladner Gast.
Und wenn du ausgetrunken hast,
Führen dich fort die schwarzen Pferde.

Der Kellner wartet schon vor der Tür.
Warst du ein Bettler, warst ein Held,
Dein Leben war dein Taschengeld.
Den Tod hast du ohne Gebühr.

Mit Freunden hast du gegessen
Zwischen Narren, Poeten und Dieben,
Hast gedacht, gelacht und geschrieben
Und verschwendet, was du besessen:

Die Liebe, die Zeit, und – dich.
Wie oft hat es Sterne geregnet?
Wie oft bist du dir begegnet?
Das warst du? Ein zerfallendes Ich?

Du zahlst die Zeche. Man schließt das Lokal.
Schon morgen sitzt, wie Kirschen frisch,
Ein neuer Gast an deinem Tisch
Und schillert von Leben wie ein Opal.

Kaffeeklatsch

Seit 1852, so Daniel Sanders in seinem «Wörterbuch der deutschen Sprache» (Leipzig 1860ff.), ist das Wort *Kaffeeklatsch* belegt. Und Kurt Schwitters (1887–1948), MERZ-Künstler der Bewegung des Dadaismus, wußte die vergnügliche Runde der *Kaffeeschwestern*, in der alles *durchgehechelt* wird, sogar in einem Gedicht trefflich zu schildern:

Kaffeeklatsch
Frau Müller, Frau Meier, Frau Schulze, Frau Schmidt,
Die saßen zusammen beim Kaffee zu dritt.
Die vierte war nämlich zu Hause,
Sie hatte Kaffeeklatschpause.
Die andern aber berieten zu zwein,
Wer von den vieren die dritte sollt sein,
Und kamen in hitzigem Rate
Zu keinerlei Schlußresultate.

Für einen Deutsch lernenden Ausländer macht auch der Ausdruck *eine Kaffeetante sein* zunächst kaum einen rechten Sinn; er bedeutet soviel wie ‹eine leidenschaftliche Kaffee-Trinkerin sein›. Die im 20. Jahrhundert auch literarisch bezeugte Wendung ist sogar auf Männer anwendbar; sie hat den seit dem 18. Jahrhundert üblichen Ausdruck *Kaffeeschwester*, der offenbar analog zu *Betschwester* gebildet worden ist, heute fast völlig verdrängt.

Die im Schwitterschen Gedicht geschilderten Erfahrungen muß zuvor in ähnlicher Weise auch Goethe gemacht haben, denn es heißt in seinen «Maximen und Reflexionen»: «Das Leben vieler Menschen besteht aus *Klatschigkeiten*, Tätigkeiten, Intrige zu momentaner Wirkung.» Der *Klatsch* im Sinne von ‹Geschwätz, üble Nachrede› ist ebenso wie das entsprechende Verb *klatschen* offenbar als schallnachahmendes Wort zu deuten.

Das Wort *kaffeeklatsch* ist (in dieser Schreibung) auch in die amerikanische Varietät der englischen Sprache eingegangen und wird unter dem entsprechenden Eintrag gewöhnlich definiert als «an informal gathering or party at which coffee and pastry are served» (vgl. «The World Book Dictionary» [1992:1144]).

Es ist ein bekanntes Phänomen, daß mancher deutsche Einwanderer, der in den USA versuchte, mit der ihm nicht geläufigen englischen Sprache fertig zu werden, diese mit seiner Muttersprache mischte. Dabei entstand eine teils völlig falsche, aber oft auch amüsante Mixtur, die «schönste Lengevitch», wie der «Germarican» Kurt M. Stein sie nannte, ein bekannter Klatschspaltenkolumnist der «Chicago Tribune», der schon in den zwanziger Jahren unter dem Pseudonym K.M.S. eine Reihe von

Sammlungen dieser sogenannten «makkaronischen Dichtung» herausbrachte, auf die ich später noch eingehen werde (vgl. S. 150f.). In einer im Jahre 1953 unter dem Titel «Die Allerschönste Lengevitch» erschienenen Sammlung findet sich dieses Gedicht (1953:28f.):

Kaffeeklatsch
«Mache' Sie kei Zircumstances,
Missis Schultz, ich kann net stayhn.»
«Ach a minute nur, Frau Schneider.
Hab so lang Sie net gesehn.
Ich fix shust a Köpchen Kaffee
Der wird ennyhow getrunke;
Und da iss noch Christmas Stollen –
Ausgedreiter, fine zum dunke'.
Sage' Sie, wie geht's der Lizzie?
Tut sie noch so awful rougen?
Und die Gert wo so gelisped hat?
No! die teacht schon Elocution?
Hat die Frieda noch so bow-legs?
Gee! Toe-dancing tut sie lerne!
Unser Gus belangt zur Union
Und tut schon sei Living e'rneh.
Können Sie es noch remembern –
Gutness, tut die Time net fliege! –
Wie er in sei nasse Dipers
Hier am floor herum tat krieche'?
Helfen Sie sich zu den Schnecken,
Dass is mei Specialität.
Diet? Sein Sie net so foolish.
For mei shape is das zu spät.
Was a Shame! Sie haben Tschelly
Auf ihr neues Dress gedroppt.
Vor zwei Jahr zurück, da hab ich
Shust denselben style gehabt.
Pink tut mir net gut bekommen,
war auch in die Hips zu tight.

Derfor hab ich's nie geglichen,
But mei Laundress weart's noch heut'.
Die tut anyhow shwell dresseh –
Tut die Wash in seid'ne Strümpf'-
Weil – mit eight a day und carfare –
Jesses! – 'S iss schon halb nach fünf,
Und mei Meat noch net gestarted!
Stayhn Sie nur. Es hat kei Shweat.
No? Weil denn, gut Bei, Frau Schneider.
Calleh Sie bald wieder, net?»

→ *Blümchenkaffee;* → *Bohnenkaffee;* → *Kaffee;* → *Mokka;*
→ *Muckefuck*

Kakao

Niemand ist dagegen gefeit, gelegentlich *durch den Kakao gezogen* zu werden. Erich Kästner (1899–1974) schrieb ein Epigramm in Anlehnung an die Redensart:

Was auch immer geschieht:
Nie dürft ihr so tief sinken,
von dem Kakao, durch den man euch zieht,
auch noch zu trinken!

Woher stammt eigentlich diese Wendung? Heinrich Scheffler (²1987:156) holt ein wenig umständlich aus, bevor er die Katze aus dem Sack läßt:

«Der aus Mittelamerika stammende Urwaldbaum Theobroma wird jetzt vorzugsweise in Westafrika angebaut. Europäer lernten sein Produkt *cacahuatl* aus der Aztekensprache zur Zeit der spanischen Konquistadoren nach 1530/40 kennen, die die als wertvolles Genußmittel vielseitig nutzbare Bohnenfrucht ab 1550 zu *cacao* hispanisierten. Der Volksmund hat sich schließlich ziemlich weit vorgewagt. In der Redewendung *jemanden durch den Kakao ziehen*, also seine schlechten

Eigenschaften mit Spott belegen, ist ein erheblich drastischeres Substantiv verborgen, das mit der in allen Haushalten vertrauten Kindernahrung nichts zu tun hat und – früher – in Anwesenheit von Damen verpönt war.»

Karotte

In Norddeutschland spricht man häufig von *Wurzeln*, wenn man *Karotten* meint. In der Schweiz nennt man sie *Rüebli* und hat meistens sogleich jenes passende Sprichwort zur Hand, das Gabriela Baumgartner am 1. Dezember 1999 im «Tages-Anzeiger» in diese Geschichte gekleidet hat:

> «‹Rüebli git gsundi Büebli.› Wie oft hatte Uelis Mutter versucht, ihrem Sprößling mit diesem Spruch die *Karotten* als Pausensnack schmackhaft zu machen. Schließlich behauptete sie gar, die Karotten seien gut für die Augen. Wer regelmäßig Rüebli esse, werde niemals eine Brille benötigen. ‹Oder hast du schon einmal ein Kaninchen mit Brille gesehen?› Nein, das hatte er nicht. Doch Ueli wurde älter und erkannte bald, daß auch Tiere, die nie Rüebli fressen, keine Brillen tragen, wogegen die Sehkraft seiner Karotten raffelnden Mutter mehr und mehr nachließ. Vielleicht liegt es an solchen Kindheitserinnerungen, daß sich Ueli bis ins Erwachsenenalter nie so richtig für dieses Wurzelgewächs begeistern konnte.
> Im Gegensatz zu Ueli haben viele Tiere Rüben zum Fressen gern, Pferde zum Beispiel (…).»

Kartoffel

Ursprung und Bezeichnungsgeschichte unseres Grundnahrungsmittels sind treffend im «Duden» (Bd. 7 [Herkunftswörterbuch], ²1989:331 u. unveränd. ³2001:332) nachgezeichnet:

> «Die Heimat der zu den Nachtschattengewächsen gehörenden Kulturpflanze ist Südamerika. Von dort brachten sie die Spanier im 16. Jh.

nach Europa, und zwar einmal unter dem aus der Ketschuasprache der Inkas stammenden Namen span. *papa* [‹Kartoffel›] (diese Bezeichnung blieb auf das Spanische beschränkt), zum anderen auch als span. *batata, patata* (das Wort entstammt der Indianersprache von Haiti und bezeichnet eigentlich die zu den Windengewächsen gehörende Süßkartoffel, deren Wurzelknollen besonders in den Tropen ein wichtiges Nahrungsmittel sind). Die letztere Bezeichnung gelangte aus Spanien auch in einige andere europäische Sprachen (beachte z. B. it. *patata* [‹Kartoffel›], engl. *potato* [‹Kartoffel›] und aus dem Engl. gleichbed. schwed. *potatis*). Andere europäische Sprachen wiederum prägten für die Kartoffel eigene Namen, die sich vorwiegend auf die knolligen Wurzeln dieser Pflanze beziehen. So gab es früher in Italien für die Kartoffel auch den Namen *tartufo, tartufolo*. Das Wort bezeichnet eigentlich den eßbaren Trüffelpilz (< *lat. *terrae tufer*, italische Dialektform von spätlat. *terrae tuber* [‹Trüffel›], eigentlich ‹Erdknolle› …). Zur Bezeichnung für die Kartoffel wurde es auf Grund einer Verwechslung der unterirdisch heranwachsenden knollenartigen Fruchtkörper der Trüffel mit den Wurzelknollen der Kartoffel. Während das Wort *tartufolo* [‹Kartoffel›] im It. nun hinter *patata* völlig zurückgetreten ist, lebt es in unserem daraus entlehnten Wort *Kartoffel* (18. Jh., durch Dissimilation aus älterem *Tartuffel, Tartüffel* entstanden) fort. – In dt. Mundartbereichen gelten für ‹Kartoffel› zahlreiche zusammengesetzte Bezeichnungen wie *Erdapfel, Erdbirne, Grundbirne* (daraus entstellt rheinhess. und pfälz. *Krumbeere*) usw. Ähnlich heißt die Kartoffel im Frz. *pomme de terre* (eigentlich ‹Erdapfel›).»

Um den Hinweis aufzunehmen: Auch Goethe hatte ein inniges Verhältnis zur *Kartoffel*; so dichtete er: «Morgens rund, / Mittags gestampft, / Abends in Scheiben, / Dabei soll's bleiben / Es ist gesund!» («Am Rhein, Main und Neckar 1814/15 – Sankt Rochus-Fest zu Bingen»)

In Deutschland war es neben Johann Heinrich Voss, dem Homer-Übersetzer, Matthias Claudius (1740–1815), der «Das Lob der Kartoffel» gesungen hat:

Pasteten hin, Pasteten her,
Was kümmern uns Pasteten?

Die Kumme hier ist auch nicht leer,
Und schmeckt so gut als bonne chere*
Von Fröschen und von Kröten.

Und viel Pastet und Leckerbrot
Verdirbt nur Blut und Magen.
Die Köche kochen lauter Not,
Sie kochen uns viel eher tot;
Ihr Herren laßt euch sagen!

Schon rötlich die Kartoffeln sind
Und weiß wie Alabaster!
Sie däu'n sich lieblich und geschwind
Und sind für Mann und Frau und Kind
Ein rechtes Magenpflaster.

* gutes Fleisch

In der englischen satirischen Zeitschrift «Punch» erscheint die Kartoffel (solanum tuberosum) sowohl als Attribut als auch als Symbol der Iren und Irlands. In England rief der Begriff *potato* bei den «Punch»-Lesern bei einem Vergleich mit dem englischen *beef* leicht Assoziationen wie ‹Dumpfheit› und ‹Faulheit› hervor. Für Iren und Personen irischer Abstammung bürgerte sich in der Umgangssprache der pejorative Ausdruck *potato-eaters* ein. Nach dem amerikanischen Autor Merrit Clifton (1978:168) impliziert der Begriff *potato* umgangssprachlich auch Dummheit (‹stupidity›). Die Karikierung der Iren als Kartoffel hat allerdings eine längere literarische Tradition; sie findet sich schon in Thomas Sheridans (1719–1788) Drama «The Brave Irishman», in dem sich der Franzose Monsieur Dagon über Captain O'Blunder lustig macht und ihn ein «potato face» nennt, das nach Kartoffeln rieche. Anfang des 19. Jahrhunderts soll es den Spruch gegeben haben: «Every Irishman has a potato in his head.» Das von Richard A. Spears herausgegebene «NTC's Dictionary of American Slang and Colloquial Expressions» (1993:290) verzeichnet s.v. *potatohead* die Bedeutung ‹a stupid person›.

Im Deutschen gibt es – in unterschiedlichsten landschaftlichen

Varianten – eine Vielzahl von Redewendungen, in denen die Kartoffel vorkommt; nachfolgend seien einige aus der umfänglichen Sammlung bei Ulrich Knoop (2001:308 ff.) aufgelistet:

> De *dummsten Buurn hebbt de gröttsten Kantüffeln.* (westniederdeutsch)
> De *Buern sünd ümmer untofräden: sünd blot grot Katüffel wussen* (gewachsen), *hebbt se keen lütt* (kleinen) *för de Swin.* (ostniederdeutsch)
> *Beim Ardepplneitun läät* (beim Pflanzen der Kartoffeln legt) *sie ä ruts* (rotes) *Bändel rei, doß dä Ardeppel Frääd* (Freude) *hoon un mählig wär'n.* (sächsisch)
> *Daß iß noch e Haubdkechin* (Meisterköchin), *wann se die Kartoffel abrenne leßd!* (hessisch)
> *Du bas su gescheid* (intelligent); *et as schod* (schade), *datsde moß Gromberen essen.* (rheinisch)
> *Ich will der was verzähle: Grumbeere sin kä Wehle* (Heidelbeeren). (pfälzisch)
> *D Erdäpfel sind am beste, wenn ma s der Su git und nache d Su ißt.* (schwäbisch-alemannisch)
> *A, ihr arma Bauernbeschli / a, ihr arma Schluggerli, / all Doch* (Tage) *mißd er Ebbirn fressn / wie die glanna Suggerli* (Ferkel). (fränkisch)
> «*Ois hod sein Preis*», *hod d'Schdandlfrau* (Marktfrau) *gsogt, wias ihrane dafeidn* (verfaulten) *Erdepfe vakafft hod.* (bairisch)

Ein heute selten diskutiertes Thema rund um die Kartoffel schneiden Gert von Paczensky und Anna Dünnebier (1999:299 f.) in ihrer «Kulturgeschichte des Essens und Trinkens» an:

> «Wer hätte (…) gedacht, daß unsere harmlose Allerweltskartoffel als hochgradiges Aphrodisiakum galt? Von der ‹traurigen Folge von Leidenschaft und Kartoffel› spricht Lord Byron im *Don Juan*, und schon Shakespeares Fallstaff trotzte aus den sicheren Armen einer Frau der verführerischen Kartoffel: ‹Nun mag es Kartoffeln regnen, Liebesperlen hageln und Mannstreu schneien; ein Sturm von Versuchung mag sich erheben, ich gehe hier in Deckung.›
> Zu Shakespeares Zeit war die Sache einleuchtend: Kartoffeln waren selten, kaum bekannt und teuer – Eigenschaften, die auch in anderen Fällen aus einem Lebensmittel ein Liebesmittel machen. Was ist bei

uns selten und teuer? Kaviar, Trüffel, Auster. Alle drei bekannte Aphrodisiaka. Mit schwindenden Fangquoten und steigenden Preisen rückt vielleicht auch bald der Hering in diesen Rang auf.»

Wer in unserem Lande «Auf den Spuren der Kartoffel in Kunst und Literatur» wandeln möchte, dem sei das gleichnamige Buch von Wilhelm Völksen (³1988) empfohlen. Ergänzend seien zwei Hinweise erlaubt: Das «Kartoffel-Museum» in München (Grafinger Straße 2, 81671 München) bietet seinen Besuchern viel Informatives, Kurioses und Künstlerisches zum Thema; aus dem 1968 gegründeten Heimat- und Kulturkreis Fußgönheim ging der 1987 aus der Taufe gehobene Verein «Deutsches Kartoffelmuseum Fußgönheim» (Hauptstraße 62, 67136 Fußgönheim) hervor.

Kasseler (Rippenspeer)

Bezeichnungen für kulinarische Leckerbissen geben manchmal sprachgeschichtliche Rätsel auf, zuweilen gibt es sogar heftigen Streit um deren Herkunft und Entstehung. Roland Michael (1990:72f.) hat sich in diesem Bereich stark exponiert; so stellt er fest, die Behauptung, *Kasseler Rippenspeer* stamme aus Kassel, sei Unsinn: «Kochkunsthistoriker haben nachgewiesen, daß das gepökelte Kotelettstück vom Schwein, allgemein als *Kasseler*, *Kasseler Rippenspeer* oder *Rippespeer* bezeichnet, in Berlin erfunden wurde, und zwar von dem Schlächtermeister *Cassel* in der Potsdamer Straße 15.»

Diese ältere, von Michael und auch von Rössing (1995:104) weiterhin tradierte Version wurde schon von Hans W. Fischer in seinem Buch «Das Leibgericht» (1955:224) heftig bestritten:

«Man versucht heute vielfach, der guten Stadt Kassel den Ruhm, sie habe die *Kassler Rippchen* erfunden, streitig zu machen, und will behaupten, sie seien nach einem legendären Berliner Fleischer benannt, der den *Kassler Rippenspeer* in besonderer Güte feilgeboten habe. Gewiß ist der Rippenspeer in Berlin ein sehr bekanntes Gericht; aber daß es nach dem Verkäufer des Fleisches benannt sei, ist völlig unglaubhaft: wir kennen kein einziges Beispiel, daß ein solcher Firmenname aus einer bestimmten Stadt sich für ein volkstümliches Gericht in ganz Deutschland durchgesetzt hätte. Und wir haben um so weniger Grund, Kassel den Kranz zu rauben, da hier Kassler Rippchen wirklich ein bodenständiges Leibgericht ist (...).»

Gerüchte sind hartnäckig. Das Ausbildungszentrum für das Hotel- und Gaststättengewerbe Berlin – Hotel Kurfürstendamm veröffentlichte kürzlich als Ergebnis eines internationalen Projektes von Ausbildungszentren aus fünf Ländern ein Kochbuch mit dem Untertitel «Eine kulinarische Reise durch Europa». Darin werden im Kapitel über «Norddeutsche Regionalküche» recht selbstbewußt einige «fleischermeisterliche Histörchen» (ibid., S. 19) kolportiert:

«Es war ein Berliner Fleischermeister, der das berühmte *Kasseler* erfand, nämlich der Schlachter Cassel aus der Potsdamer Straße, der eines Tages ein Stück Schweinerücken erst pökelte und anschließend räucherte.

Es war ein unbekannter Fleischermeister in der Nähe vom Görlitzer Bahnhof, der das berühmte *Berliner Eisbein* erfunden hat.

Es war ein unbekannter Fleischermeister aus Berlin, der die *Bulette* in den ‹Falschen Hasen› weiterentwickelte.

Es war der Kneipier Eduard Martin, der 1903 seine Gäste in der Landsberger Straße mit *Hackepeter* überraschte; ein Drittel fettes und zwei Drittel mageres Schweinefleisch werden durchgedreht und gemischt und mit Salz, Pfeffer und Zwiebeln herzhaft abgeschmeckt.

Es war Ende des 18. Jahrhunderts der Budiker Friebel am Molkenmarkt, der jeden Freitag ein Schwein schlachtete. Danach wechselte er seine blutige Schürze gegen eine blütenweiße, trat derart herausgeputzt vor seine Ladentür, um frische Luft zu schnappen – leibhaftige Aufforderung an seine Kunden, frische Wurst, Wellfleisch und Wurstsuppe zu kaufen. Als er dahingeschieden war, hängte seine Witwe nunmehr eine weiße Schürze über einen Stuhl vor der Tür. Seitdem ist die weiße Schürze in Berlin für alle Fleischer das Symbol für den Schlachttag. Und schließlich holte der Gastwirt Richard Scholz im Bockbiertrubel beim Fleischermeister Loewenthal in der Friedrichstraße eine bis dahin namenlose Fleischwurst für seine hungrigen Gäste. Diese Fleischwurst ist seitdem als *Bockwurst* bekannt.»

Kaviar

Es war Papst Pius V. (1566–1572), der seinem Leibkoch Bartolomeo Scappi für den Fall mit der Exkommunikation drohte, daß dieser die pontifikale Fastensuppe heimlich mit etwas Hühnerbrühe anreichern sollte. Bei Curt Sigmar Gutkind (1929:137) findet sich ein Auszug aus den in Venedig erschienenen «Opera» (1545) jenes Bartolomeo Scappi, der als der kreativste Koch der Hochrenaissance galt und den man daher den «Michelangelo der Küche» nannte:

> «Wie erkennt man die Güte des Kaviars? Kaviar sind die eingesalzenen Eier des Stör; der gute ist schwarz und ölig. Doch es gibt verschiedene Sorten. Von dem, der ins Aschgraue geht, was von der Eihaut herrührt, hält sich der gekochte nicht so lang wie der rohe. Ißt man ihn gleich, schmeckt der gekochte aber besser. Den gekochten sowohl wie den rohen hebt man am besten in Holz- oder Steingutgefäßen und an feuchten Orten auf.»

«Ich esse nur winzig kleine Eier. Sie heißen Kaviar», schrieb Falko Rademacher (2000:250) – wohl in Anspielung darauf, daß es als etwas Besonderes gilt, die Rogen des Störs zu verspeisen. «Es muß nicht immer Kaviar sein» nannte Johannes Mario Simmel seinen Roman aus dem Jahre 1960. Daß auch Buchtitel mit kulinarischen Bezügen parodiert werden, zeigte Werner Mitsch (1987), als er in seiner Sammlung «Wer den Wal hat, hat die Qual» mit dem Unsinnsspruch konterte: «Es muß nicht immer Kaviar sein. Manchmal tut's auch Rind vom Schwein.»

Kekse

Aus dem Englischen stammt unser Wort *Keks*; als *cakes* bezeichnet man bei unseren angelsächsischen Freunden nicht das *Kleingebäck*, vielmehr ist es die Pluralform von *cake* (‹Kuchen›). Deutsche *Kekse* sind also gewissermaßen zweimal in den Plural gesetzt worden. Unser *Keks* heißt bei Engländern und Amerikanern *biscuit*; dieses Wort haben sie aus dem Französischen entlehnt. Bemerkenswert ist, daß das deutsche Wort *Keks* im Jahre 1911 durch Hermann Bahlsen eingeführt und 1915 offiziell in den Duden aufgenommen worden ist.
→ *Biskuit*

Ketchup

Man liest noch heute gelegentlich die Schreibungen *Catsup* und *Catchup* für diese ursprünglich exotisch gewürzte Sauce. «Der Name *Catchup*», so spekuliert Erhard Gorys in seinem «Küchen-Lexikon» (⁷2001:282), «kommt vom englischen *to catch up* = ‹auffangen›, womit gemeint ist, daß diese Würzsaucen das Aroma ihres Hauptbestandteils auffangen und in konzentrierter Form für eine spätere Verwendung bewahren.» Hartwig Lödige (⁴2001:111f.) korrigiert: «Der *Ketchup* hieß eigentlich *Ketsiap* (für ‹Fischsoße›) und war ursprünglich eine chinesische Soße, die keineswegs aus Tomaten, sondern aus zu Brei verarbeitetem Fisch, Muscheln und Gewürzen bestand. Diese würzige Soße gelangte nach Singapur und Malaysia, dort wurde sie *Kechap* genannt. Von Singapur und Malaysia wurde *Kechap* Anfang des 18. Jahrhunderts von britischen Seeleuten ins Mutterland gebracht. Die Engländer machten aus *Kechap ketchup* – und dieser *ketchup* sollte schnell berühmt werden.»

Beppo Beyerl und Gerald Jatzek, die *Ketchup* in ihr «Lexikon der nervigsten Dinge …» (1998:78) aufgenommen haben, warnen jedoch jeden Restaurantbesucher nachdrücklich mit diesen Hinweisen:

«Ketchup hat auf Speisen den gleichen Effekt wie lange Unterhosen auf erotische Abenteuer. In beiden Fällen vergeht die Lust darauf. Weil das Essen jedoch bezahlt werden muß, schlingen Sie die undefinierbaren Objekte unter der roten Pampe tapfer hinunter und versuchen sich zu erinnern, ob Sie Spaghetti, Croutons oder Vanilleplätzchen bestellt haben.

Beschwerden werden von der Geschäftsführung mit dem Hinweis abgeschmettert, daß in diesem Lokal der Zeitgeist koche. Das ist glaubhaft, weil ein Koch bei dem Fraß augenblicklich seine Lizenz verlieren würde.»

Kir Royal

Beide Mischgetränke enthalten Likör von Schwarzen Johannisbeeren, am besten Crème de Cassis. Grundlage für den *Kir* ist Weißwein, für den königlichen Kir, den *Kir royal*, trockener Schaumwein.

Man kann dem belgischen Chefredakteur Marcel Grauls (1999: 170) in seiner Meinung über den *Kir royal* nur zustimmen: «Es wäre schade, dafür einen guten Champagner zu nehmen!» Grauls erklärt bedauernd, es sei wohl Ironie der Geschichte, daß der Name *Kir* heute nur noch im Namen eines für Dijon typischen Getränks überlebt habe, und fügt an anderer Stelle hinzu:

«Félix Kir hat dieses Getränk nicht erfunden. Es hieß früher *Blanc-Cassis* und war typisch für Dijon. Als Bürgermeister dieser Stadt in der Bourgogne machte Kir es zum offiziellen Trunk des Rathauses, des früheren herzoglichen Sitzes. Blanc-Cassis war das ideale Mittel, um aus allzu saurem Weißwein durch Zugabe von süßem Likör aus schwarzen Johannisbeeren ein genießbares Getränk zu machen. Schwarze Johannisbeeren enthalten doppelt soviel Vitamin C wie die gleiche Menge Apfelsinen; sie sind harntreibend und enthalten Stoffe, die Nieren- und Gallensteine auflösen. Darum hieß *Blanc-Cassis* auch *rince-cochon*, ‹Pansenreiniger›.»

Eine kritische Sicht dieses Getränks hatte einige Jahre zuvor (1993:76) auch Klaus Mampell in seinem Lexikon nicht verhehlt:

«Um etwas anzutreiben, braucht man einen Treibstoff, und bei Autos benützt man dafür vor allem Benzin. Es gibt aber auch noch andere Treibstoffe, beispielsweise *Kir royal*. Allerdings können damit keine Autos angetrieben werden; denn bei der Umsetzung eines fürs Auto geeigneten Treibstoffs entsteht als Abfallprodukt Kohlenmonoxid, bei der Umsetzung von *Kir royal* dagegen entsteht Kohlendioxid, und dieses rührt von dem darin enthaltenen Schaumwein her. Deshalb wird *Kir royal* besonders für den An- und Auftrieb der Schickeria eingesetzt. In der Tat ist *Kir royal* so wichtig für die Schickeria wie Benzin fürs Auto; denn ein Auto ohne Benzin funktioniert nicht so gut wie eines mit; wie andererseits eine Schickeria ohne *Kir royal* funktioniert, läßt sich insofern nicht sagen, als es eine solche von vornherein gar nicht gibt.»

Kirsche

«Einen Obsthändler sollte man nicht *anpflaumen* oder *veräppeln*, sonst *ist mit ihm nicht gut Kirschen essen*», schreibt Gerhard Uhlenbruck (1979:51) und führt uns damit zu dieser umgangssprachlichen Redensart, die darauf abzielt, daß man mit einem Gesprächspartner wegen dessen Reizbarkeit vorsichtig umzugehen hat, daß mit ihm nicht gut auszukommen ist. Die Redensart erscheint ziemlich unsinnig; das liegt daran, daß sie verstümmelt wurde. Ihr ursprünglicher Wortlaut (in einer namenlosen mittelalterlichen Sammlung von Spruchweisheiten) besagte nämlich: «Mit hohen Herren ist nicht gut Kirschen essen; sie spucken einem die Kerne ins Gesicht.» Später kleidete Gottfried August Bürger (1747–1794) die Warnung vor den Launen vornehmer Herrschaften sogar in diese Verse:

> Mit Urian und großen Herrn
> Eß ich wohl keine Kirschen gern;
> Sie werfen einem, wie man spricht,
> Die Stiel' und Stein' ins Angesicht.

Klaus Laubenthal (2001:166) weist dem Ausdruck *Tollkirsche* in seinem «Lexikon der Knastsprache» die Bedeutung zu: ‹Spinner;

verrückter Gefangener›. Die Bezeichnung *Weichselkirsche* wird häufig mit dem Strom selbst in Zusammenhang gebracht. In Wahrheit geht der Name für diese Kirschsorte auf das althochdeutsche Wort *wīhsila* für die einheimische ‹Holzkirsche› zurück; auch im Russischen ist *višnja* das Wort für ‹Kirsche›.

Sprachliche Mißverständnisse gilt es im Zusammenhang mit dem Kirschenessen vor allem bei einer Kirschsorte auszuräumen – bei der *Schattenmorelle*. Es ist nämlich Unsinn zu behaupten, die beliebte *Schattenmorelle* gedeihe besonders gut im Schatten. Der Name dieser wohlschmeckenden Sauerkirsche leitet sich nämlich von einem französischen Schloß her, dem *Château Morel*.

Klee

Die Wendung *jemanden über den grünen Klee loben* bedeutet: ‹jemanden über alle Maßen loben›. Das Grimmsche Wörterbuch verweist darauf, daß der Vergleich «grün wie Klee, grüner als Klee» bereits im Mittelhochdeutschen sehr beliebt war. Albert Richter (⁴1921:114) gibt den Hinweis auf die von Ludwig Uhland (1787–1862) herausgegebenen «Volkslieder» (1844), in denen sehr oft von dem «Veiel (Veilchen) und dem grünen Klee» die Rede ist, die ein später Schnee erfrieren läßt oder die das Mädchen pflücken will, und in «Des Knaben Wunderhorn» (1806–1808) lesen wir: «Ich grüße sie durch den *grasgrünen Klee*, Nach ihr tut mir mein Herz so weh.» Richter folgert: «Wenn der *grüne Klee* also im Volksliede so beliebt ist, da braucht man sich nicht darüber zu wundern, daß eine Redensart entstand, die besagen will: noch mehr loben, als die Dichter den *grünen Klee* preisen, das heißt ‹über alle Maßen›.»

Koch

In Redewendungen, Sprichwörtern und Gedichten sind nicht nur die Speisen selbst, sondern auch deren Köche verewigt worden:

«Viele Köche versalzen den Brei; / Bewahr uns Gott vor vielen Dienern! / Wir aber sind, gesteht es frei / Ein Lazarett von Medizinern», schreibt Goethe in «Sprüche in Reimen: Sprichwörtlich»; und ein weiteres Gedicht hat er dem Küchenmeister gewidmet:

> Es war einmal ein braver Koch,
> Geschickt im Appretieren;
> Dem fiel es ein, er wollte doch
> Als Jäger sich gerieren.
>
> Er zog bewehrt zu grünem Wald,
> Wo manches Wildbret hauste,
> Und einen Kater schoß er bald,
> Der junge Vogel schmauste.
>
> Sah ihn für einen Hasen an
> Und ließ sich nicht bedeuten,
> Pastetete viel Würze dran
> Und setzt ihn vor den Leuten.
>
> Doch manche Gäste das verdroß,
> Gewisse feine Nasen:
> Die Katze, die der Jäger schoß,
> Macht mir der Koch zum Hasen.

Auch in Kinderreimen und Kinderliedern werden Polizisten, Schornsteinfeger und Köche (nebst ihrem «Kochgeschirr») gern veralbert:

> Ein Hund lief in die Küche
> und stahl dem Koch ein Ei.
> Da nahm der Koch den Löffel
> und schlug den Hund zu Brei.
> Da kamen alle Hunde
> und gruben ihm ein Grab
> ...
>
> Ilse Bilse,
> niemand will se.

Kam der Koch,
nahm sie doch,
weil sie so nach Zwiebeln roch.

Lirum larum Löffelstiel,
Alte Weiber essen viel,
junge müssen fasten.
Das Brot, das liegt im Kasten,
der Wein, der ist im Keller
lauter Muskateller,
das Messer liegt daneben,
ei! was ein lustig Leben!

«Wer den *Koch* kritisiert, muß die Kombüse verlassen»: Diesen und ähnliche Sprüche hat Werner Richey gesammelt und veröffentlicht – unter dem Titel «Seefahren ist kein Zuckerschlecken. Sprichwörter und Redensarten über Seefahrt, Seemann, Schiff und Meer» (1990). Doch – auch wer den Koch loben will, muß einen Grundsatz beachten, der in diesem slavischen Sprichwort ausgedrückt ist:

Eh du deinen Koch beschieden,
Gib ihm erst ein Ei zu sieden;
Kann er's, bist du stets zufrieden.

Kohldampf

Die studentische Verbindung des «Corps Slesvico-Holsatia» wirbt im Internet für ihr «Haus» mit den Worten: «Ein leerer Bauch studiert nicht gern, daher haben wir auch eine ausreichend große Küche mit einer Menge Platz und mehreren Kühlschränken und privaten Staufächern. Es braucht bei uns niemand Angst zu haben, daß er *Kohldampf schieben* muß, weil die Küche zu klein oder überfüllt sei.»

Wir alle kennen diesen umgangssprachlichen Ausdruck für ‹starkes Hungergefühl›. Es gibt für ihn die verrücktesten Erklärungsversuche. Man hat das russische Wort *golod* (‹Hunger›) bemüht, ja Hermann Fischer brachte in seinem «Schwäbischen Wörterbuch» (1904-1936) für die Entstehung sogar das Wort *Cholera* ins Spiel. Und obwohl es seine oberflächliche Bildung nahelegt, ist es auch falsch, den Ausdruck *Kohldampf* zu dampfendem Kohl in Beziehung zu setzen. Gemüse und siedendes Wasser spielen bei der Wortbildung von *Kohldampf* keine Rolle.

Kohldampf schieben entstammt nämlich der Soldatensprache, in die es aus der Vagantensprache – dem Rotwelschen – gelangt ist; dort ist es erstmals 1835 als *Kolldampf* belegt.

Was meint eigentlich der Sammelbegriff *Rotwelsch*, so fragt Helmut Henne im Nachwort zu Friedrich Kluges Buch «Rotwelsch» (1901; 1987:505) und gibt die Antwort: «*Rot* ist im Rotwelschen der ‹(gewohnheitsmäßige) Bettler› (Wolf [1985] belegt es noch für 1939), und *welsch* bezog sich ursprünglich auf keltische, dann vor allem auf romanische Sprachen und bekam allmählich die Bedeutung ‹unverständliche Sprache›.»

Der Kulturanthropologe und Soziologe Roland Girtler befaßt sich in seinem 1998 erschienenen Buch, das den Titel «Rotwelsch» trägt, mit dieser aus langen Traditionen schöpfenden Sprache der Pilger, Dirnen, Studenten und Wanderhändler, in der sich neben mittelhochdeutschen Wörtern alte jiddische Ausdrücke ebenso finden wie Begriffe aus romanischen und slawischen Sprachen. Bereits seit dem Mittelalter versuchten diverse Vögte und Kriminalisten, dieser «Geheimsprache» des fahrenden Volkes auf die Schliche zu kommen, weshalb auch schon sehr früh von amtlichen Stellen entsprechende Vokabularien zusammengestellt wurden. Bekannt wurde z.B. der «Liber Vagatorum» («Das Buch der Vaganten») aus der Zeit um 1510, in dem sich Wörter finden, die noch heute von Wiener «Sandlern» (Vagabunden der Großstadt) und Dirnen verwendet werden.

«Das *Rotwelsch* ist (...)», so Girtler (1998:11), «ein ständiger Jungbrunnen für die deutsche Umgangs-, aber auch Hochsprache. So zum Beispiel gehört das Rotwelsch-Wort für ‹kleines Gasthaus›, *Beisl*, wie man es in Wien kennt, oder *Beize*, wie man in Norddeutschland dazu sagt, bereits zum Wortschatz des ‹braven Bürgers›.»

Im Rotwelschen hat *Dampf* ebenso die Bedeutung ‹Hunger› wie *Kohler*, dem wahrscheinlich das zigeunersprachliche Wort *kālo* (mit der Bedeutung ‹schwarz, arm, mittellos›, daher ‹hungrig›) zugrunde liegt. Es drängt sich also die Vermutung auf, hier als Wortbildungsphänomen ein tautologisches Kompositum (vergleichbar dem *weißen Schimmel*) zur Intensivierung des Ausdrucks anzunehmen; daher *Kohldampf* für ‹großen Hunger›!

Es bleibt zu klären, was das Verb *schieben* in diesem Zusammenhang bedeutet. Es soll aus dem rotwelschen Wort *scheff-(t)en* (‹sich befinden, sein, gehen, machen, tun›), das auf hebräischem *jaschab* (‹sitzen bleiben›) fußt, volksetymologisch «eingedeutscht» worden sein (vgl. hierzu u. a. Lutz Röhrich ²1995:864).

koscher

Für die Generation junger, trendbewußter, politisch-engagierter Juden gab es in den USA bislang keine ansprechende Illustrierte. Diese Marktlücke will seit kurzem «Heeb» schließen, wobei der Titel (ein amerikanisches Schimpfwort für gebildete und relativ wohlhabende jüdische Einwanderer, das von *Hebrew*, dem englischen Wort für ‹Hebräer/hebräisch› abgeleitet ist; vgl. Clifton 1973:159) für Kontroversen um das provokante «*kosher*-coole Popmagazin für 18–35-Jährige» sorgte, wie es sich selbst definierte.

Was bedeutet *koscher* im Deutschen? Der «Duden» (Deutsches Universalwörterbuch; ³1996:380) gibt für das Adjektiv eine engere und eine übertragene Auslegung an: «jiddisch *koscher* [< hebräisch *kaṣer* = ‹einwandfrei›] 1. ‹den jüdischen Speisegesetzen gemäß [erlaubt]›: *koscheres Fleisch*; *ein streng koscheres Restaurant*; *koscher essen*. 2. (umgangssprachlich) ‹einwandfrei›; ‹in Ordnung›: *der Kerl ist [mir] nicht ganz koscher (= geheuer)*.»

Simon Ph. de Vries (⁶1990:148) schreibt in seinem Buch über «Jüdische Riten und Symbole»:

> «In den Großstädten und auch in kleineren Orten mit einer größeren jüdischen Bevölkerung sieht man in den Schaufenstern der Lebensmittelgeschäfte oft die Aufschrift כשר (koscher). Das Wort hört sich

geheimnisvoll an. Mit der Zeit erfährt man, daß es sich auf die angebotenen Lebensmittel bezieht. Da man schon ganz allgemein weiß, daß den Juden nicht der Genuß aller Nahrungsmittel gestattet ist, versteht man die Bedeutung des hebräischen Wortes: die hier angebotenen Lebensmittel und Getränke kann ein Jude unbesorgt kaufen. Das ist die richtige Schlußfolgerung.

Das hebräische Wort wird als *ka'scher* ausgesprochen, mit der Betonung auf der zweiten Silbe. Bei den deutschen Juden heißt es *ko'scher*, ebenfalls mit der Betonung auf der zweiten Silbe, und im Volksmund einfach *'koscher*.

Diese drei hebräischen Buchstaben bedeuten also, daß bestimmte Nahrungsmittel aus ritueller Sicht für den Verbrauch zugelassen sind.»

Alfred J. Kolatch (1996:97 ff.) stellt fest, daß das Wort *koscher* ursprünglich gar nicht für Nahrungsmittel benutzt worden ist, daß es in der Bibel (Esther 8,5 und Prediger bzw. Kohelet 11,6) zum ersten Mal in der Bedeutung ‹gut› oder ‹angemessen› vorkommt. Zugleich weist er darauf hin, daß die jüdischen Speisegesetze (*kaschrut*-Vorschriften) nicht aus hygienischen Gründen eingeführt worden seien: «Die Bibel (3. Buch Mose 11, 44–45) erläutert den Grund für die Einführung der Speisevorschriften in einfacher und direkter Sprache: ‹Denn ich bin der Herr, euer Gott. Darum sollt ihr euch heiligen, so daß ihr heilig werdet, denn ich bin heilig (...). Denn ich bin der Herr, der euch aus Ägyptenland geführt hat, daß ich euer Gott sei. Darum sollt ihr heilig sein (...).» «Wie der Talmud hervorhebt», so Kolatch, «werden Juden, die nicht mit ihren Nachbarn zusammen essen dürfen, auch sonst keinen Umgang mit ihnen pflegen. Und wenn sie keinen Umgang miteinander pflegen, gibt es weniger ‹Mischehen›, wodurch das Überleben des jüdischen Volkes gewährleistet wird. Dies mag der tiefere Grund für die Speisegesetze sein: das Überleben Israels dadurch zu gewährleisten, daß es heilig bleibt.»

Ezra BenGershôm (2000:52 f.) weiß in seiner Kulturgeschichte des jüdischen Humors zu berichten, daß Heinrich Heine «für die traditionstreuen Juden immer noch mehr Achtung übrig [hatte] als für die Reformjuden, die in ihren prächtigen Synagogen, die sie ‹Tempel› nannten, die Formen des christlichen Gottesdienstes nachäfften und die mit dem ‹Hamburger Tempelstreit› eine Spaltung in der deutschen Judenheit provozierten. Mit seinem Spott schonte Heine weder die Christen, die die Juden der Knauserigkeit beschuldigten, noch die Juden selber»:

> Die Population des Hamburger Staats
> Besteht, seit Menschengedenken,
> Aus Juden und Christen; es pflegen auch
> Die letzteren nicht viel zu verschenken.
>
> Die Christen sind alle ziemlich gut,
> auch essen sie gut zu Mittag.
> Und ihre Wechsel bezahlen sie prompt,
> Noch vor dem letzten Respittag.
>
> Die Juden teilen sich wieder ein
> In zwei verschiedne Parteien;
> Die Alten gehen in die Synagog
> Und in den Tempel die Neuen.
>
> Die Neuen essen Schweinefleisch,
> Zeigen sich widersetzig,
> Sind Demokraten; die Alten sind
> Vielmehr aristokrätzig.
>
> Ich liebe die Alten, ich lieb die Neun' –
> Doch schwör ich, beim ewigen Gotte,
> Ich liebe gewisse Fischchen noch mehr,
> Man heißt sie geräucherte Sprotte.

Küche

Nach altem Volks- und Aberglauben ist die Hölle ein heißer Ort; gemeinsam mit der Idee, daß sich Hexen und Teufel miteinander treffen, ist daraus die Vorstellung von der *Teufels-* oder *Hexenküche* entstanden, wie wir sie beispielsweise aus Goethes «Faust I» kennen.

«*Kinder, Küche, Kirche*» – dieser zur Zeit der Wende vom 19. zum 20. Jahrhundert entstandene Slogan, der die angeblich typischen Tätigkeitsbereiche der Ehefrau markieren soll, erfuhr eine entscheidende Modifikation im Titel eines Buches von Claudia Keller aus dem Jahre 1990: «Kinder, Küche und Karriere. Neue Briefe einer verhinderten Emanze.»

Mit dem Wort *Küchenlatein* ist seit Beginn des 16. Jahrhunderts das (in der Klosterküche) gesprochene schlechte Mönchslatein verächtlich bezeichnet worden, bei dem so manche Regel unter den Küchentisch gefallen ist (*sub mensam cadit*); im Mittelniederdeutschen sprach man vom *koken latijn*, im Neuniederländischen kennt man dafür den Ausdruck *potjeslatijn*.

Kuvert

In Theodor Fontanes Roman «Effi Briest» (1895) heißt es:

«Inzwischen war es Abend geworden, und die Lampe brannte schon. Effi stellte sich ans Fenster ihres Zimmers und sah auf das Wäldchen hinaus, auf dessen Zweigen der glitzernde Schnee lag. Sie war von dem Bilde ganz in Anspruch genommen und kümmerte sich nicht um das, was hinter ihr in dem Zimmer vorging. Als sie sich wieder umsah, bemerkte sie, daß Friedrich still und geräuschlos *ein Kuvert gelegt* und ein *Kabarett* auf den Sofatisch gestellt hatte. ‹Ja so, Abendbrot ... Da werd' ich mich nun wohl setzen müssen.›»

Diesen Satz versteht man heute nur noch aus dem Zusammenhang. Mit *Kuvert* meinte Fontane ein ‹Gedeck›, mit *Kabarett* ein ‹Tablett›. *Le couvert* ist noch heute im Französischen das ‹Tischgedeck›. Während es bei uns seit kurzem in Nobelrestaurants erst wieder in Mode kommt, zahlt man in guten New Yorker und Pariser Lokalen, in Spanien und Italien für das Gedeck einen gesonderten Betrag als *cover charge* bzw. *cubierto* oder *coporta*. Im Deutschen wird *Kuvert* heute in dieser Bedeutung nicht mehr verwendet (auch für ‹Briefumschlag› ist es veraltet; der *Briefumschlag* ist ins Französische als *l'enveloppe* zu übersetzen).

Jetzt habe ich
für uns alle
essen geholt
und wer sind das
wir alle
das bin ich
Ernst Jandl, die meldung

L

Labskaus

Im «Old Commercial Room», einem Traditionslokal der Freien und Hansestadt Hamburg, wird es mit Vorliebe serviert. Trotzdem ist es

> «(...) kein typisch hamburgisches Gericht. Bis ins 20. Jahrhundert erschien es als Seefahrer-, d.h. Arme-Leute-Gericht nicht in den gutbürgerlichen Hamburger Küchen, deren Rezepte sich zudem von denen des bäuerlichen Küsten- und Umlandes durch die aus aller Welt importierten Lebensmittel eher als luxuriös auszeichneten. Seit dem Aussterben der Segelschiffahrt und der nostalgischen Hinwendung zu heimatlichen Traditionsgerichten der einfacheren Leute findet [es] sich (...) in allen seinen Variationen heute auf jeder Speisekarte guter Traditions-Restaurants in Hamburg und der ganzen norddeutschen Küstenregion.» (Kopitzsch/Tilgner 1998:293)

Wir reden vom *Labskaus* – so heißt, obwohl kaum jemand die Bezeichnung erklären kann, nach der präzisen Beschreibung der zitierten Herausgeber des «Hamburg-Lexikons»

> «(...) ein Eintopf aus gestampftem Pökelfleisch (Rind- und/oder Schweinefleisch) und gestampften Kartoffeln als Grundrezept. Nach Belieben werden Zwiebeln, Salzgurken, Rote Bete dazugemischt oder separat serviert, ebenso möglich sind Matjes oder saure Heringe sowie Spiegeleier; auch die Gewürze variieren. *Labskaus* ist ein traditionelles Seefahrergericht der Segelschiffzeit, dessen Grundzutaten schon vor Erfindung moderner Konservierungsmethoden länger haltbar waren. Variation und Qualität der verwendeten Lebensmittel ergaben sich zwangsläufig, das Rezept ‹wußte› häufig nur der Smutje. Der Name stammt mit *lob's course* aus dem Englischen und bedeutet ‹Speisegang für derbe Männer›. Seit 1701 ist er nachweisbar.» (ibid.)

Speisegang für *derbe Männer*? Man muß schon ein gutes englisches Wörterbuch aufschlagen, um die Erläuterung von Kopitzsch/Tilgner zu verstehen. In «The World Book Dictionary» (1992:1225) findet sich der verdeutlichende Hinweis für den Dialektausdruck *lob*: «*a country bumpkin* [dt. *Bauerntölpel*]; *lout* [dt. *Flegel*]; compare Danish *lobbes*, ‹clown, bumpkin›.»

Somit wären auch bei diesem kulinarischen Leckerbissen Zutaten und Name entschlüsselt.

Leber

> Die Leber ist von einem Hecht und nicht von einer Schleie,
> Der Fisch will trinken, gebt ihm was, daß er vor Durst nicht schreie –

bei dieser poetischen Glanzleistung, zu der sich Fontane (1819–1898) beim Besuch in einem Gasthaus im Spreewald aufgeschwungen hat, handelt es sich um einen der sogenannten *Leberreime*, die Peter Köhler zu den «Poetischen Scherzartikeln» zählt und die er in seiner gleichnamigen Sammlung (1991:276) wie folgt kennzeichnet:

«Die vermutlich im 16. Jahrhundert entstandenen und im 17. Jahrhundert in der Literatur beliebten Lebereime waren ursprünglich kurze Stegreifgedichte zur geselligen Unterhaltung bei Tisch, wo sie als Eßspruch ein Gegenstück zu den Trinksprüchen bildeten. Wem beispielsweise die Leber zuerst vorgesetzt wurde, mußte ein solches Sinngedicht improvisieren, und die anderen Gäste folgten reihum.

Weil man sich ähnlich wie bei den Trinksprüchen mit den Eßsprüchen ‹Wohlsein› und ‹Guten Appetit› wünschen wollte, war der Bezug zur Leber gegeben: sie gilt seit alters als Seismograph für das Wohlbefinden, wovon bis heute Redensarten künden (wem *eine Laus über die Leber gelaufen* ist, ist aus nichtiger, nur noch von der Leber bemerkbarer Ursache verstimmt). Die Hechtleber (statt etwa der Hühnerleber) setzte sich durch, weil dem Hecht als Raubfisch ein großer Hunger nachgesagt wurde und man seine Erwähnung deshalb appetitanregend wähnte. Im übrigen mag der alte deutsche Volksglaube, wonach der Hecht ein Symbol der Lebens- und Geschlechtskraft ist (woher etwa der Ausdruck *ein toller Hecht* rührt), eine Rolle gespielt haben.

Lebereime, die anfangs noch echte Tischverse und formal wenig eingeschränkt waren, sind heute sechs- bis siebenhebige Zweizeiler mit dem stereotypen Auftakt ‹Die Leber ist vom Hecht und nicht von (…)›, wobei die Negation die sonst sehr beschränkten Reimmöglichkeiten optimal erweitert. Manchmal druckt man die Lebereime wegen der überlangen Verse als Vierzeiler.»

Als Beispiel für einen solchen Vierzeiler kann ein Lebereim Georg Greflingers (1620–1677) dienen, den Heinz Seydel (⁴1985:18) in seine Sammlung deutscher Ulk- und Scherzdichtung eingereiht hat:

Die Leber ist vom Hecht und nicht von einem Rochen;
Das Glück gibt manchem Fleisch, dem andern leere Knochen.
Doch beide werden satt, und was noch ärger ist,
ist, der es nicht verdient, daß der das beste frißt.

Löffel

Bevor wir uns mit dem *Löffel* in einer spezifischen deutschen Redewendung beschäftigen, wollen wir uns darauf besinnen, welche Rolle er in der Evolution der Gebrauchsgegenstände spielt. Henry Petroski schreibt dazu in seiner Untersuchung «Messer, Gabel, Reißverschluß» (1994:27):

> «Die Annahme, daß die hohle Hand der erste Löffel war, leuchtet ein, aber wir alle wissen, wie ineffizient sie sein kann. Man kann sich vorstellen, daß leere Venusmuscheln, Austern oder Miesmuschelschalen Löffel gewesen sein können, deren Vorteile gegenüber der hohlen Hand oder Hände eindeutig sind. Muschelschalen konnten eine Flüssigkeit länger halten als sich verkrampfende Hände, und sie machten es möglich, daß die Hände sauber und trocken blieben. Aber Muschelschalen haben ihre eigenen Mängel. Insbesondere ist es nicht leicht, eine Muschelschale aus einer Schüssel mit Flüssigkeit zu füllen, ohne sich die Finger naß zu machen, und daher kam natürlich ein Griff hinzu. Löffel, die aus Holz geformt waren, verfügten über einen integrierten Griff, und das englische Wort *spoon* (‹Löffel›) ist zurückzuführen auf das angelsächsische Wort *spon*, das einen ‹Holzsplitter› oder ‹Holzspan› bezeichnet.»

Der Kulturhistoriker, Soziologe und Volkskundler Wilhelm Heinrich Riehl (1823–1897) ist auch als Schriftsteller hervorgetreten. In seiner Erzählung mit dem Titel «Rheingauer Deutsch» (ca. 1925) findet sich diese Stelle:

> «Nun packte ihn der Schultheiß auf, rief seinen Knecht und ließ den Trunkenen ins Gemeindegefängnis schleppen, welches gleich hinterm Hause mit den Schweineställen unter ein Dach gebaut war. Dort konnte er wohlverwahrt seinen Rausch ausschlafen; den Schlüssel aber steckte der Schultheiß selber in die Tasche und sprach zum Knecht, denn er mußte immer sprechen: ‹Michel, den Kerl habe ich besiegt! Im Keller bleibt der Rheingauer alleweil Meister; wäre ich mit dem Weltbürger über der Erde zusammengetroffen, so würde er wahrscheinlich umgekehrt mich *über den Löffel barbiert* haben.›»

Ein Dreivierteljahrhundert später, am 12. September 2000, schrieb die Zeitung «Berliner Morgenpost» in einem Bericht über den EU-Gipfeltag in Nizza:

«Das Gezerre zuvor sollte nur ein Vorgeschmack für das Drama der letzten fünfeinhalb Stunden werden, das spät am Sonntagabend mit einem Aufstand eines halben Dutzends kleiner Staaten beginnt. Sie fühlen sich *über den Löffel barbiert* von einer französischen EU-Ratspräsidentschaft, die im Kampf um Macht und Einfluß allzu sehr auf den eigenen Vorteil geblickt habe.»

Die heutige Bedeutung der Redewendung *über den Löffel barbiert werden* ist uns allen klar (‹sich von einem Betrüger oder einem Übelgesinnten übervorteilen lassen›); die ursprüngliche Bedeutung war etwas milder, weist aber in dieselbe Richtung: ‹ohne Umstände / rücksichtslos behandelt werden›. Die Wendung erschließt sich, was ihre Herkunft angeht, dem Uneingeweihten jedoch nicht. Wo ist die Lösung zu suchen?

Man hat sich vorzustellen, daß schlechte Barbiere in ihren Rasierstuben früher nicht gerade zart besaitet waren, als sie alten, zahnlosen Männern die eingefallenen, faltenreichen Wangen dadurch spannten, daß sie ihnen einen (hölzernen?) Löffel in den Mund schoben, um damit eine glatte Wölbung herzustellen, die sich besser barbieren – früher sagte man *balbieren* – ließ. Hans Sommer (1943:9) weiß die Szene noch anschaulicher zu schildern:

«Die Prozedur mit dem hölzernen Löffel – immer dem gleichen für die ganze wartende Kundenreihe – mochte wohl angehen für einen gemeinen Mann; den vornehmen Gast hingegen durfte man kaum so wenig taktvoll bedienen: er ließ sich nicht *über den Löffel balbieren*. Die üble Bedeutung des Ausspruchs ist dadurch hinlänglich erklärt. Der Nebenbegriff des heimlichen Betrogenwerdens im Wort *barbieren* oder *balbieren* mag auch hierin zu suchen sein, daß der Kunde in der spiegellosen Stube des Bartkünstlers es nicht merken konnte, wenn hinter seinem Rücken ein übler Streich ausgeheckt wurde.»

Lorbeer

Ein Blick ins «Etymologische Wörterbuch des Deutschen», herausgegeben von Wolfgang Pfeifer und seinen Mitarbeitern (²1993:811) verrät uns: «Der Name für den im Mittelmeergebiet beheimateten Strauch (oder Baum) mit ledrigen immergrünen Blättern, die auch als Gewürz verwendet werden, lautet lateinisch *laurus* und dürfte einer alten Mittelmeersprache entstammen. Aus dem Lateinischen entlehnt sind die Zusammensetzungen althochdeutsch (9. Jahrhundert) / mittelhochdeutsch *lōrboum* und althochdeutsch / mittelhochdeutsch *lōrberboum* sowie althochdeutsch *lōrberi* (11. Jahrhundert) / mittelhochdeutsch *lōrber* (‹Frucht, Beere des Lorbeerbaums›). Als Name für die Pflanze gilt das neuhochdeutsche *Lorbeer* (neben *Lorbeerbaum*) seit dem 16. Jahrhundert.»

Wir kennen das *Lorbeerblatt*, den *Lorbeerzweig* – und den *Lorbeerkranz*, der im allgemeinen Siegern zu Lob und Preis umgehängt wird. Früher wurde auch Dichtern zu öffentlicher Ehrung ein Lorbeerkranz aufs Haupt gesetzt:

«Der *Lorbeerkranz* ist, wo er dir erscheint, / Ein Zeichen mehr des Leidens als des Glücks», das sind die Worte Leonore Sanvitales in Goethes «Tasso» (III, 4).

«Gar viele Dinge sind in dieser Welt, / Die man dem andern gönnt und gerne teilt; / Jedoch es ist ein Schatz, den man allein / Dem Hochverdienten gerne gönnen mag, / Ein andrer, den man mit dem Höchstverdienten / Mit gutem Willen niemals teilen wird – / Und fragst du mich nach diesen beiden Schätzen: / Der *Lorbeer* ist es und die Gunst der Frauen», so vernimmt es der Zuschauer in derselben Szene aus dem Munde Antonios.

‹Lobzuweisungen, die jemand im voraus, gewissermaßen *auf Vorschuß* bekommt›, bezeichnet man als *Vorschußlorbeeren*. Der Ausdruck ist, wie Heinz Küpper (⁴1990:897) uns belehrt, erst seit dem Chinafeldzug von 1900 als Schlagwort vorgedrungen. Er taucht zum ersten Male in Heinrich Heines Gedicht «Plateniden» (in «Romanzero», 2. Buch [Lamentationen]; 1846–51) auf, in dem Heine über die «Dichterfürsten» Schiller, Goethe, Lessing und Wieland schreibt:

Iliaden, Odysseen
Kündigst du uns prahlend an,
Und wir wollen in dir sehen
Deutscher Zukunft größten Mann.
Eine große Tat in Worten,
Die du einst zu tun gedenkst! –
O, ich kenne solche Sorten
Geistger Schuldenmacher längst.
Hier ist Rhodus, komm und zeige
Deine Kunst, hier wird getanzt!
Oder trolle dich und schweige,
Wenn du heut nicht tanzen kannst.
Wahre Prinzen aus Genieland
Zahlen bar, was sie verzehrt,
Schiller, Goethe, Lessing, Wieland
Haben nie Kredit begehrt.
Wollten keine Ovationen
Von dem Publiko auf Pump,
Keine *Vorschuß-Lorbeerkronen*,
Rühmten sich nicht keck und plump.
Tot ist längst der alte Junker,
Doch sein Same lebt noch heut –
O, ich kenne das Geflunker
Künftiger Unsterblichkeit.
Das sind Platens echte Kinder,
Echtes Platenidenblut –
Meine teuern Hallermünder,
O, ich kenn euch gar zu gut!

Lukullus

Ein ‹üppiges, mit Geschmack zusammengestelltes und zubereitetes Menü› nennen viele ein *lukullisches* Mahl – nach Lucius Licinius Lucullus (117–57), der bei uns als Inbegriff des Schlemmers gilt. Wenig bekannt ist freilich – darauf hat schon Fritz C. Müller (1969:127) hingewiesen –, daß er sich dazu erst in fortgeschrittenem Alter entwickelt hat; in die Geschichte ist er vor allem als Feldherr eingegangen.

Auch Karl Wilhelm Weber (1995:123) macht in seinem Lexikon über den «Alltag im alten Rom» eine dezidierte Aussage über den berühmten Feinschmecker:

> «Lucullus wäre nie auf den Gedanken gekommen, seinen für kulinarische Genüsse schlechthin stehenden Namen für das Betreiben eines Edel-Restaurants (oder gar einer Kette von Luxus-Bistros o. ä.) zu nutzen. Daß auch kein andrer auf diese in unserer Zeit naheliegende Marketing-Idee verfallen ist, erklärt sich mit der gegenüber heutigen Verhältnissen sehr unterschiedlichen gastronomischen ‹Landschaft› in der römischen Zivilisation. Es gab zwar Gaststätten und Imbißstuben, Weinschenken und ‹Nachtbars›, aber keine Lokale für den gehobenen Geschmack. Als ‹Ersatz› diente den Römern das *convivium*, im privaten Rahmen. Starköche kannten die Römer auch, aber sie waren als Sklaven oder als hochbezahlte Angestellte in den Haushalten der Reichen tätig (...) und bereiteten die Gastmahle zu, die sozusagen wichtige Restaurant-Funktionen der heutigen Zeit wahrnehmen.»

Lungenbraten

Die Bezeichnung *Lungenbraten* ruft in Norddeutschland eher ein Schaudern hervor, wird aber in Süddeutschland und Österreich für das ‹edle Filet› gebraucht; so gibt es beispielsweise *Kalbs-* und *Rindslungenbraten*. Eigentlich müßte es *Lummelbraten* heißen; *Lummel* ist nämlich ‹Lendenfleisch›. Im Mittelhochdeutschen hieß das Wort *lumbel(e)*, im Althochdeutschen *lumbal*, hergeleitet aus dem Lateinischen: *lumbulus* ist nämlich die Verkleinerungsform von *lumbus* (‹Lende›). Durch volksetymologische Anlehnung von *Lummel* an *Lunge* entstand das Wort *Lungenbraten*; bedenkt man, daß die alt- bzw. mittelhochdeutschen Wörter *brāto* und *brāte* ‹schieres Fleisch› bezeichneten, so gelangt man zur Bedeutung ‹Lendenfleisch›. «So dürfte auch die bekannte (wienerische) Suppeneinlage *Lungenstrudel*» – dies schreibt Zahnhausen (2001:143) – «eher mit *Lumbel* (Lenden-)-Fleisch, als mit Lunge zu tun haben.»

Der Edle strebt beim Essen
nicht nach Sattsein
und in der Wohnung
nicht nach Prunk.
Chinesisches Sprichwort

M

Maggi

Für den «Brockhaus» (Konversationslexikon; [14]1908, Bd. 11, S. 457) galt der Name des Firmeninhabers schon seit dem Jahre 1908 als «Sammelname für eine Anzahl Erzeugnisse der Nahrungs- und Genußmittelbranche, unter denen *Maggis Suppenwürze* am bekanntesten geworden ist. Sie besteht im wesentlichen aus Gemüseauszügen (das Fabrikationsverfahren wird geheim gehalten). Außerdem werden vor allem noch Suppenkonserven, Bouillonkapseln und Gluten-(Weizeneiweiß-)Kakao hergestellt.»

Der «Duden» (Deutsches Universalwörterbuch; [3]1996:978) erläutert das unter dem Warenzeichen *Maggi®* weltbekannte Produkt wie folgt: «[nach dem Schweizer Industriellen J(ulius Michael Johannes) Maggi (1846–1912), dem Gründer der gleichnamigen Firma]: *flüssige, dunkelbraune Speisewürze (bes. Suppen-, Soßenwürze).*»

Das Rezept der Maggi-Würze ist, wie gesagt, bis heute Betriebsgeheimnis – nur riechen kann man's. Doch eines ist sicher:

Die immer wieder kolportierte Behauptung, die *Maggi*-Würze habe etwas mit Liebstöckel zu tun, ist falsch. Der Volksmund hat dieses Gewürz wegen der verblüffenden Ähnlichkeit im Geschmack zwar *Maggi-Kraut* genannt, doch in der Labor-Würze gibt es keinen echten Liebstöckel.

Was viele Verbraucher nicht beachten: Der Firmenname wird – historisch korrekt – 'mʌdʒi ausgesprochen, denn die Gründerfamilie stammt aus Norditalien und ist 1828 in die Schweiz eingewandert.

«Das wissen selbst die Kinderlein: Mit Würze wird die Suppe fein. Drum holt das Gretchen munter die Maggi Flasch' herunter.» Was wohl auch nur die wenigsten Verbraucher wissen: Ein Dichter hat der braunen Maggi-Flasche zu Berühmtheit verholfen. In den Jahren 1886/87 hat der damals 22 jährige Frank Wedekind (1864–1918) – später u.a. berühmt durch «Lulu» und «Frühlings Erwachen» – als erster Leiter der «Reclame- und Presse»-Abteilung rund 160 für die Publikation in Zeitungen bestimmte Werbetexte für Maggi verfaßt; die Originale werden im Archiv der Kantonsbibliothek Aarau verwahrt, u.a. auch diese eigenwilligen Schöpfungen:

> «Vater, mein Vater! / Ich werde nicht Soldat! / Dieweil man bei der Infanterie / Nicht Maggi-Suppe hat! / / Söhnchen, mein Söhnchen! / Kommst du erst zu den Truppen, / So ißt man dort auch längst nur Maggi's Fleischconservensuppen.»

> «Die Poesie ist die Würze des Lebens, der Witz die Würze der Unterhaltung, wie Maggi's Suppen- und Speisewürze diejenige eines jeden guten Mittagstisches.»

> «Alles Wohl beruht auf Paarung; / Wie dem Leben Poesie / Fehle Maggi's Suppen-Nahrung / Maggi's Speise-Würze nie!»

«Teilweise verfiel der junge Werber» – so Frank Möbus (1996:33) – «dabei auf eher bizarre denn geschmackvolle Einfälle.» Julius Maggi hat (mit Ausnahme der von ihm gerügten Datumsnennung) auch den nachfolgenden Text Wedekinds als «vortreffliche Schwindelreklame nach amerikanischen Mustern» gelobt:

«Dem weißen Elephanten im zoologischen Garten zu Washington wurde vor kurzem ein überraschender Genuß zu theil. Man hatte seit geraumer Zeit bemerkt, daß das Thier abmagerte und schob es auf das Klima sowie auf unpassende Ernährung. Eine Versammlung von thierärztlichen Autoritäten der dortigen Hochschule machte nun den Vorschlag, Maggi's Suppen-Nahrung zu versuchen. Am 1. April dieses Jahres wurde dem hohen Kranken der erste Kübel voll Maggi-Suppe vorgesetzt und bei der geneigten Aufnahme, der derselbe fand, in der Kur fortgefahren. Der Patient soll sich seitdem in der That schon um vieles wohler befinden.»

Wie sich die Werbung in Deutschland in den vergangenen 150 Jahren entwickelt hat, zeigte eine Ausstellung des Goethe Instituts in Zusammenarbeit mit dem «Deutschen Werbemuseum» und dem Magazin «Stern», die vor einigen Jahren in den Räumlichkeiten des deutschen Konsulats in New York zu sehen war. Sie stellte auch heraus, daß Größen der deutschen Literatur in der Werbung ihr Geld verdienten. Frank Wedekind – der «*Maggi*-Mann» – war einer der ersten deutschsprachigen Schriftsteller, die den boomenden Werbemarkt und seine ganz eigenen Gesetze als Herausforderung und Chance für sich entdeckten. Doch neben ihm und Bertolt Brecht hatten auch andere Künstler die Werbewelt entdeckt: In zweien der Romane Erich Kästners sind die Hauptpersonen in der Werbung tätig; Kurt Schwitters besaß eine eigene «Werbezentrale»; Erich Maria Remarque (1898–1970) textete im Jahre 1923 für die «Continental Caoutschuk und Gutta-Percha-Compagnie»; Carl Zuckmayer verfaßte Werbeschriften für Adler-Schreibmaschinen; Joachim Ringelnatz (1883–1934) hat 1933 die folgende Werbung für die «Martini-Bar» produziert: «Die Gäste bekannt oder unbekannt, / so bleibt es interessant. / Wer dann nach Hause zieht, / Schwenkt seinen Hut: / ‹Wie endlich die Zeit entflieht! / Hier war es gut!›»

Makkaroni

Die Erfindung der langen, röhrenförmigen Nudeln aus Weizengrieß liegt mindestens 3000 Jahre zurück. «In Etruskergräbern» – so klärt uns Erhard Gorys ([7]2001:342) auf – «fand man Bilder, die Geräte für die Makkaroni-Herstellung zeigen. Das Wort *Makkaroni* (ital.: *maccheroni*) stammt vom griechischen Wort *machoirionon*, das ‹lange Grashalme› bedeutet.»

Auch die sogenannte *makkaronische Dichtung* geht, was ihre Bezeichnung anbelangt, möglicherweise auf das italienische Nationalgericht zurück. 1897 schrieb ein Gymnasiallehrer namens Carl Blümlein in den «Berichten des Freien Deutschen Hochstifts» zu Frankfurt am Main: «Wie die (...) Leibspeise aus Mehl und Käse besteht, so besteht das maccaronische Gedicht aus der Grundsprache und den hineingemischten Wörtern einer anderen Sprache. Das Bindemittel, dort die Butter, bildet in diesem Falle die gleichmäßige Flexion dieser fremden Bestandteile, die dadurch mit der Grundsprache zu einer organischen Verbindung, gleichsam zu einem Teig vermengt werden.»

Die Geschichte der makkaronischen Dichtung beginnt mit dem Italiener Tifi degli Odasi, der 1488 in Padua auf dem Sterbebett anordnete, sein Gedicht, das einen Makkaroni-Hersteller zur Hauptperson hat, dürfe nicht gedruckt werden. Es erschien trotzdem – als «Carmen Macaronicum de Patavinis quibusdam arte magica delusis». Das heißt: ‹Makkaronisches Lied über einige Leute aus Padua, die durch magische Kunst verspottet werden›.

Von Italien nach Frankreich ist es nicht weit. Schnell hielt auch dort die makkaronische Dichtung ihren Einzug. Im 16. und 17. Jahrhundert gibt es berühmte Beispiele, nicht zuletzt das dritte Zwischenspiel in Molières Ballettkomödie «Le malade imaginaire». Hier wird eine Doktorprüfung travestiert, um das kurpfuscherische Treiben der Ärzte zu entlarven. Aufgeblasene Mitglieder der Prüfungskommission vermengen ihr stolzes Latein mit Wörtern ihrer Muttersprache, woran deutlich wird, wie wenig gelehrt sie in Wirklichkeit sind.

Voraussetzung für die komische Wirkung des Molièreschen

Stückes und überhaupt für das Vergnügen an makkaronischer Dichtung war und ist natürlich die Kenntnis der lateinischen Sprache; denn ursprünglich bezeichnete man als makkaronische Poesie ‹lateinische Gedichte mit Einsprengseln griechischer oder volkssprachiger Wörter mit lateinischen Endungen› – frei nach der Devise: *Nachtwächteri veniunt cum Spießibus atque Laterni.*

Später verstand man darunter allgemein Sprachspielereien zur Erzielung komischer oder parodistischer Wirkungen aufgrund der Mischung zweier Sprachen. Ein bekanntes Beispiel dafür ist die Sprechweise des Riccaut de la Marlinière in Lessings «Minna von Barnhelm» im Dialog mit dem Fräulein:

Das Fräulein: Es tut mir ungemein leid.

Riccaut: Vous êtes bien bonne, Mademoiselle. Aber wie man pfleg su sagen: ein jeder Unglück schlepp nak sik seine Bruder; qu'un malheur ne vient jamais seul: so mit mir arrivir. Was ein honnêt-homme von mein Extraction kann anders haben für Ressource als das Spiel? Nun hab ik immer gespielen mit Glück, solang ik hatte nit vonnöten der Glück. Nun ik ihr hätte vonnöten, Mademoiselle, je joue avec un guignon, qui surpasse toute croyance. Seit funfsehn Tag iß vergangen keine, wo sie mik nit hab gesprenkt. Nok gestern hab sie mik gesprenkt dreimal. Je sais bien, qu'il y avoit quelque chose de plus que le jeu. Car parmi mes pontes se trouvaient certaines dames – Ik will niks weiter sag. Man muß sein galant gegen die Damen. Sie haben auk mik heut invitir, mir su geben revanche; mais – Vous m'entendés, Mademoiselle – Man muß erst wiß, wovon leben, ehe man haben kann wovon su spielen (...).

Das Fräulein: Ich will nicht hoffen, mein Herr.

Auch unter deutschen Dichtern gab es manch komische Nudel, die sich makkaronischen Versen verschrieb – aber, wie gesagt, eigentlich nur so lange, wie das Lateinische dem gebildeten Publikum ebenso geläufig wie seine Muttersprache war. Ein schon fast historisch zu nennendes Beispiel für das Fortleben der Nudelverse bot das Nachrichtenmagazin «Der Spiegel» im Herbst 1961 zur Wiederwahl Konrad Adenauers als Bundeskanzler: *Habemus Opapam.*

Makkaronisches Vergnügen empfindet man übrigens auch in der angelsächsischen Welt. Im 19. Jahrhundert gab es in den USA einen Schriftsteller, der den Hang zum Fremdwörtergebrauch persiflierte. Oliver Wendell Holmes (1809–1894), der zugleich Arzt und Naturforscher war, veröffentlichte 1857 ein Gedicht, das er «Æstivation» nannte (einzusehen in «The Poetry Archives» unter http://www.emule.com/poetry/?page=poem&poem=3449). Man könnte den Titel als ‹Sommerfrische› übersetzen. Holmes versah sein Werk mit dem Zusatz «An Unpublished Poem, by my late Latin Tutor», denn er schrieb es einem alten Lateinlehrer zu, dessen intensive Beschäftigung mit dem Lateinischen seinen englischen Sprachstil beeinflußt habe. Mehr als ein Dutzend Wörter im Gedicht sind lateinisch geprägte Kunstgebilde, die im englischen Wortschatz gar nicht existieren.

> In candent ire the solar splendour flames;
> the foles, languescent, pend from arid rames;
> His humid front the cive, anheling, wipes,
> And dreams of erring on ventiferous ripes.
>
> How dulce to vive occult to mortal eyes,
> Dorm on the herb with none to supervise,
> Carp the suave berries from the crescent vine,
> And bibe the flow from longicaudate kine!
>
> To me, alas! no verdurous visions come,
> Save yon exiguous pool's conferva – scum.
> No concave vast repeats the tender hue
> That laves my milk-jug with celestial blue.
>
> Me wretched! Let me curr to quercine shades!
> Effund your albid hausts, lactiferous maids
> O might I vole to some umbrageous clump, –
> Depart, – be off, – excede, – evade, – erump!

Darrel Abel nannte Holmes 1963 in seiner Literaturgeschichte «Literature of the Atlantic Culture» einen Dichter von Gesellschaftsversen, der Wörter weniger als Träger von Gedanken und Gefühlen betrachtete, sondern in sie um ihrer selbst willen verliebt war:

Holmes' Selbstcharakteristik spiegelt seinen Sinn für das Spiel mit bedeutungsschweren Kunstwörtern. Er sagte, er sei von Natur und aufgrund seiner Ausbildung ein allesfressender Epikuräer von Wörtern: «I am omniverbiverous by nature and training», «an epicure of words».

Eine weitere Spielart der Nudelverse ist die bereits erwähnte sogenannte *Lengevitch* der deutschen Einwanderer in den USA. Das Lateinische ist nicht mehr beteiligt; vermengt werden Deutsch und Englisch – in angemessener Zubereitungsweise. So stimmt Kurt M. Stein, dessen *Kaffeeklatsch*-Gedicht ich bereits vorgestellt habe (vgl. S. 119 f.), in seiner 1953 in New York veröffentlichten Sammlung «Die Allerschönste Lengevitch» auch diese kulinarische Hymne an:

CHACUN A SON GOOSE
[Gänsepropogänder]

'S iss a Crime wie in der Schule
Man die Kinder oft tut fooleh
Und tut ihnen Hooey händeh
Wo iss shtrickly Propagända.
So, for instenz, wird vom Eagle
Hier geteacht, dass vom Geflügel
(Das meint Birds) er iss der King.
Weil, er iss no such a Ding
Mit all sei E Pluribus,
Denn den Title hält die Goose.

Wer wird diese Fact disputeh
Wenn er einmal hat a gute
Tendre Goose, schön brown geröstet,
Mit Kartoffelkiös, getasted?

Schon der Shteam before dem Serfeh
Wirkt exciting auf die Nerfe'
Und Gourmets sowohl als Fressern
Shtartet gleich der Mund zu wässern.
Ach, wie saftig tut es drippeh
Wenn man abcarvt vom Gerippe
Knusperig Wing und runde Thigh,
Und a Slicechen Brust dabei,
Die, zwar dark, but zart und jung
Iss, und meltet auf der Zung'.
Poignant shust wie grüne Liebe
Sein gesalzne Gänsegriebe.
Was, in Life, is shweeter als
Brot mit Gänseleberschmalz?
Deshalb tut es mich so roileh
Wenn a Cook a Goose tut shpoileh
Und tut claimeh, als excuse,
Das der Vater von der Goose
War a Guttapercha Gander.
So a shtatement, das iss Shlander,
Und es soll a Law gepasst
Werden, welches so a Gast –
Eronomic Misdemeanor
Punisht mit a Spinach Dinner.

Lasst uns, Freunde, denn ariseh
Und in Honor dieser Speisse
Mit Gefühl und plenty Vim
Singen die inspiring Hymn:

Gänsebraten über alles
Was uns ausfüllt unterm Belt.
Delicate und doch substantial,
Gabe Gottes, unexcellt.
Von dem Back bis zu dem Bosom,
Von dem Neck zum andern End,
Supervogel über alles,
Über alles in der Welt.

Fremdsprachen-Liebhabern wird meine makkaronische Präsentation nicht schaden. Schließlich gilt immer noch die Weisheit jenes «Maccaronicons» aus einem Stammbuch des Jahres 1796: *Quisquis habet Schaden, pro Spott non sorgere debet.*

Wie sich orthographische Verfremdungen im Rahmen deutschenglischer Spracheinflüsse bei Nahrungsmitteln bemerkbar machen können, darauf verweist auch Andrea Stiberc in ihrem Buch mit dem Titel «Sauerkraut, Weltschmerz, Kindergarten und Co.» (1999:110): «Die mündliche Übertragung begünstigt, daß Wörter in ihrer Aussprache angepaßt und bei ihrer schriftlichen Fixierung englischen Regeln unterworfen werden. Insgesamt wird dadurch ein größeres Abweichen vom ‹Original› bewirkt, was zu verschiedenen Schreibweisen führt: Den Hartkäs *Schabziger* hätten Sie wohl kaum in der Variante *sapsago* identifiziert.»

Metzger

Bei den drei landschaftlich bedingten Synonymen *Metzger, Fleischer* oder *Schlachter* handelt es sich eigentlich nur um Beinahe-Synonyme. Der semantische Gehalt der einzelnen Wörter deckt bzw. deckte sich nämlich keineswegs vollständig. Es wird nämlich jedesmal ein anderes Merkmal der Tätigkeit des betreffenden Gewerbetreibenden akzentuiert.

Die schon im *Althochdeutschen* als *slahtari/slahteri*, im *Mittelhochdeutschen* als *slahtære* belegte, heute in Norddeutschland zumeist als *Schlachter,* seltener als *Schlächter* gebräuchliche Berufsbezeichnung deutet wegen ihrer Zugehörigkeit zum Verb *schlachten* auf das ‹fachmännische Töten des zur Ernährung bestimmten Viehs›. Anders ist es in West- und Süddeutschland, in der Schweiz und im westlichen Teil Österreichs: dort sagt man *Metzger.* Das mittelhochdeutsche *metzjære/metzjer,* später *metziger* und frühneuhochdeutsch *metzger,* geht vielleicht auf das mittellateinische *ma(t)tiârius* zurück, hängt also mit dem lateinischen Wort *mattea/mat(t)ia* und dem *griechischen mattŷê,* ‹leckeres Gericht aus gehacktem Fleisch, Geflügel und aromatischen Kräutern›, zusammen, bedeutet also: ‹Wurstmacher›.

Aber es gibt noch andere Ausdrücke. So ist z.B. im Mittelrheinischen in der Bedeutung ‹Schlachter› das Wort *Metzler* gebräuchlich; es hat sich aus dem frühneuhochdeutschen Wort *metzel(e)n* für ‹Vieh schlachten› entwickelt, das aus dem mittellateinischen *macellare,* einer Bildung zu lateinisch *macellum,* ‹Marktplatz, Fleisch-, Gemüsemarkt, Fleisch›, entlehnt ist. Die ostdeutsche Variante *Fleischer* bezeichnet eigentlich den *Fleischwarenhändler.*

Auch das nördliche Bayern unterscheidet zwischen dem *Fleischer,* also dem ‹Fleisch(waren)händler›, und dem *Metzger,* dem ‹geprüften Meister›. Im südöstlichen deutschen Sprachgebiet (speziell in den südlichen Regionen Österreichs) deuten die Bezeichnungen *Fleischhauer* und *Fleischhacker* auf das Schlachten der Tiere und das Zerlegen des Fleisches.

Es gibt also spezifische Bedeutungsschattierungen regionaler Varianten. Dennoch führen die nivellierenden Einflüsse von Schulen und Massenmedien, verbunden mit der zunehmenden Mobilität der Bevölkerung im deutschen Sprachgebiet, zu einem stärkeren Vordringen standarddeutscher Formen zu Lasten mancher regionaler Varianten.

Mokka

Der *Mokka* hat seinen Namen nach dem früheren Ausfuhrort feinster Kaffeesorten, der Hafenstadt *Mocha* am Roten Meer.

→ *Blümchenkaffee;* → *Bohnenkaffee;* → *Kaffee;* → *Kaffeeklatsch;* → *Muckefuck*

Mondamin

Der nordamerikanische Lyriker Longfellow (1807–1882) wollte mit seiner 1855 veröffentlichten Verserzählung «The Song of Hiawatha» (die schon zwei Jahre später von Ferdinand Freiligrath unter dem Titel «Der Sang von Hiawatha» ins Deutsche übersetzt wurde) in deutlicher Anlehnung an die finnische «Kalevala» ein amerikanisches Nationalepos schaffen.

> And behold! the young *Mondamin*,
> With his soft and shining tresses,
> With his garments green and yellow,
> With his long and glossy plumage ...

In einer Werbeanzeige der Firmengruppe «Bestfoods Deutschland GmbH & Co. OHG» heißt es über den Namen des als Soßenbinder dienenden Maisstärkemehls *Mondamin*:

> «(...) eigentlich begann der Siegeszug von Mais schon vor 5000 Jahren: Der Wohlstand Mexikos, des sagenumwobenen Reiches der Azteken, gründete sich – Archäologen zufolge – auf Gold und Mais. Eine indianische Sage, ‹der Sang von Hiawatha›, berichtet über eine Begegnung des jungen Kriegers Hiawatha mit dem Gott Mon-da-min, dem Freund der Menschen. *Mon-da-min* forderte Hiawatha zum Kampf heraus. Nachdem Mondamin gefallen war, geschah ein Wunder: Der besiegte Gott verwandelte sich in ein lebensspendendes Maisfeld. In der indianischen Mythologie war der Mais demnach ein Geschenk der Götter, wesentlicher Bestandteil der Nahrung und damit Herr über Leben und Tod. Der Rohstoff Mais entstammt also ursprünglich einer 5000 Jahre alten Kultur, der Name *Mon-da-min* ist der Name eines ‹lebensspendenden Gottes›.»

Der Name hat auch bei uns in Deutschland seinen literarischen Niederschlag gefunden. In Christian Morgensterns Gedicht «Mondendinge» heißt es: «Dinge gehen vor im Mond, / die das Kalb selbst nicht gewohnt. / Tulemond und Mondamin / liegen heulend auf den Knien.»

Muckefuck

Artur Brauner hat Berlin gegenüber immer betont, als einer der wenigen während der Blockade 1948–1949 ausgeharrt, an das Überleben der Stadt und ihre Zukunft geglaubt zu haben. Andere

Produzenten verließen Berlin und gingen «dorthin, wo es nicht mehr hundert Gramm *Muckefuck* auf Abschnitt 3 der Lebensmittelkarte gab und ein Stück Körperwaschmittel auf römisch vier, denn es gab überhaupt keine Karten mehr, und in den Fleischereien fragten die Verkäufer wieder, ob es für 50 Pfennig mehr sein dürfe».

Atze Schmidt und Hans Kals sind die Verfasser eines 1991 erschienenen Taschenbuchs mit dem Titel «Muckefuck und falsches Marzipan. Die Kochkunst der mageren Jahre».

Und dieses Bekenntnis entstammt Jil Karolys 1998 erschienenem Buch «Mannomann»:

«An einem regnerischen Samstag Ende April stand der Besichtigungstermin in der Wohngemeinschaft auf dem Programm. Gegen fünf sollte ich zum Kaffeetrinken antanzen. Allein bei dem Gedanken an den *Muckefuck*, den die Typen auffahren würden, hatte ich schon einen bitteren Geschmack im Mund. Bislang war mir noch kein Mann untergekommen, der einen anständigen Kaffee kochen konnte. Toms Kaffee beispielsweise schmeckte penetrant nach Spülwasser.»

Wir wollen versuchen, uns dem Ursprung dieses Wortes zu nähern. Waltraud Legros (1997:16) will es genau wissen:

«Das Wort *Muckefuck* (...) klingt eher barbarisch, aber barbarisch ist ja auch das Getränk, das es bezeichnet. Dennoch kommt auch dieser seltsame Name aus dem Französischen. Als nämlich am Ende des 18. Jahrhunderts in Preußen der Kaffee knapp und teuer zu werden begann, entdeckte ein findiger Mann namens Ohlde, daß man aus der Wurzel der Wegwarte, auch Zichorie genannt, nach entsprechender Behandlung – nämlich rösten, mahlen und aufgießen – ein kaffeeähnliches, oder doch zumindest kaffeefarbenes Getränk brauen konnte. Dieses wurde von den Berlinern französischer Abstammung *mocca faux*, ‹falscher Kaffee›, genannt, und die Berliner machten daraus den *Muckefuck*, ihren Unkaffee für Notzeiten.»

Die Verfasserin folgt damit der Erklärung, die schon Ewald Harndt in seinem Büchlein «Französisch im Berliner Jargon» (1977; [11]1993:44 f.) vorgetragen hat:

«Infolge des hohen Kaffeezolls unter Friedrich II. bauten französische Gärtner Zichorie an. Die Wurzeln wurden geröstet und gemahlen und gaben als Zusatz dem dünnen Kaffeeaufguß wenigstens eine tiefschwarze Farbe. Dieser sogenannte Kaffee wurde von den Franzosen als *café prussien*, *café allemand* oder auch als *mocca faux* bezeichnet. Aus diesem gefälschten, nachgemachten Kaffee, dem *mocca faux*, wurde bei den Berlinern *Muckefuck*.»

Auch das Internetportal der BioLinx GmbH präsentiert auf der Internetseite von Willi Weißwas (http://www.biolinx.de/bildung/index.htm) die gleiche Erklärung für *Muckefuck*: «Hat nichts mit den Paarungsritualen von Stubenfliegen zu tun, sondern ist eine Bezeichnung für Malzkaffee. Der Begriff leitet sich von französisch *mocca faux* = ‹falscher Kaffee› ab.»

Selbst die Internetseite «Salz und Pfeffer», die Online-Kochrezepte und ein Kochlexikon (unter http://www.kirchenweb.at/kochrezepte.htm) bereithält, definiert den Kaffee-Ersatz als

«... Sammelbegriff für Erzeugnisse, die durch Ausziehen mit heißem Wasser ein kaffeeähnliches Getränk ergeben. Verwendet wird meist Getreide, welches geröstet wird. Auch Feigenkaffee ist im Handel. Es gibt auch Ersatzmischungen, das sind Kompositionen aus Bestandteilen verschiedener Pflanzenarten, teilweise mit Zusatz von Bohnenkaffee. Sie gibt es auch als Instant-Getränk. Ein weiterer Kaffeeersatz wird aus der gerösteten Wurzel der wilden Wegwarte, der Zichorie, hergestellt. Reiner Malzkaffee hingegen wird aus gemälzter Gerste hergestellt. Die meisten Kaffeeersatzmittel sind Mischungen aus: Gerste, Roggen, Zichorie, die gemälzt wurden. Sie enthalten kein Koffein u. daher keine anregende Wirkung wie der Bohnenkaffee. Dafür wird ihnen beruhigende Wirkung nachgesagt! Im deutschen Volksmund heißen solche Kaffees: *Muckefuck* (abgeleitet vom französischem *Mocca faux* [= ‹falscher Mokka›]).»

Hier plappert offensichtlich ein «Forscher» dem anderen denselben Unsinn nach. Seriös recherchiert hat hingegen der «Duden» (Bd. 7 [Herkunftswörterbuch], ²1989:471 u. unverändert ³2001:472):

Ein Brite in Berlin...

«Der seit dem Ende des 19. Jahrhunderts zuerst im rheinisch-westfälischen Raum bezeugte umgangssprachliche Ausdruck für ‹dünner Kaffee› ist kaum, wie früher angenommen, aus französischem mocca faux (‹falscher Mokka›) eingedeutscht, sondern aus rhein. Mucken (‹braune Stauberde›, ‹verwestes Holz›) und rhein. fuck (‹faul›) gebildet.»

Auch bei dem von mir als Autor hochgeschätzten Peter Schlobinski findet sich in einer frühen Publikation (1984:85) diese Bemerkung:

«Die Hugenotten kultivieren nicht nur den Speisezettel der Berliner und bringen französischen Chic in die Residenzstadt, auch der *Muckefuck* wird von ihnen kreiert. Als Friedrich II. den Kaffeezoll drastisch erhöht, helfen die französischen Gärtner den Berlinern aus der *Bredullje* (von frz. *être bredouillé*, d.h. ‹Pech haben, dumm dastehen›): Aus den gerösteten Wurzeln der Zichorie verleihen sie dem verdünnten Kaffee eine tiefschwarze Farbe. Dieser Kaffee wird dann *mocca faux* genannt.»

Doch Schlobinski, der inzwischen «Berliner Wörter von A-Z» ins Internet eingestellt hat, (http://www.fbls.uni-hannover.de/sdls/schlobi/berlinisch/lexikon/a_to_z/m.htm) hat sich inzwischen korrigiert und präsentiert die richtige Erklärung:

«*Muckefuck* ‹Ersatzkaffee›, verallgemeinernd auch *Blümchenkaffee*. Der *Muckefuck* wurde angeblich von den Hugenotten kreiert. Als Friedrich II. den Kaffeezoll drastisch erhöhte, halfen die französischen Gärtner den Berlinern aus der Bredulje: Aus den gerösteten Wurzeln der Zichorie verliehen sie dem verdünnten Kaffee eine tiefschwarze Farbe. Von daher ergibt sich die üblicherweise angegebene Ableitung aus frz. *mocca faux* = ‹falscher Mokka›. Es handelt sich indes um eine Zusammensetzung aus *Mucken* = ‹brauner Holzmulm› und *fuck* = ‹faul›, gleichbedeutend mit rheinisch *Muckenfuck*.»

→ *Blümchenkaffee;* → *Bohnenkaffee;* → *Kaffee;* → *Kaffeelatsch;* → *Mokka*

Muskatnuß

Als berühmtes Aphrodisiakum gilt die *Muskatnuß*, die schon französische Hexen als Zaubermittel liebeshungrigen Mädchen empfahlen: «Bohre Löcher in die Muskatnuß und trage sie dann einige Tage unter der Achselhöhle oder an der Scham. Zermahle die Nuß und reiche sie dem Liebsten in einem Getränk, er wird dich lieben müssen». Die Beliebtheit der Muskatnuß im Venushandel unterstreicht auch der folgende Spruch aus dem Jahre 1534:

«In meines Buhlen Garten da steh'n zwei Blümelein,
das eine trägt Muskaten, das andre Nägelein[1] –
Muskaten, die sind süße, die Nägelein sind räß[2],
die geb ich meinem Buhlen, daß er mein nicht vergeß.»

1 *Nägelein* = ‹Nelken›, 2 *räß* = schwäb. für ‹scharf, herb, sauer›

Müsli

Es wird gewöhnlich definiert als ‹Rohkostgericht, besonders aus Getreideflocken›, zuweilen wird noch auf die schweizerische Schreib- und Aussprachevariante hingewiesen: *Müesli*. Ganz korrekt müßte man vom *Bircher Müesli* sprechen, denn ein Schweizer Arzt namens Maximilian Oskar Bircher-Benner (1867–1939) hat die gesundheitsfördernde Mischung im Rahmen seiner Ernährungslehre herausgestellt. Zutreffend ist das Fazit von Tamar Lewinsky (1998:44): «(…) noch im Junk- und Fast-Food-Zeitalter zählen die Schweizer ein Rezept aus Bircher-Benners Diätküche zu ihren Nationalgerichten: das *Birchermüsli* – es hat die westliche Welt erobert und fehlt heute auf kaum einem Frühstückstisch.»

Lewinsky (1998:43 f.) weiß auch von einem prominenten Patienten zu berichten:

«Als die Schulmedizin (…) Bircher-Benners Theorien aufzugreifen begann und seine Ernährungslehre durch die Monatsschrift ‹Der Wendepunkt›, die er selber herausgab, breiteren Kreisen der Bevölkerung zugänglich wurde, nahmen die Patienten fast alles in Kauf, um sich von Bircher-Benner kurieren zu lassen: frühes Aufstehen, Morgenwanderungen, Gartenarbeit, vegetarische Ernährung (…). Auch für berühmte Patienten wie Thomas Mann gab es vor den strikten Vorschriften kein Entkommen. Einem Dichterkollegen schrieb er aus der Kur: ‹Ihren Brief empfing ich unter den kuriosischsten Umständen in Zürich, in dem Sanatorium des Dr. Bircher, wo man um 6 Uhr aufstehen und um 9 Uhr das Licht löschen muß. Das ist hart, zu Anfang stand ich ständig mit trotzigen Entschlüssen ringend vor meinem Koffer. Aber obgleich ich mehr für Voltaire als für Jean Jacques [Rousseau] bin, bereue ich es doch gar nicht, durchgehalten zu haben. Meine störrische Verdauung besserte sich ins Erstaunliche, Niedagewesene.›»

→ *Verdauungsstörungen*

Der Hals schluckt jede Speise,
doch die eine Speise schmeckt besser
als die andere.
Altes Testament, Jesus Sirach 36,23

Obst

Hans W. Fischer charakterisiert das *Obst* in seinem Buch «Das Schlemmer-Paradies» (1949:74) so:

> «*Obst*: es müßte für seinen Genuß ein besonderes Zeitwort erfunden werden; denn wer es nur ißt, der versündigt sich. Es ist ebensogut ein Trinken, aber außerdem ein Sehen, Riechen, Fühlen und mitunter auch ein Hören. Hier ist unbegrenztes Schwelgen möglich. Die vollsaftige blutrinnende Apfelsine, die Mandarine mit ihrem Nesselgeruch, die Banane, nacktes Fleisch von gedrängter Süße, die Ananas, die die Zungenspitze mit feinen Nadelstichen reizt und den Gaumen in einen leichten Fieberzustand versetzt, die schwere körnige Feige und die von Zucker klebende Dattel (...).»

Ohrfeige

«Schallende Ohrfeige für CDU, SPD und Stadtverwaltung», «Eine Ohrfeige für den guten Geschmack», «Kulturpolitische

Ohrfeige für die Bundesregierung» – so und ähnlich lauten einige willkürlich von mir herausgegriffene Zeitungsüberschriften. Was eine *Backpfeife* ist, läßt sich leicht nachvollziehen, ein ‹pfeifender Schlag auf die Backe› (genauer: auf die Wange!); über das seit dem 15. Jahrhundert belegte Wort *Ohrfeige* vermeldet auch der «Schülerduden Wortgeschichte» (1987) – «die weitere Herkunft ist nicht sicher geklärt.»

Ist es wirklich Unfug, eine botanische Erklärung für das Wort zu vermuten? Immerhin schreibt der «Duden» (Bd. 7 [Das Herkunftswörterbuch], ²1997:497 u. unverändert ³2001:569) s.v. *Ohrfeige*: «(...) der zweite Bestandteil ist der (...) Name der Frucht des Feigenbaums; beachte dazu niederländisch *muilpeer* (‹Ohrfeige›), eigentlich ‹Maulbirne›.»

Bei Friedrich Kluge (²³1995:625) heißt es im «Etymologischen Wörterbuch der deutschen Sprache», ebenfalls unter Bezug auf die niederländische Form: «Vermutlich ist an *Feige*, übertragen im Sinne von ‹unförmige Schwellung› am Ohr gedacht.» Hermann Paul (⁹1992: 630) spricht bei *ōrfīge* von einer «ursprünglich scherzhaften Bezeichnung» und verweist auf das Wort *Backfeige* und das (z.B. im Sächsischen, Österreichischen, Hessischen und im Ruhrgebiet geläufige) Wort *Dachtel* (eigentlich ‹Dattel›).

Daß es schwierig ist, die Herkunft des Wortes *Ohrfeige* zu bestimmen, konstatierte schon der Wort- und Phrasen-Forscher Herman Schrader (⁷1912:508): «Man kann sich von dem Gedanken an die süße Frucht des Feigenbaums nicht lossagen und sucht nun vergeblich nach einem Vergleichungspunkte. Auf diesem Wege kommt man freilich nicht zum Ziele.» Schrader, der kein unverkrampftes Verhältnis zur tropischen Südfrucht entwickelt hatte, legte in seiner Begründung noch eins drauf und gelangte zur Einsicht: «Es ist auch nicht wohl zu begreifen, daß das deutsche Volk solch gebräuchliches Wort aus einer ihm doch meist unbekannten ausländischen Frucht sollte gebildet haben.»

Seine Schlußfolgerung wird allerdings von einer Reihe späterer und selbst von heutigen Etymologen durchaus geteilt: «Das Wort hieß ursprünglich *Ohrfeg* oder *Ohrfeeg*, wie es sich noch in der niederländischen Schwestersprache als *oorveg* erhalten hat, und *veeg* ist soviel als ‹Streich, Hieb›. Wir haben ja auch im Deutschen noch jetzt das Wort *fegen* (den Fußboden, ‹über ihn mit dem Besen hinstreichen› (...), niederländisch *vegen*).»

Kategorisch schrieb Herman Hirt (²1921:359): «Der zweite Bestandteil gehört zu niederländisch *veeg* (‹Schlag, Streich›)»; auch Hans Reimann (1964:53) war nicht zu feige, sich von alten Vorstellungen zu lösen und meint: «Das längst verblühte *feigen* entspricht dem heutigen ‹fegen, kehren, wischen›.» Wolfgang Pfeifer und seine Mitarbeiter (²1993) deuten späteres niederländisches *oorveeg* als Anlehnung an niederländisch *vegen* (‹fegen, kehren, wischen›), *veeg* als ‹Streich, Hieb, Schlag›; gleichwohl beharren auch diese Sprachforscher als Grundwort auf der Fruchtbezeichnung *Feige*.

Ludwig Göhring (1937:135) ist weniger zögerlich und macht unter dem Stichwort «Maulschellen anbieten» einen sympathischen geographischen Rundschlag:

«‹Wünschen Sie ein paar *Maulschellen* (Ohrfeigen) (...)?› Wenn dann aus der Androhung Ernst gemacht wird, erhält der andere einen Schlag aufs Maul, daß es nur so schallt, eine *Maulschelle*. Erhält er einen Schlag – niederdeutsch *veeg* – auf das Ohr, ist's eine *Ohrfeige*. In Bayern sagt man: eine *Watschen*. Dieses Wort kommt offenbar von *patschen* (er *patscht*, ‹klatscht in die Hände›, *Mückenpatscher* usw.). Im Wort *Backpfeife* ist das Grundwort ebenfalls *veeg* (‹Schlag auf die Backe›).»

Orange → Apfelsine

Ein Tisch taugt besser zum Essen
als zum Schwätzen.
Chinesisches Sprichwort

P

Palatschinken

Daß es sich hierbei nicht um ein Metzgereiprodukt, sondern um eine ‹Mehlspeise› handelt, darauf weist Peter Wehle (²1980:54) mit allem Nachdruck hin – in seinem amüsanten Traktat «Sprechen Sie Wienerisch? Von *Adaxl* bis *Zwutschkerl*»:

> «Dieses Wort hat (...) nichts mit Schinken zu tun, wohl aber – der Leser verzeihe – mit der *placenta* = ‹Mutterkuchen›. Moment! So wird Placenta von den Ärzten übersetzt, aber im Lexikon steht nur: ‹Kuchen›.
>
> Dieser lateinische Kuchen hat einen langen Weg hinter sich: von den Römern zu den Rumänen, wo es *palacinta* heißt, und von dort wandert er sowohl zu den Slawen – in der Ukraine kennt man die *blintschiki* – als auch zu den Ungarn, wo er *palacsinta* heißen muß, weil die Magyaren keinen Doppelkonsonanten als Anlaut dulden: zwischen *p* und *l* muß ein *a* hinein!
>
> Und endlich kommt der Kuchen mit dem Gulyás und dem ungarischen *á* nach Wien, vermehrt sich zu einem Pluraletantum (*eine* Palatschinke gibt es nicht; wenn man sie unbedingt will, muß man *a halberte Portion*

Palatschinken bestellen) und wird so bekannt, daß wir die Geschichte sogar in einem norddeutschen Lexikon lesen können.»

Es ist beinahe selbstverständlich, daß sich Robert Neumann (1897–1975), Deutschlands brillantester Literaturparodist, in seinem Buch «Deutschland, deine Österreicher – Österreich, deine Deutschen» (1970) einer Bemerkung über die Mehlspeise nicht enthalten konnte:

«Warum heißt, was in Frankreich farbloserweise als *Crêpe Suzette* bezeichnet wird, bei uns in Österreich *Palatschinken*? Ganz abgesehen davon, daß diese ungleich deliziöser sind als das französische Gegenstück – *Palatschinken*: woher das Wort? Und um einmal von der weltberühmten Wiener Küche abzuweichen zur noch weltberühmteren Wienerin – kann ein piefkischer *Busen* sich etwa messen mit dem bei uns in Österreich mit unvergleichlicher Plastik als *Gspaßlaberln* bezeichneten Körperteil?
Die Plastik, das ist es. Sie bringt mich in ungezwungener Weise zurück zu der jener Plastik überaus förderlichen Wiener Ernährungsform. Der eine Mahlzeit abschließende Gang heißt im Französischen armseligerweise *Dessert* und ist nicht einmal obligatorisch. Das überaus obligatorische österreichische Äquivalent heißt *Mehlspeis*. – Unbedingt fein sein Wollende sprechen französischerweise von *Farinage* – und das heißt dann im Französischen wieder *Teigwaren*, Spaghetti und derlei Minderes, was allein schon genügt, den Ruhm der französischen Küche anrüchig zu machen.
Farinage – Mehlspeis – bedeutet bei uns in Österreich jene *Palatschinken*, dazu *Böhmische Dalken*, *Buchteln*, *Powidltascherln* und vielerlei – alles aus gutem Mehl, aus guter Farine, und gleich unseren mit einer herzhaften Einbrenn aus guter Farine à l'Autrichienne bereiteten österreichischen Gemüsen so recht geeignet, die Plastik der schon erwähnten *Gspaßlaberln* zu jenen generösen Maßen zu steigern, die für die Österreicherin charakteristisch sind. Aber auch die Zuagraste, selbst bloß für wenige Wochen der Wiener Cuisine überantwortet, wird den betreffenden Teil – was sage ich! – *alle* Teile ihres falschen Dirndls aufs erfreulichste schwellen und schwellen sehen – darauf kann sie sich verlassen, da kann sie ganz ohne Sorge sein.»

Petersilie

Athens Kriegern war in Kampfzeiten die *Petersilie* verboten, weil man glaubte, daß sie sexuelle Energien freisetzen könne; im Mittelalter galt sie als aphrodisisch wirkendes Hexenkraut, nicht zu Unrecht, wie man heute weiß, auf Grund des in ihm enthaltenen anregenden Wirkstoffs Apiol.

Petersilie wurde deshalb auch den Philtren (Liebestränken) zugesetzt, die seit der griechischen Antike bis zum 18. Jahrhundert für geeignet gehalten wurden, die Leidenschaft eines Menschen zu einer *bestimmten* Person oder einem *bestimmten* Objekt zu wecken. *«Petersilie hilft dem Mann aufs Pferd, den Frauen unter die Erd»* hieß ein bekannter Spruch, der ausdrücken sollte, daß Männer durch das Küchenkraut sexuell angeregt würden, wohingegen Frauen es – wie den Dill – als Abtreibungsmittel benutzten. Noch unverblümter formulierte es ein Kinderreim:

> «Petersilie, Suppenkraut, steht in unserm Garten,
> unser [Liesel] ist die Braut, kann nicht länger warten.
> Roter Wein, weißer Wein, morgen soll die Hochzeit sein.»

Gegenden, in denen Prostituierte ihrem Gewerbe nachgingen (und dabei die Petersilie nicht selten im erwähnten Sinne benutzten) hießen *Petersiliengasse*, *Petersilienstraße* – oder *Petersilienmeile*. Auch in Paris wurde die Bordellstraße im Volksmund *persil* (‹Petersilie›) genannt.

Mit der bekannten Redensart *es hat mir meine Petersilie verhagelt* wird ausdrückt, daß ‹etwas fast Unmögliches, zumindest aber völlig Unerwartetes geschehen ist›. Nicht jeder wird wissen, daß die Aussage einen realen Hintergrund hat, denn die robusten Blätter der Petersilie überstehen einen Hagelschlag im Garten auch dann noch unbeschädigt, wenn andere Blätter längst zerstört sind. Beachten sollte man freilich, daß Petersilie nie dahin gesät wird, wo sie im Vorjahr stand, und daß Standorte anderer Doldengewächse (wie Möhren, Sellerie oder Dill) gemieden werden. Zu bevorzugen sind als Vorkulturen Porree oder Zwiebeln.

Pfeffer

Der *Pfeffer* ist ein Küchengewürz, das schon in der Antike zu vielen metaphorischen Vergleichen reizte. So schrieb Plautus im «Miles gloriosus» (193): «Mulier olitori numquam supplicat, si qua est mala: Domi habet hortum et condimenta ad omnis mores maleficos» (‹Ein Weib, das boshaft ist, braucht keinen Krämer, / Sie hat daheim selbst Salz und Pfeffer, / Um all ihr übles Tun zu würzen›).

Albert Richter (⁴1921:85f.) gibt einen kulturgeschichtlich interessanten Hinweis: «Daß der Pfeffer als das wichtigste Gewürz in mittelalterlicher Zeit zur Bezeichnung für ‹Gewürz› überhaupt gebraucht wurde, ersieht man außer in dem Namen *Pfeffer* für ‹Gewürzbrühe› auch aus den *Pfefferkuchen* und *Pfeffernüßchen* (mittelalterlich *Pfefferzelten*), zu deren Bereitung doch ganz andere Gewürze als Pfeffer gebraucht wurden. Wie der *Hasenpfeffer* eine ‹Gewürzbrühe›, so ist der *Pfefferkuchen* ein ‹Gewürzkuchen›.»

Pfeffer ist aber seit vielen Jahrhunderten auch die Bezeichnung für eine mit Pfeffer, später allgemein ‹mit Gewürz bereitete Sauce› und weiterhin für das Gericht, zu dem die Soße gehört; so sprechen wir beispielsweise vom *Hasenpfeffer*. Das Wichtigste bei diesem Gericht ist natürlich das Fleisch des Hasen, das möglicherweise, weil die Hausfrau sparsam ist, ein wenig unter der Sauce verborgen ist. Ist man mit der Gabel zum Objekt der Begierde durchgedrungen, kann man zu Recht ausrufen: *Da liegt der Hase im Pfeffer!* Die Bedeutung der Redensart ist, so Albert Richter, «‹da kommen wir zur Hauptsache›; wie man denn auch zu sagen pflegt: *das Fleisch ist wichtiger als die Brühe*, oder, wenn eine Sache zu viele Nebenkosten verursacht: *die Brühe ist teurer als das Fleisch*. Wie man einer schlechten Sache durch Nebenumstände einen guten Schein zu verleihen sucht, das drückt Fischart im ‹Gargantua› so aus: ‹Ueber schwarz stinkend Fleisch macht man gern einen gelben Pfeffer (...).›» (S. 85)

Im übertragenen Sinn fragte schon Schiller «Möchtest du bald auch *in den Pfeffer geraten?*»; was er meinte, war: ‹in eine schlimme Lage›. Diese Wendung benutzt man heute kaum mehr, dafür aber *gepfefferte Preise*, und schon seit dem 16. Jahrhundert kennt

Aus: *Ernst Kahls Tafelspitzen. Kulinarische Pannen und andere Delikatessen*

man die sogenannten *Pfeffersäcke*: das war und ist eine spöttische Bezeichnung für reiche Kaufleute, nicht nur für solche in Nürnberg, wie Adolf Josef Storfer («Im Dickicht der Sprache», 1937:105) schreibt, sondern auch, und das noch heute, für solche in Hamburg. Auch die Redensart *jemanden hinwünschen, wo der Pfeffer wächst* ist seit dem 16. Jahrhundert belegt.

In meinem Buch «Lauter spitze Zungen: Geflügelte Worte und ihre Geschichte» (³2001:249ff.) bin ich u.a. auf die sogenannten Paar- und Zwillingsformeln eingegangen und habe darauf hingewiesen, daß deren Konstituenten durchaus nicht immer festgefügt sind, daß jedoch solche Formeln, die durch die Umstellung ihre Bedeutung verändern, sich definitiv nicht umdrehen lassen. So bezieht sich beispielsweise der Ausdruck *Salz und Pfeffer* immer auf eine Gewürzkombination, während *Pfeffer und Salz* nicht nur für Gewürze, sondern auch für ein schwarzweißes Stoffmuster stehen kann.

Pfifferling

Rudolf Köster (1999:119) verweist zu Recht auf viele Wörter und Wendungen, die eigentlich nicht mehr stimmen, weil sich die ihnen zugrunde liegenden Verhältnisse geändert haben, «z.B. *Papier* (nicht mehr aus *Papyrus*), *Brille* (ihre Gläser sind nicht mehr aus *Beryll*), *Bleistift* (heute nicht mehr aus *Blei*, sondern aus Graphit), *zur Feder greifen* (die Vogelfeder zu diesem Zweck hat ausgedient) und viele andere.»

Der nach Pfeffer schmeckende *Pfifferling*, der heute durch die Umweltzerstörung zu einer kostspieligen Rarität geworden ist, hieß im Mittelhochdeutschen noch *pfefferlinc* und war damals in Massen zu finden. Schon seit dem 16. Jahrhundert wird dieser Speisepilz daher in der Redewendung als Sinnbild des Unbedeutenden oder Wertlosen benutzt und dient besonders zur Verstärkung der Negation. «Auch *gebe ich keinen Pfifferling* für die Aussagen jener (...) Augenzeugen» heißt es bei Günter Grass in der «Blechtrommel» (1959:36). Bei Oscar Blumenthal (1887:27) heißt es in einem Vierzeiler über «Blaustrümpfe»:

Alle Eure poet'schen Siebensachen –
Ich schätze sie nicht ein Pfifferlein.
Nicht sollen Frauen Gedichte machen:
Sie sollen versuchen, Gedichte zu sein.

Pizza Margherita

Den Brauch, Speisen nach berühmten oder bekannten Persönlichkeiten zu nennen, gab es schon im Altertum. Walter Bickel und Paul Maus haben mit ihrem Buch «Große Namen – berühmte Speisen» insgesamt 331 biographische Notizen zum Verständnis der Speisekarte vorgelegt und dabei auch die 1851 geborene Margherita, die spätere Königin von Italien, erwähnt (1998:87):

> «Eine Legende erzählt, daß die Königin Pizza zu ihrer Lieblingsspeise erkor und ein Pizzabäcker der jungen Königin einen Belag in den Nationalfarben Italiens verehrte. So entstand die berühmte *Pizza Margherita*: Auf den Grundteig legt man Tomatenscheiben als rotes, Mozzarellakäse als silbernes und frische Basilikumblätter als grünes Symbol. Reichlich mit Olivenöl beträufeln und rasch sehr heiß backen.»

Plumpudding

Ist *Plumpudding* eigentlich ein *Pudding*? Die Frage ist mit einem eindeutigen «Nein!» zu beantworten – zumindest aus deutscher Sicht, weil wir unter *Pudding* eine ‹Süß- bzw. Mehlspeise› verstehen. Das englische Wort (ein typischer *false friend*) hat – so verdeutlichen es Fischer/Burwell (^{3}1995:204 f.) – verschiedene Bedeutungen:

> «1. Allg. ‹Nachtisch, süße Nachspeise› *(dessert, sweet)*. 2. ‹Auflauf›: *rice p., semolina p.* 3. Schwere, süße Mehlspeise mit unzähligen Varianten, am bekanntesten der *plumpudding* o. *Christmas p.*, ein kuchenförmiger, dunkelbrauner P. aus Mehl, Nierenfett, Weißbrot, Eiern, Dörrobst, Zitronat, kandierten Früchten, gehackten Nüssen, Gewürzen, Sherry und Cognac, in GB v.a. als traditionelles Weihnachtsdessert beliebt; wird mit Vanillesoße o. heißer Himbeersoße, oft auch flambiert, serviert. Nach aufwendiger Zubereitung entwickelt er den besten Geschmack erst nach etwa dreiwöchiger Lagerung. 4. Pikantes Wurst- o. Fleischgericht, z.B. *steak and kidney p., black p.* ‹Blutwurst› (v.a. Nordengland), *white p.* ‹Preßsack›. 5. *Yorkshire p.*, pastetenartig gebackener Teig aus Mehl, Eiern, Salz, Milch u Rindertalg, wird heiß als Beilage zu Fleisch,

v.a. *roast beef*, gegessen. – Dem dt. *Pudding* entspricht engl. etwa *custard, blanc-mange, flummery*.»

Die unter 3 angesprochene Beschreibung des *plumpudding* wird noch etwas verständlicher, wenn man sich die etymologische Bedeutung der Wortbestandteile vergegenwärtigt; *plum* (‹Pflaume›) und *prune* (‹Trockenpflaume›) sind im Altenglischen letztlich zwei Varianten eines Wortes, hergeleitet aus der griechischen Bezeichnung *proumnon*, die später zu *prounon* kontrahiert wurde und als *prōnum* ins Lateinische gelangte. Die Pluralform *prōna* wurde in nachklassischer Zeit fälschlicherweise als Singular aufgefaßt und gelangte als *prune* ins Englische. *Prōna* drang auch in andere germanische Sprachen ein, wobei, das *r* häufig durch das phonetisch verwandte *l* ersetzt wurde. So haben wir im Englischen (neben *prune* auch) *plum*, im Schwedischen *plommon* und im Deutschen die *Pflaume*.

An der oben zitierten Form *black pudding* erkennen wir noch, daß *puddings* ursprünglich ‹Würste› waren, deren äußerer Bestandteil aus Tiergedärm oder -mägen bestand. Das Wort ist über das altfranzösische *boudin* ins Englische gelangt, das sich seinerseits herleitet aus vulgärlateinischem *botellīnus*, einer Verkleinerungsform des lateinischen Wortes *botellus* (‹Wurst›). Diese Hülle war es, die zur Bedeutungsentwicklung des Wortes beitrug, so daß im Englischen letztlich alles, was in einer Hülle gekocht wurde, *pudding* hieß, man denke nur an die traditionellen *Christmas puddings*, die wie Kanonenkugeln aussehen und ebenso schwer im Magen liegen können.

Die Füllungen von *puddings* konnten und können aus den verschiedensten Ingredienzien bestehen. Man denke an die noch heute bei unseren angelsächsischen Nachbarn beliebten *steak-and-kidney puddings* (an die ich mich nie werde gewöhnen können).

Erst seit dem zwanzigsten Jahrhundert wird die Bezeichnung *pudding* im Englischen (wie oben unter 1 aufgeführt) *auch* für Süßspeisen gebraucht.

Pomeranze → Apfelsine

Potpourri

Im Jahre 1926 erhielt der Wiener Schriftsteller Alexander Lernet-Holenia (1897–1976) den Kleist-Preis für eine Komödie in zwei Akten, in der es um ein Durcheinander von Liebesbeziehungen geht. Sie trug den seltsamen Titel «Ollapotrida» und ist deshalb interessant, weil Bezeichnungen für musikalische und poetische Kunststücke erstaunlich oft in das kulinarische Bezugsfeld verweisen: Wörter der Küchensprache werden von eßbaren auf lesbare oder hörbare Dinge übertragen. Die aus Fleisch und Gemüsesorten zusammengekochte, ursprünglich spanische Speise *olla podrida* hat ihre Entsprechung vor allem im französischen *Potpourri*. Dies wiederum bedeutet – wörtlich übersetzt – ‹verfaulter Topf› und bezeichnet heute nicht nur die Speise, sondern auch ein aus verschiedenen Themen zusammengesetztes Musikstück.

Von Edwin Bormann stammt das nachfolgende lebensbejahende «Gaudeamus-Potpourri» (1896:119f.):

> Wie selbiges der studiosus philosuffiae Schwuchtibert Singhuber auf dem Heimwege vom großen Scheffel-Kommerse gedichtet, nachempfunden und in die stille Nacht hineingehaucht hat.
> *Singw.*: Alt Heidelberg, du feine – und zwar behaupten böse Zungen, der Edle habe das Lied aus Fisis-Moll und in $^5/_7$-Takt gesungen.
>
> Wohlauf, die Luft geht frisch und rein,
> Fahr wohl, mein grauer Hut!
> Gibt's nirgends mehr 'nen Tropfen Wein?
> Mir ist so kreidig zumut.
> Alt Heidelberg, du feine,
> Raus da! Rem blemm! Hollaheh!
> Schon friert's mich an die Beine
> Im Lamm zu Niniveh.
> Augustus saß im Kaisersaal,
> An Durste riesengroß:
> O Welt, du Katzenjammertal,
> Wir kleben und kommen nicht los.
> Alt Heidelberg, du feine,

Im schweigenden Ozean,
Ich pfeif auf die saueren Weine,
Wir pumpen niemand mehr an.

Zwölf Palmen ragten am Meeresstrand,
Blauäuglein blitzen drein,
Da sprach der Hausknecht aus Nubierland:
Es hat nicht sollen sein!
Alt Heidelberg, du feine,
Der Schwed, der Schwed ist da!
Sit vino gloria!
Die Wahrheit liegt im Weine,
Sit vino gloria!

Präsentierteller

Sie haben sicher bemerkt, daß ich Ihnen ein wenig Appetit machen möchte auf einige Erklärungen zu Wörtern und Redewendungen, die die linguistische Küche des Deutschen bereichern, daß ich sie Ihnen sozusagen *auf dem Präsentierteller* serviere. Ein Blick in Johann Karl Gottfried Jacobssons «Technologisches Wörterbuch oder alphabetische Erklärung aller nützlichen mechanischen Künste, Manufacturen, Fabriken und Handwerker, (...)», erschienen in den Jahren 1781–1795, verrät, daß der Präsentierteller 1793 noch als ‹großer Teller zum Anbieten oder Darreichen› umschrieben wurde; zugleich sprach aber Goethe auch schon im übertragenen Sinne von den Talenten, die «auf dem Präsentierteller der Gegenwart» lägen.

Pumpernickel

Das mit Sauerteig bereitete Roggenschrotbrot backt 16–24 Stunden in abgedichteten Öfen, wodurch es dunkel und süßlich wird. Seit Jahrhunderten, vielleicht schon seit tausend Jahren und länger, wird in Westfalen das schwarze Brot gebacken. Im landläufigen Sinne verstand man früher unter *Brot* stets nur ‹Schwarzbrot›

– *Pumpernickel*. Weißbrot bezeichnete man als *Stuten*, und wenn man *Weggen* sagte, meinte man nicht etwa ‹Wecken› oder ‹Brötchen›, sondern den allerfeinsten süßen Stuten, der nur zu festlichen Anlässen gebacken wurde.

Das Brot ist zweifelsfrei westfälischen Ursprungs. Die Bedeutung des Wortes hat allerdings zu vielen Spekulationen Anlaß geboten. Allmählich scheint sich eine feste Meinung herauszukristallisieren: die *Furzheini*-These, die im «Duden» (Bd. 7 [Das Herkunftswörterbuch], ²1997:560 u. unverändert ³2001:639) verbreitet wird: «Der seit dem 17. Jahrhundert bezeugte Ausdruck für ‹Schwarzbrot› war ursprünglich ein Schimpfwort für einen bäurischen, ungehobelten Menschen, das etwa mit *Furzheini* wiederzugeben ist. Das Schwarzbrot wurde wegen seiner blähenden Wirkung so benannt. Das Bestimmungswort von *Pumpernickel* gehört zu älterem neuhochdeutschen *pumpern* (‹furzen›), *Pumper* (‹Furz›); das Grundwort ist Kurz- oder Koseform des Personennamens *Nikolaus*.»

Aber, wie gesagt, es gibt eine Reihe konkurrierender Erklärungsversuche. «Beim Wort *Pumpernickel*», so Hans Reimann (1964:50f.),

> «(...) geraten die Etymologen ins Welsche, indem sie behaupten, ein französischer Reiter, der irgendwo in Westfalen einquartiert war, habe beim Anblick des schwärzlichen Brotes ausgerufen: ‹C'est bon pour Nickel›, und der *Nickel* war sein Gaul, offenbar ein vernickeltes Schlachtroß.
> Andere Forscher führen den Pumpernickel auf den Bäckermeister *Nikolaus Pumper* zurück. Wieder andere leisten einen Eid, *Pumpernickel* sei das lateinische *bonum paniculum* (‹gutes Brötchen›), und Grimm in seinem ‹Wörterbuch› enthüllt ihn als pumpernden Kobold (*Nicolaus, Nickelmann*). Dabei ist *pumpern* dasselbe wie ‹einen Wind streichen lassen› und *Pumpernickel* ein auf die Folgen dieses gewürzigen Roggenschrotbrotes anspielender Spitzname, der im 17. Jahrhundert aufkam. *Pumpernickel* ist: ‹Pubskobold›.»

Auch Friedrich Ernst Hunsche räumt in seinem 1968 erschienenen Buch «Die bunte Truhe: Schätze aus dem Tecklenburger

Land» ein, er habe manches Buch gewälzt, um die Frage nach der Bezeichnungsherkunft für *Pumpernickel* beantworten zu können, sei aber auf eine endgültige Antwort noch nicht gestoßen:

«Angeblich soll das Wort zum erstenmal im Jahre 1628 aufgetaucht sein. Da sagt nun der eine, Pumpernickel bedeute so viel wie ‹Polterkobold›. Das könnte also heißen, daß der *Pumpernickel* seinen Namen dem Ungemach zu verdanken hat, das er durch seine Schwerverdaulichkeit verursacht hat, so daß man beinahe wie der Wolf im Märchen, der die Geißlein gefressen hatte, sagen könnte: Was rumpelt und pumpelt in meinem Bauch herum? Freilich heißt *Nickel* in der alten Sprache der Bergleute so viel wie ‹Taugenichts›, und das Wort galt im Erzbergbau für eine ‹Drecksubstanz›, aus der man reinen Nickel noch nicht abscheiden konnte. So hat auch das Metall *Nickel* seinen Namen erhalten. Hergeleitet von Nikolaus, galt das Wort auch als Schimpfwort, und wenn man *Pumper* davor setzt, hat man den *Stinknickel*, ein Wort, das ja im Niederdeutschen hin und wieder gebräuchlich ist.

Was – unser deftiger *Pumpernickel* soll mit dem Wort ‹Stinknickel› abgetan werden? Da sträubt sich etwas in unserem Ehrenkodex! Wir suchen weiter nach einer anderen Erklärung. Dabei stoßen wir auf die Ansicht, daß *Pumpernickel* nichts anderes bedeutet als ‹Bon pour Nickel›. Diesen Ausdruck sollen französische Soldaten gebraucht haben, als man ihnen in Westfalen Schwarzbrot vorsetzte, das sie aber verschmähten. Sie sollen es ihren Pferden zugeworfen und dabei gesagt haben: ‹Bon pour Nickel› – Gut fürs Pferd! Daraus soll dann *Pumpernickel* entstanden sein. Aber das ist wiederum eine Erklärung, die keine Ehrenrettung für das schwarze Brot aus Westfalen bedeutet. [...]

Es gibt noch eine andere Erklärung, die zeitlich und auch sinngemäß einleuchtender ist als die beiden anderen Erklärungen des dunklen Wortes *Pumpernickel*. Sie kommt aus Niedersachsen, aus der Stadt Osnabrück. Dort soll schon um 1450 während einer Hungersnot auf Geheiß der Stadtherren auf Kosten des Stadtsäckels Brot für die armen Leute gebacken worden sein, das *bonum paniculum* – ‹gutes Brot› – genannt wurde. Aus diesem *bonum paniculum* machte dann angeblich das Volk, weil es kein Latein verstand, zuerst *Bompernickel* und später *Pumpernickel*. Heute noch gibt es in Osnabrück den alten ‹Pernickelturm›, just hier soll der große Backofen gestanden haben, in dem das *bonum paniculum* für die Armen gebacken wurde.»

So sympathisch Hunsches letzte Deutungsmöglichkeit erscheint – sie verbreitet natürlich den etwas muffigen Geruch des Lokalpatriotismus. So müssen wir uns bei westfälischem *Pumpernickel* wohl, wie uns der Sinn stehen mag, mit der Erklärung vom *Furzheini*, *Pubskobold* oder *Stinknickel* bescheiden.

Punsch

Schiller, dessen Leibspeise Knackwurst mit Kartoffelsalat war, hat in dem berühmten «Punschlied» dem Getränk seine literarische Reverenz erwiesen.

> Vier Elemente,
> Innig gesellt,
> Bilden das Leben,
> Bauen die Welt.
>
> Preßt der Zitrone
> Saftigen Stern!
> Herb ist des Lebens
> Innerster Kern.
>
> Jetzt mit des Zuckers
> Linderndem Saft
> Zähmet die herbe
> Brennende Kraft!
>
> Gießet des Wassers
> Sprudelnden Schwall!
> Wasser umfänget
> Ruhig das All.
>
> Tropfen des Geistes
> Gießet hinein!
> Leben dem Leben
> Gibt er allein.

Eh es verduftet,
Schöpfet es schnell!
Nur wenn er glühet,
Lebet der Quell.

Wir wollen uns kurz die Wortbedeutung vergegenwärtigen: Vermutlich wurde die seit dem 17./18. Jahrhundert belegte Bezeichnung *Punsch* für das ‹heiß servierte alkoholische Mischgetränk›, das in Europa durch die Engländer bekannt gemacht wurde, dem Hindi-Wort *pānch* (altindisch *páñca*) mit der Bedeutung ‹fünf› entlehnt – nach den für einen echten Punsch notwendigen Grundbestandteilen: Arrak (oder Rum), Zucker, Zitronensaft, Wasser (oder Tee) und Gewürz. Peter F. Ganz (1957) führt einen älteren Beleg aus dem Jahre 1658 an: *mit einem Geträncke, das sie Palepunschen nennen*; *Palepunschen*, ebenso wie später bezeugte Worte wie *Palipuntz* oder *Palepuntz* (1669) beruhen – wie älteres französisches *bolleponge* – auf dem englischen Ausdruck *bowl o' punch*, woraus das englische Wort *punch* gekürzt zu sein scheint.

Pustekuchen

Der Cartoon-Zeichner Friedrich Karl Waechter hat es geschafft, sich auch als Theaterautor einen Namen zu machen, nicht zuletzt mit seinem Kinderstück «Pustekuchen!» (³1994), in dem es ihm gelingt, Kinder zum Mitspielen und Mitträumen zu aktivieren. Wer nun glaubt, das Wort *Pustekuchen* tauche nur in der Kindersprache auf, der täuscht sich, denn im «Reutlinger General-Anzeiger vom 15. Mai 1998» schrieb beispielsweise Franz Pfluger in einem Artikel mit dem Titel «Bloßer Reflex»:

«Phantastisch! Bosch schafft neue Arbeitsplätze auch im standortgeplagten Deutschland! Rund 2000 allein in den ersten drei Monaten. Der Automobilzulieferer profitiert natürlich von der lebhaften Autokonjunktur und nicht zuletzt von dem noch größeren Bedarf an Elektronik. (...)

Pustekuchen! Ein Jobwunder wird es in Deutschland nicht geben – auch nicht am Standort Reutlingen. Hermann Scholl, Vorsitzender der Geschäftsführung, nannte auch einen Grund. Die Standorte in Baden-Württemberg sind unter dem Aspekt der Kosten nicht die attraktivsten.»

Das Wort *Pustekuchen*, das man in allen etymologischen Wörterbüchern vergeblich sucht, ist im zitierten Abschnitt im Sinne von ‹denkste› als Ausdruck starker Verneinung oder Ablehnung verwendet worden. Lutz Röhrich (²1995:1211) deutet es als eine «starke redensartliche Verneinung», als «Ausruf der Ablehnung, zusammengezogen aus: *Ich puste auf Kuchen* (zu: *jemandem etwas pusten*, ‹eine Sache abschlagen›)» und stellt es gleichrangig zum Ausruf: *Ja, Pusteblume!*

Ein ins Internet eingestelltes «Lexikon der Ruhrgebietssprache» (ohne große Mühe zu finden unter http://www.ruhrbergbau.de) vermeldet lapidar, *Pustekuchen* sei ein «Ausdruck für etwas, das man nicht bekommt: ‹Ich dachte, dat gipt heute Bratkartoffeln, abba wat wa? *Pustekuchen!*›»

Die Äußerungsfunktion von *Pustekuchen* ist unschwer nachzuvollziehen, die eher rührenden Erklärungsversuche zum Ursprung dieses Ausdrucks sind indessen, wie jeder erkennt, wenig hilfreich. Fest steht, daß das Wort *Pustekuchen* weder mit dem neuhochdeutschen Verb *pusten* noch mit dem Substantiv *Kuchen* etwas zu tun hat. Hier liegt ein Fall ausgeprägter sprachlicher Verdunklung vor, aber es gibt eine ebenso einfache wie verblüffende Lösung:

«Kundenschall: das Gekasper der Kirschenpflücker im Winter» heißt eine Sammlung von Übersetzungen ins Rotwelsch, die Günter Puchner 1974 veröffentlicht hat; ihr ist ein etymologisches Wörterbuch des Rotwelschen beigefügt, das uns bezüglich der Erklärung des Ausdrucks *Pustekuchen* auf die richtige Spur führt.

Die Sprecher des *Rotwelschen*, der deutschen Vagantensprache, nannten sich selbst *Jenische* (nach dem zigeunerischen Wort *dsan* [‹wissen›]), *Kunden* (nach deutschem *kundig*) oder *Kochemer* (‹Wissende›). *Ball* (entstanden aus jiddischem *baal*) heißt im

Rotwelschen ‹Herr, Mann› – der *Ball-Chochem* ist also ein ‹wissender Herr›, und als solchen bezeichnete man den des Rotwelschen Kundigen, während man den des Rotwelschen Unkundigen *Ball-Cholem* (‹Herr des Traums›) nannte.

Aus rotwelschem *kochem* und jiddisch-hebräischem *chochem* (‹klug, wissend›) bildete sich die volksetymologische Form *Kuchen* heraus; aus *Kuchen* entwickelte sich in verneinenden Kontexten schnell das Wort *Pustekuchen*, was einsichtig ist, wenn man weiß, daß das jiddische Wort *poschut* die Bedeutung ‹wenig› hat und aufgrund mißverständlicher Interpretation zu *Puste* umgeformt wurde. Somit kommen wir zur Erkenntnis: Quittiert man eine Äußerung mit der Erwiderung *Pustekuchen!*, so qualifiziert man sie als ‹wenig klug›, also als ‹unklug› oder ‹dumm› ab.

Doch jeder Jüngling hat wohl mal
'n Hang fürs Küchenpersonal.
Wilhelm Busch, Die fromme Helene (1872)

Q

Quark

Der «Duden» (Bd. 7 [Das Herkunftswörterbuch], ³2001:643) belehrt uns darüber, daß der Ausdruck für den ‹beim Gerinnen der Milch sich ausscheidenden Käsestoff und den daraus hergestellten Weißkäse› im ausgehenden Mittelalter in Ostmitteldeutschland von den Slawen übernommen wurde:

> «Spätmittelhochdeutsch *twarc*, dann *quarc* (mit mitteldeutschem Wandel von *tw* zu *qu*, wie z. B. in *Quirl, quer*) ist aus einer westslawischen Sprache entlehnt, vgl. z. B. polnisch *twaróg*, obersorbisch *twaroh*, tschechisch *tvaroh* (‹Quark›). Die weitere Herkunft der slawischen Wortgruppe ist nicht sicher geklärt. – Landschaftliche Ausdrücke für ‹Käsestoff, Weißkäse› sind z. B. *Hotte, Matte, Topfen, Zieger*. Umgangssprachlich wird das Wort *Quark* im Sinne von ‹Unsinn, Quatsch; etwas, das sich nicht lohnt› gebraucht.»

Bekanntlich heißt es schon in Goethes «Divan: Buch der Sprüche»: «Getretner Quark / Wird breit, nicht stark. – / Schlägst Du ihn aber mit Gewalt / In feste Form, er nimmt Gestalt.»

Darauf, daß die uns aus der heutigen Umgangssprache bekannte Neigung, *Quark* auch für ‹etwas Unbedeutendes› zu verwenden, schon von Goethe ausgiebig genutzt wurde, verweist Martin Müller (1999:142), der in einem Lexikon «Goethes merkwürdige Wörter» zusammengestellt hat:

> «In jeden *Quark* begräbt er seine Nase.» («Faust I»/Prolog im Himmel/ Vers 292; HA 3,17.)
> «Solch einen *Quark* mußt du mir künftig nicht mehr schreiben (...).» (Merck an Goethe über «Clavigo», zit. in «Dichtung und Wahrheit»/ 3. Teil/15. Buch; HA 10,72.)

Quintessenz

Andres Furger (1995:151) brachte es auf den Punkt: «Die *Quintessenz* ist die fünfte Essenz, die fünfte nach Feuer, Wasser, Erde und Duft. Der Ätherstoff nämlich ist nicht das fünfte Rad am Wagen, sondern das feinste und wichtigste Element der aristotelischen Stoffe.»

Der bereits erwähnte Edwin Bormann hat einem seiner Gedichte, das er am 13. Dezember 1885 in der Zeitschrift «Fliegende Blätter» (Bd. 83, Nr. 2107:190) publizierte, den Titel «Goethe-Quintessenz» gegeben und hinzugesetzt: «Allen zitatenbedürftigen Gemütern gewidmet»:

> Ihr naht euch wieder? In die Ecke, Besen!
> Luft! Luft! Clavigo! Meine Ruh ist hin.
> Der König rief: Ich bin ein Mensch gewesen;
> Das Ewig-Weibliche, das war mein Sinn.
> Ein deutscher Mann mag keinen Franzen leiden,
> Der andre hört von allem nur das Nein.
> Ich weiß nicht, nur die Lumpe sind bescheiden,
> Ein Werdender wird immer dankbar sein.
>
> Mir graut's vor dir, der Kasus macht mich lachen,
> Und Marmorbilder stehn und sehn mich an;
> Wer fertig ist, dem ist nichts recht zu machen,
> Der Morgen kam, kühl bis ans Herz hinan.

Prophete rechts – mein Herz, was soll das geben?
Du sprichst ein großes Wort gelassen aus;
Das Wasser rauscht ins volle Menschenleben,
Ich denke dein, so oft er trank daraus.

Wenn ihr's nicht fühlt, ihr werdet's nicht erjagen;
Der Page lief, man sieht doch wo und wie.
Was hör ich draußen? Fräulein, darf ich's wagen?
Grau, teurer Freund, ist alle Theorie.
Heißt mich nicht reden, schwankende Gestalten!
Man merkt die Absicht, dunkler Ehrenmann!
Durch Feld und Wald laßt mir herein den Alten;
Ich kenne dich, du siehst mich lächelnd an.

Er sah ihn stürzen, himmlisches Behagen!
Der Knabe kam und ward nicht mehr gesehn.
Die Sonne sinkt, du mußt es dreimal sagen –
Dies ist die Art, mit Hexen umzugehn.
Der Geist der Medizin ist leicht zu fassen,
Von Zeit zu Zeit seh ich den Alten gern ...
Es muß sich dabei doch was denken lassen?!
Ergo bibamus! ist des Pudels Kern.

In einer zwei Jahre zuvor erschienenen Parodie hatte Bormann bereits nach Art des «Centos» aus dem Zusammenhang gerissene Zitate aus dem Werk Schillers zu einer neuen Textkollage montiert; er nannte sie – wiederum mit dem Zusatz «Allen zitatenbedürftigen Gemütern gewidmet» –:

Schiller-Quintessenz

Fern von Madrid, auf seines Daches Zinnen,
In seiner Kaiserpracht saß König Franz.
Wie wird mir? brüllt er mit vergnügten Sinnen;
Was ist das Leben ohne Liebesglanz?
Der Helm ist mein! Das ist das Los des Schönen
In seines Nichts durchbohrendem Gefühl;
Und will der Lorbeer hier sich nicht gewöhnen –
Platz! Platz! O unglücksel'ges Flötenspiel!

Leicht beieinander wohnen die Gedanken.
Du hast's erreicht, Oktavio! spricht Zeus.
So fordr' ich mein Jahrhundert in die Schranken,
Denn nur die Liebe ist der Liebe Preis.
Des Lebens Mai blüht einmal und nicht wieder,
O Königin, das Leben ist doch schön!
Das aber denkt ganz wie ein Seifensieder:
Max, bleibe bei mir! bleib, der Mohr kann gehn!

Blendwerk der Hölle, du bist blaß, Luise!
Was ist der langen Rede kurzer Sinn?
Ein Augenblick gelebt im Paradiese,
Das ist die Stelle, wo ich sterblich bin.
Und sieh, er zählt die Häupter seiner Lieben,
Das Spiel des Lebens sieht sich heiter an:
Kurz ist der Schmerz, das Phlegma ist geblieben,
Die Axt im Haus erspart den Zimmermann.

Es wächst der Mensch mit seinen größern Zwecken,
Eng ist die Welt, und das Gehirn ist weit;
Spät kommt ihr, doch ihr kommt, den Leu zu wecken,
Ernst ist der Anblick der Notwendigkeit.
Der Lebende hat recht, den Leib zu malen;
Wer wagt es, was die innere Stimme spricht?
Nacht muß es sein, wo Friedlands Sterne strahlen –
Unsinn, du siegst, und Minna kennt mich nicht!

Die Fackel der Liebe
entzündet sich in der Küche.
Sprichwort aus Frankreich

R

Rebhuhn

«Ein echter Feinschmecker, der ein Rebhuhn verspeist hat, kann sagen, auf welchem Bein es zu schlafen pflegte», so formulierte es 1825 Brillat-Savarin in seinem Lehrbuch der zeitgenössischen Gastronomie und Tafelfreuden («Physiologie des Geschmacks»), dem übrigens, wie Thomas Hauer (2000:75) herausstellt, «anders als den deutschen Werken der gastrosophischen Bewegung (...) sofort ein ungeheurer, auch kommerzieller Erfolg beschieden [war]».

Und der in Petersburg geborenen Schriftsteller, Schauspieler und Filmregisseur Sacha Guitry (1885–1957) schwärmte: «Ach wie schön ist doch das Leben und wie schön läßt es sich plaudern, wenn man zu vieren ist und jeder sein Rebhuhn verzehrt.»

Mich interessiert zuvörderst der Ausdruck *Rebhuhn* (*perdix cinerea* oder *perdix perdix*), der in althochdeutschen Glossen seit dem 10. Jahrhundert als *reb(a)huon* und *rep(a)huon* belegt ist. Diese Formen – so räumt der Sprachforscher Hugo Suolathi (1909:256f.) ein – ließen sich als ‹Rebenhuhn› deuten; doch der vermutliche Zusammenhang mit dem althochdeutschen Wort *reba* ‹Rebe›) sei offenbar ebenso erst sekundär erfolgt wie die Anpassung an das mittelniederdeutsche Wort *rap* mit der Bedeutung ‹schnell›. Rebenhuhn? Schnelles Huhn? Rast das bunte Rebhuhn durch die Weinrebe? Suolathi (ibid.) unternimmt noch einen weiteren Erklärungsversuch:

> «Die Benennung des Vogels erinnert an die Laute, die man von aufgescheuchten Rebhühnern hört und die (…) mit *ripripripriprip,* [durch] andere Beobachter mit *zirrep* und ähnlichen Lautgebilden wiedergegeben werden. Aber der onomatopoetische Ursprung des Namens, den einige auf Grund dieser Übereinstimmung angenommen haben, erscheint doch unsicher in Anbetracht dessen, daß die baltisch-slavischen Sprachen Synonyma von verwandtem Aussehen aufweisen und daß die Bildung des Vogelnamens somit in eine weit zurückgelegene Zeit zu fallen scheint.»

Zum althochdeutschen *reb(a)huon* lassen sich nämlich das russische *rjabka,* das slovenische *jereb* und das serbische *jareb* stellen. Alle diese Wörter beruhen auf dem altkirchenslavischen Adjektiv *rębū* mit der Bedeutung ‹bunt›. Das schnelle Rebhuhn, das sich natürlich auch in Weinstöcke verirren kann, scheint also nach der Farbe seines Gefieders benannt worden zu sein.

Rentier

Das Online-Kochlexikon «Salz & Pfeffer» bietet kurz und knapp folgendes «Kochrezept für *Ren*-Keulen» an: «*Renkeulen* anbraten, mit Wildbratenbasis aufgießen und ca. 1 $^{1}/_{2}$–2 Stunden garen. Sauce etwas reduzieren, mit Rahmsauce und Preiselbeeren verfeinern. Vor dem Servieren kleinwürfelig geschnittene Birnen in die Sauce geben. Beilage: Serviettenknödel.»

Geläufiger als *Ren* ist das Wort *Rentier* (durch volksetymologische Verknüpfung mit *rennen* oft fälschlich *Renntier* geschrieben): dabei handelt es sich um eine verdeutlichende Zusammensetzung. Das für die subarktische Hirschgattung u. a. im Schwedischen und Norwegischen belegte nordische Wort *Ren* bedeutet eigentlich schon ‹gehörntes oder geweihtragendes Tier›; doch da diese Bedeutung sich nicht jedem erschloß, wurde ihm als zweiter Bestandteil das Wort *Tier* angehängt – allerdings im Bewußtsein seiner ursprünglichen Bedeutung ‹vierfüßiges Wildtier›, die noch heute im englischen Wort *deer* steckt.

Rechaud

Wer kennt es nicht, das ‹mit Kerzen beheizte Stövchen zum Warmhalten von Speisen und Getränken›, das *Rechaud*? In Süddeutschland, Österreich und der Schweiz ist ein *Rechaud* nicht nur die Bezeichnung für Wärmeplatten, auf denen Speisen am Tisch warmgehalten werden, sondern auch für einen kleinen, meist mit Brennspiritus betriebenen Tischkocher, auf dem Fondue, Pot au feu u.ä. zubereitet wird. Inzwischen werden Rechaud-Woks und sehr elegante *Rechauds* für Teekannen feilgeboten: «In der Plattenwärmerfunktion benutzen Sie die zwei Teekerzen im Alu-Becher und den Edelstahl-Flammteiler. In der Rechaudfunktion kommt der Pastenbrenner zum Einsatz; das Oberteil wird zusammengeklappt.»

In einem Auktionshaus fand ich kürzlich das Angebot für ein «silbernes *Rechaud* auf vier Volutenfüßen, mit zwei Henkelgriffen und abnehmbarem Deckel» – für 300 €.

Natürlich liegt es nahe, das Wort *Rechaud*, das eine Warmhaltevorrichtung bezeichnet, vom französischen Wort *chaud* (‹warm›) herzuleiten. Doch Roland Michael (1990:70) behauptet, dies führe uns auf eine falsche Fährte. Er hält das Wort *Rechaud* für ein sogenanntes «Eponym», also eine Gattungsbezeichnung, die auf einen Personennamen zurückgeht. In den mir bekannten Eponym-Lexika habe ich zwar nirgendwo einen Monsieur Réchaud verzeichnet gefunden, gleichwohl klingt Michaels Version höchst interessant:

> «Namengeber war Monsieur Réchaud, ein für seine subtile Kunst berühmter französischer Koch des 18. Jahrhunderts. Prominente Zeitgenossen rissen sich darum, von Réchaud bekocht zu werden. So heißt

es beispielsweise, Kaiser Napoleon I. habe den General Junot (1771–1813), Herzog von Abrantés, nur deshalb zum Gouverneur von Paris ernannt, weil Junot auf diese Weise gezwungen wurde, mitsamt seinem Koch Réchaud in die französische Hauptstadt umzuziehen. So konnte Napoleon wenigstens hin und wieder von Réchauds Künsten profitieren – und zwar nicht nur hinsichtlich des nützlichen Gerätes, das für heiß servierte Speisen sorgte.»

Rettich

Die zu den Kreuzblütlern gehörende Gemüsepflanze ist nach ihrer recht scharf schmeckenden eßbaren Wurzelknolle benannt. Die mittelhochdeutschen Wörter *retich*, *rætich*, das althochdeutsche Wort *rātīh* und das altenglische *rædic* gehen auf das lateinische *radix* (‹Wurzel›) zurück, das übrigens auch die Quelle für unser Lehnwort *Radieschen* ist.

Eduard Mörike (1804–1875) wußte die heilsame Kraft des Rettichs zu schätzen.

Restauration

Das süße Zeug ohne Saft und Kraft!
Es hat mir all mein Gedärm erschlafft.
Es roch, ich will des Henkers sein,
Wie lauter welke Rosen und Kamilleblümelein.
Mir ward ganz übel, mauserig, dumm,
Lief in den Garten hinterm Haus,
Zog einen herzhaften Rettich aus,
Fraß ihn auch auf bis auf den Schwanz,
Da ward ich wieder frisch und genesen ganz.

Rösti

Rösti, auch *Rö(ö)schti* genannt, sind Bratkartoffeln nach Schweizer (ursprünglich Berner) Art: grob geraspelt, mit einer zusammenhängenden gelbbraunen Kruste.

In der Schweiz bezeichnet man die geographisch nachvollziehbare kulturelle und mentalitätsbedingte Grenze zwischen der Suisse romande und der Suisse alémanique mit einem Küchenschlagwort als den *Röstigraben*. Kurt Meyer (1989:244) definiert ihn in seinem Wörterbuch der schweizerischen Besonderheiten als «scherzhafte Bezeichnung für die Kluft in der Verständigung und dem Verständnis zwischen deutsch- und französischsprachiger Schweiz.»

Die Vielfalt, auf die die Schweiz so stolz ist, droht zuweilen zum Problem zu werden. Die Beziehungen zwischen der deutschen und der französischen Schweiz geben in der Tat Anlaß zur Besorgnis. Zahlreiche Abstimmungen zeigen, daß der *Röstigraben* mehr ist als ein Schlagwort.

Der Autor Christophe Büchi ist jüngst den Wurzeln des Konflikts nachgegangen. In seiner Untersuchung «*Röstigraben*: Das Verhältnis zwischen deutscher und französischer Schweiz – Geschichte und Perspektiven» (²2001) schildert er die Entstehung des mehrsprachigen Gemeinwesens seit 1291, zeigt, daß der Graben erst im 19. Jahrhundert entstanden ist, und macht Vorschläge zu seiner Überwindung.

*Mancher glaubt zu genießen
und schlingt doch nur.*
Sprichwort aus Frankreich

S

Sauerkohl

Elmar Seebold hat in seinem Werk «Etymologie» (1981:208f.) auch grundlegend zum schillernden Phänomen der Sprachentlehnung Stellung genommen und zunächst darauf verwiesen, daß eine Unstimmigkeit in der Verbreitung von Wortbildungstypen schon vorliege, wenn ein Süddeutscher in seiner Mundart von dem *Mädchen* (in der Regel im Sinne von ‹Dienstmädchen›) spricht: Die Diminutivform auf *-chen* ist eindeutig mitteldeutsch (und hier über die Hochsprache in die süddeutschen Mundarten eingedrungen, die sonst *-lein* haben). Seebold bespricht sodann eine andere Möglichkeit, die auf unser kulinarisches Umfeld zielt:

«Wenn mit der neuen Sache Sauerkraut das Wort *Sauerkraut* auftaucht und verbreitet wird, so ergibt sich in Gebieten, die zum Weißkohl nicht *Kraut*, sondern *Kohl* oder *Kappis* sagen, die Frage, ob sie das Wort *Sauerkraut* einfach übernehmen oder in ihren einheimischen Wortgebrauch umsetzen sollen. Bei der tatsächlichen Ausbreitung dieses Wortes ist beides eingetreten: Man findet sowohl das Wort *Sauer-*

kraut in Gegenden, in denen zum Weißkohl nicht *Kraut* gesagt wird, als auch die Nachbildungen *Sauerkohl* und *Sauerkappis (saurer Kappis)* parallel zu den jeweiligen Bezeichnungen des Weißkohls. Bei der etymologischen Untersuchung kann man auch hier den Fall der einfachen Übernahme sofort erkennen: Wenn in einer Gegend *Kohl*, aber *Sauerkraut* gesagt wird, dann ist mit großer Wahrscheinlichkeit *Sauerkraut* erst durch nachträgliche Verbreitung dorthin gelangt. Bei den Nachbildungen (eigentlich Entlehnungen des Benennungsmotivs, eine Art Lehnübersetzung) ist es dagegen schwieriger. Hier könnten zunächst voneinander unabhängige Bildungen vorliegen, weil die Bezeichnung ja naheliegt. Und wenn wir mit Nachbildungen rechnen, dann ist es in einem solchen Fall schwer zu entscheiden, welches Wort den Ausgangspunkt gebildet hat, denn natürlich könnte im Prinzip ja auch *Sauerkraut* eine Nachbildung von *Sauerkohl* o.a. sein – auch hier brauchen wir also zur Entscheidung zusätzliche Hinweise.»

→ Sauerkraut

Sauerkraut

Während Matthias Claudius (1740–1815), der Herausgeber des «Wandsbecker Boten», die Ehe mit einem süßen Bonbon, einem *Zuckerboltje*, verglich (vgl. S. 262), hatte Ludwig Uhland «für eine Poesie für sich, vom Volke abgewendet, eine Poesie, die nur die individuellen Empfindungen ausspricht, (…) nie Sinn gehabt». Unter seinen Gedichten findet sich beispielsweise das «Metzelsuppenlied», liebe Leser(innen); darin wird, in eher schlichten Versen, ein bekanntes deutsches Gericht besungen:

> Wir haben heut nach altem Brauch
> Ein Schweinchen abgeschlachtet;
> Der ist ein jüdisch heikler Gauch,
> Wer solch ein Fleisch verachtet.
> Es lebe zahm- und wildes Schwein!
> Sie leben alle, groß und klein,
> Die blonden und die braunen!

So säumet denn, ihr Freunde, nicht,
Die Würste zu verspeisen,
Und laßt zum würzigen Gericht
Die Becher fleißig kreisen!
Es reimt sich trefflich W e i n und S c h w e i n,
Und paßt sich köstlich: W u r s t und D u r s t,
Bei Würsten gilt's zu b ü r s t e n.*

Auch unser edles *Sauerkraut*,
Wir sollen's nicht vergessen;
Ein Deutscher hat's zuerst gebaut,
Drum ist's ein deutsches Essen.
Wenn solch ein Fleischchen, weiß und mild,
Im Kraute liegt, das ist ein Bild
Wie Venus in den Rosen.

Und wird von schönen Händen dann
Das schöne Fleisch zerleget,
Das ist, was einem deutschen Mann
Gar süß das Herz beweget.
Gott Amor naht und lächelt still
Und denkt: nur, daß, wer küssen will,
Zuvor den Mund sich wische!

Ihr Freunde, tadle keiner mich,
Daß ich von Schweinen singe!
Es knüpfen Kraftgedanken sich
Oft an geringe Dinge.
Ihr kennet jenes alte Wort,
Ihr wißt: es findet hier und dort
Ein Schwein auch eine Perle.

Das mit einem * gekennzeichnete Verb *bürsten* zwingt mich zu einem kleinen Exkurs, um Mißverständnissen vorzubeugen. In der von Oskar Weise herausgegebenen 4. Auflage der sprach- und kulturgeschichtlichen Erläuterungen von Albert Richter (⁴1921:36f.) findet sich dieser wichtige Hinweis:

«Dieses *bürsten* (...) ist entstanden durch scherzhafte Anlehnung an das alte mittellateinische *bursa*, woraus deutsch *Börse* und *Bursche* geworden ist. *Bursa* bedeutet zunächst ‹Geldbeutel›, dann ‹eine Gesellschaft, namentlich von unverheirateten Leuten, die aus gemeinsamer Kasse, Börse, zehren›. Ein altes Sprichwort warnt: *Geh nit zu armer Bursch zu Gast, so du dein Speis' nit bei dir hast.* Man redet wohl von einer *Bursch der Kaufleute* oder von einer *Bursch der Soldaten*.

Am häufigsten aber ist die Rede von einer *Bursch der Studenten*. Die *Bursch* hieß zunächst das ‹Haus, in dem die Studenten früherer Jahrhunderte unter der Aufsicht eines Magisters gemeinsam wohnten und aßen›, dann diese ‹Gemeinschaft der Studenten› selbst, und endlich nannte man einen *Burschen* jedes einzelne ‹Mitglied der Gemeinschaft›. *Stubenbursche* heißt noch jetzt der Student, der mit einem anderen eine Stube gemeinsam bewohnt. Daneben sprach man auch von *Handwerksburschen*, *Wanderburschen* usw.

Später entstand ein Zeitwort *burschen* oder *bürschen* (bei Hans Sachs heißt es *burschieren*) in der Bedeutung: ‹ein lustiges Leben führen wie die Burschen›. Und da das lustige Leben der Burschen nicht am wenigsten im Trinken bestand, so gewann *bürschen* vorzugsweise die Bedeutung des ‹tüchtigen Trinkens›.

Als Zeichen eines fröhlichen Lebens führt Hans Sachs an: *Mit guten gesellen bankettiern, / Tag und Nacht hineinburschiern*, und eine Frau läßt er über ihren Mann klagen, daß er *Tag und Nacht gern mitburschiert*.

Von dem Zeitworte *bürschen*, das später namentlich in Schwaben auch in der Form *bürschten* vorkommt, stammt demnach der ganz unverschuldete üble Ruf der *Bürstenbinder*.»

Vom *Bürsten*, dem ‹zügigen Trinken›, zurück zum Essen: Uhlands Zeitgenosse Ludwig Börne (1786–1837) scheint ein etwas distanzierteres Verhältnis zu dieser kulinarischen Besonderheit gehabt zu haben. In seinen «Vermischten Aufsätzen» («Der Narr im weißen Schwan *oder*: Die deutschen Zeitungen») schrieb er – mit leicht ironischem Unterton: «Das Sauerkraut ist ein echt *deutsches* Essen; die Deutschen haben es erfunden und lieben und pflegen es mit aller Zärtlichkeit, welcher sie fähig sind.» Georg Büchmann (1959:202), führt in seinen «Geflügelten Worten», was durchaus seine Gourmet-Qualitäten belegt, aus Wilhelm Buschs «Max und Moritz» (1865) diese Zeilen an:

> Daß sie von dem *Sauerkohle*
> Eine Portion sich hole,
> Wofür sie besonders schwärmt,
> wenn er wieder aufgewärmt.

Heine, der, wie erwähnt, bei Leibe kein Kostverächter war, sondern dicke Frauen und Dampfnudeln liebte – hatte eine besondere Beziehung zum *Sauerkraut*. So lesen wir im Vorwort seiner «Geständnisse», geschrieben im Winter 1854, über seinen Besuch in St. Denis:

> «Die Männer waren alle so höflich, und die schönen Frauen so lächelnd. Gab mir jemand unversehens einen Stoß, ohne gleich um Verzeihung zu bitten, so konnte ich darauf wetten, daß es ein Landsmann war; und wenn irgendeine Schöne etwas allzu säuerlich aussah, so hatte sie entweder *Sauerkraut* gegessen, oder sie konnte Klopstock im Original lesen.»

Im Caput IX von «Deutschland ein Wintermärchen» formulierte er seine Zuneigung zur heimatlichen Spezialität:

> Von Cöllen war ich drei Viertel auf Acht
> Des Morgens fortgereiset;
> Wir kamen nach Hagen schon gegen Drei,
> Da wird zu Mittag gespeiset.

> Der Tisch war gedeckt. Hier fand ich ganz
> Die altgermanische Küche.
> Sei mir gegrüßt, mein *Sauerkraut*,
> holdselig sind deine Gerüche.
> ...

Bernhard Wördehoff (2000:95) hat in seinem Band über Essen und Trinken in der Weltliteratur zu Recht unterstrichen, daß Heine «abgesehen von Hamburg mit seinen ‹Rauchfleischlichkeiten› (...) zur deutschen Küche ein distanziertes Verhältnis [unterhielt]» wobei er auf diese Äußerung des Dichters verwies:

«Sie hat alle möglichen Tugenden und nur einen einzigen Fehler; ich sage aber nicht welchen. Da gibt's gefühlvolles, jedoch unentschlossenes Backwerk, verliebte Eierspeisen, tüchtige Dampfnudeln, Gemütssuppe von Gerste, Pfannkuchen mit Apfel und Speck; tugendhafte Hausklöße, *Sauerkohl* – wohl dem der es verdauen kann.»

Zum *Sauerkraut* sei eine kleine etymologische Ergänzung erlaubt. Das lateinische Wort *compositum* (‹Zusammengelegtes›) führte über das spätalthochdeutsche *kumbost* zum mittelhochdeutschen *kumpost*, und darunter verstand man ‹Eingemachtes›, insbesondere jedoch Sauerkraut oder Sauer*kohl*, wie – das Zitat lehrt es uns – in weiten deutschsprachigen Gebieten auch gesagt wird; so hat z.B. auch das ostpreußische Wort *Kumst* die Bedeutung ‹Kohl›. Erst seit etwa 1400 ist das Wort *sawer craut* im Deutschen belegt. Herman Schrader (1897:95 f.) wußte vor mehr als einem Jahrhundert über diese regionale Sprach- und Speisevariante folgendes zu berichten: «Das beliebte Donnerstagsgericht der Berliner: *Sauerkohl mit Erbsen* heißt allgemein *Lehm mit Stroh*. Es ist vielleicht nicht uninteressant, wenn ich hier erwähne, daß der Ursprung dieser Donnerstagsspeise sich in das graue germanische Alterthum verliert. Die Erbsen waren nämlich dem Donnergotte, dem Donar oder Thor, geheiligt und wurden ihm zu Ehren am Donnerstage gespeist.»

Die Bezeichnung *Kraut* (als Kurzform für *Sauerkraut*) ist als Bezeichnung für Deutsche – wie 1972 in einem Aufsatz der Zeitschrift «American Speech» nachgewiesen wurde – schon seit dem Jahre 1841 belegt. *Kraut* gehört damit zu den klassischen ethnisch-kulinarischen Beleidigungsausdrücken, den sogenannten *ethnic slurs*. Gerade für den Gegner *ist* man, linguistisch gesehen, oft das, was man angeblich bevorzugt *ißt*. Wir kennen die Ausdrücke *Spaghetti*- und *Knoblauchfresser* für Italiener bzw. Türken. In den USA hört man z.B. für Lateinamerikaner, vor allem für Chicanos, *beans*, *beaners* und *beanos*; für Holländer *butterboxes*; für Russen *cabbage-eaters*; für Mexikaner *chilis* oder *chili-*

eaters; für Italiener *macaronis*, *spaghetti-benders* oder *meat-balls*. Für Engländer gibt es in den USA auch den Spitznamen *limeys*, eine Kurzform für *lime-juicers*: So bezeichnete man ursprünglich britische Matrosen, da auf ihren Schiffen zur Skorbutverhütung das Trinken von Zitronensaft vorgeschrieben war. Franzosen bekommen von Amerikanern als *frog-eaters* oder *frogs* ihr Fett weg.

→ *Sauerkohl*

sauertöpfisch

Als *Sauertopf* gilt – und dies schon seit Mitte des 16. Jahrhunderts – ein ‹verdrießlicher, mürrischer Mensch› (→ *Sauregurkenzeit*). Eigentlich müßte man von einem *Essigtopf* sprechen, denn das mittelniederdeutsche Wort *sûr* hatte die Bedeutung ‹Essig›.

Oscar Blumenthal (1884:104), der übrigens als Kritiker den Spitznamen «blutiger Oscar» trug (vgl. mein Buch «Lauter blühender Unsinn», ²2002:118f.), widmete den entsprechenden Protagonisten diesen Vierzeiler:

Den Sauertöpfen

O predigt nicht Entsagung uns beständig!
So lange man begehrt, ist man lebendig,
Und hält uns auch das Schicksal trüb zum Narren –
Wir trauern lieber, ehe wir erstarren.

Sauregurkenzeit

Das Wort *sauer* hatte im Mittelhochdeutschen, im Barock, ja selbst noch in der Klassik die Bedeutung ‹mühsam›. «Daz muoz der sele werden sûr» heißt es im «Parzival» des Wolfram von Eschenbach, «saur erwerben» muß man den Erfolg bei Andreas Gryphius, und in Goethes «Schatzgräber» begegnen uns die

Zeilen «Saure Wochen! frohe Feste! Sei dein künftig Zauberwort».

Das Wort *sauer* taucht, auf Menschen bezogen, in der Bedeutung ‹mürrisch, ärgerlich› zuerst im Jahre 1696 schriftlich auf: *ein saur gesichte*; danach bedeutet die umgangssprachliche Wendung *sauer sein* schlicht: ‹übelgelaunt sein›. Möglicherweise hat der Ausspruch, daß man *auf etwas sauer reagiert*, einen schülersprachlichen Ausgangspunkt, der sich aus dem allbekannten chemischen Versuch mit dem Lackmuspapier herleitet.

Als *Sauregurkenzeit* (engl. *cucumber time*) bezeichnete man – zuerst in Berlin im Jahre 1780 – die ‹stille Geschäftszeit des Hochsommers› (wenn die Gurken eingelegt werden). Friedrich Kluge schrieb in seinem Sammelwerk zur «Wortforschung und Wortgeschichte» (1912:115 f.):

«(...) es ist noch nicht bemerkt worden, daß es Berliner Zeitungen gewesen sein müssen, denen das Wort seinen Erfolg verdankt. *Sauregurkenzeit* war nämlich um 1800 ein Wort der Berliner Kaufmannssprache. Zwar weiß ‹Der richtige Berliner› (1. Aufl., 1878) nichts über unser Wort, aber Trachsel (1873, ‹Glossarium d. berlinischen Redensarten›) bemerkt wenigstens S. 20: ‹Saure Gurken können wohl als ein National-Gericht des Berliners betrachtet werden.›

Zufrühst kann ich unser Wort bei einem Schriftsteller nachweisen, der aus Berlin stammte und seine Jugend in Berlin verlebte (...). Im Briefwechsel mit Goethe gebraucht dann auch der in Berlin geborene und seßhafte Zelter wiederholt unser Wort (...); am lehrreichsten ist die folgende Stelle vom 19. Juli 1828: ‹Hier zu Lande geht es eben etwas mager her; die Kaufleute nennen's die *Sauregurkenzeit*› (...). Wenn unser Wort somit ursprünglich in der Berliner Kaufmannssprache der 2. Hälfte des 18. Jahrhunderts heimisch ist, so wären wir eigentlich mit unserm Worte im reinen. Aber der von H. Schröder (*Zachers Zeitschr.* 38,524) bemerkte Anklang an das sinnverwandte englische *cucumber-time* gibt doch zu denken. Damit bezeichnet der Engländer die Zeit, in welcher die städtischen Schneider nichts zu tun haben, weil sich die Vornehmen auf dem Lande aufhalten. Die deutschen Seeleute des 18. Jahrhunderts deutschten den englischen Ausdruck in *Kummertage* um. Aber es läßt sich doch nicht wahrscheinlich machen, daß der englische Ausdruck seinen Weg über Hamburg nach Berlin genommen hätte. Eine solche Vermutung könnte erst zur Gewißheit werden, wenn unser Wort im 18. Jahrhundert bei hamburgischen Schriftstellern nachgewiesen würde.»

Schon Otto Ladendorfs «Historisches Schlagwörterbuch» (1906: 276) verzeichnet den Ausdruck:

«*Sauregurkenzeit*, zunächst die geschäftsstille, dann besonders die an politischen Ereignissen arme Zeit des Hochsommers. So schrieb Zelter am 31. Juli 1821 an Goethe: ‹Unser Theater ist jetzt wieder lavirend, wie immer in der *Sauregurkenzeit*.› Oder am 19. Juli 1828: ‹Hier zu Lande geht es eben etwas mager her; die Kaufleute nennen's: die *Sauregurkenzeit*›. Demnach scheint dieses Scherzwort seit den ersten Jahrzehnten des 19. Jahrhunderts gebräuchlich zu sein. Eine besondere Rolle spielt es später im Kladderadatsch, z.B. 1856,151 (Briefkasten): ‹Hat etwas starken Beigeschmack der *Sauregurkenzeit*.› Hier also schon eine humoristische Anspielung auf die Verlegenheitsberichte der Zeitungen an den stoffarmen Hundstagen. Siehe auch 1857,129: ‹Beglückt der Mann, / der, von Geschäften fern, / In dieser Zeit des *sauren Gurkenthums* / Hinaus kann eilen.›»

Viele Zitate, viele Erläuterungen – doch bisher keine Erklärung des Ausdrucks *Sauregurkenzeit*. Allein Salcia Landmann (1964; ²1965:86) führt uns auf die richtige Spur: «Dieser Ausdruck ist Rotwelsch. Mit Gurken hat er nichts zu tun, sondern ursprünglich hieß es: *zóress und jókresszeit*, das ist ‹die Zeit der Leiden und der Teuerung› (von hebräisch *zarót* und *jakrút*)»; vergleichbar argumentiert auch Günter Puchner in seinem Buch «Das Rotwelsch und die deutsche Sprache» (1974:280). Wolf (1993:275) verweist s.v. *Saurejurkenzeit* auf die jiddischen Wörter *zoro* (‹Not›) und *joker* (‹schwer›). In der Sauregurkenzeit sorgten sich die jüdischen Kaufleute also ursprünglich über Inflation und Preise.

Schaum

Für die seit dem späten 19. Jahrhundert vorkommende Wendung *Schaum schlagen* mit der Bedeutung ‹etwas vortäuschen, sich brüsten; lebhaft schwätzen ohne ernsthaftes Anliegen› hält Heinz Küpper (⁴1990:703) eine praktische Erklärung bereit: «Hergenommen vom Eierschaumschlagen in der Küche: das Volumen nimmt zu, aber die Substanz bleibt dieselbe.» Entsprechend ist ein *Schaumschläger* ein ‹Prahler›, ein ‹Mann, der leere Worte macht›.

Scherbengericht

«Und wieder ein Scherbengericht» – so überschrieb die «Ost West Wochenzeitung» am 24. November 2000 einen kritischen Artikel über die Wahlen in Rumänien, nach denen sich der dritte «Neubeginn» nach dem Sturz von Nicolae Ceausescu im Jahr 1989 abzeichnete.

Die Online-Ausgabe der «Neuen Zürcher Zeitung» vom 28. Juni 2001 schrieb über eine Sitzung des Zürcher Gemeinderats:

> «Die Positionen waren längst bezogen, so dass die Sitzung des Gemeinderats keinerlei Überraschung brachte: Die Kostenüberschreitung beim Bau des Kultur- und Werkzentrums Schiffbau des Schauspielhauses wird durch einen Ausschuss der Geschäftsprüfungskommission untersucht und nicht durch eine Parlamentarische Untersuchungskommission (PUK), das strengste politische Instrument, das einzig von der SVP gefordert wurde. Damit hat der Gemeinderat den adäquaten Weg beschritten und sich deutlich gegen ein *Scherbengericht* über Stadtpräsident Josef Estermann, das Schauspielhaus und die Kultur entschieden.»

Gerade in politischen Zusammenhängen wird das Wort gern verwendet, ohne daß sich die meisten Sprecher und Schreiber seines Ursprungs bewußt sein dürften.

Ein Scherbengericht – so Zoozmann ([12]1984:406) – bezeichnet ‹ein ungerechtes oder oberflächliches Urteil der Menge über einen berühmten Mann›. ὄστρακον (óstrakon) war die Tonscherbe, auf welche die Athener Bürger den Namen dessen schrieben, den sie in die Verbannung schicken wollten.

Schlaraffenland

Heinrich Mann (1871–1950) publizierte im Jahre 1900 seinen Roman «Im Schlaraffenland. Ein Roman unter feinen Leuten», ein Werk, in dem er auf satirische Weise die Konventionen der Gesellschaft entwertet; Maja Hasenbeck befaßt sich in ihrem 1999 publizierten Buch «Wege ins Schlaraffenland» mit Kochversuchen in Kindergruppen der Altersgruppe von 8 bis 13 Jahren; der Autor Klaus Westermeier beschreibt in seiner im Jahre 2000 erschienenen Analyse unter dem Titel «Erfolg im Schlaraffenland» den Werdegang Michael Käfers – von den Anfängen über den drohenden Konkurs bis zur heutigen Größenordnung eines deutschlandweiten Gastronomiekonzerns; Albrecht Koch nannte seinen Bericht über zwanzig Jahre deutschsprachige Popmusik «Angriff aufs Schlaraffenland» (1987), und auch Matthias Horx gab sich ein wenig revolutionär, als er in seinem Buch «Aufstand im Schlaraffenland» (1989) die «Selbsterkenntnisse einer rebellischen Generation» vorstellte.

Im Kern gehen alle genannten Bücher von der Erkenntnis aus: Wer *wie im Schlaraffenland lebt*, ist ein ‹Müßiggänger, der im größten Überfluß lebt und ein Schlemmerleben führt›; im modernen Sprachgebrauch deuten *Schlaraffenland* und davon abgeleitete Formen ein fiktives Land des Überflusses an, bei dem man zumeist an Kulinarisches denkt. Im Englischen spricht man von *fool's paradise*, *lubberland*, *Cockaigne* oder *Cockayne*, im Französischen vom *pays de Cocagne*.

Goethe hat (in: «Sprichwörtlich», Sophien-Ausgabe, Bd. II, S. 228 und 250) seine Meinung über ein faulenzerisches Genußleben ein wenig überspitzt formuliert:

Drei stichhaltige Einwände gegen das Schlaraffenland

Das wär' dir ein schönes Gartengelände,
Wo man den Weinstock mit Würsten bände.

Wer aber recht bequem ist und faul,
Flög dem eine gebratne Taube ins Maul,
Er würde höchlich sich's verbitten,
Wär sie nicht auch geschickt zerschnitten.

Die Welt ist nicht aus Brei und Mus geschaffen,
deswegen haltet euch nicht wie Schlaraffen;
Harte Bissen gibt es zu kauen:
Wir müssen erwürgen oder sie verdauen.

Die Redensart vom *Leben im Schlaraffenland* bezieht sich auf das in Europa nicht zuletzt durch die «Kinder- und Hausmärchen» der Brüder Grimm bekannte Märchen vom Lande der Faulenzer, dem auch die Wendungen entnommen sind: *ein Schlaraffenleben führen; sich die gebratenen Tauben in den Mund fliegen lassen; warten, bis einem die gebratenen Tauben ins Maul fliegen* usw.

Der Sprachforscher Johann Christoph Adelung (1732–1806) offeriert uns 1780 in seinem «Versuch eines vollständigen grammatisch-kritischen Wörterbuches der hochdeutschen Mundarten» (Teil 4, Spalte 119) folgende Definition: «In weiterer Bedeutung versteht man unter einem *Schlaraffen* eine Person, welche in einem hohe Grade das Gegentheil von demjenigen ist und thut, was andere vernünftige Menschen sind und thun (...).»

Auch im 15., 16. und 17. Jahrhundert beggenen uns ständig die *Schlaraffen*. Aus dem mittelhochdeutschen *slûr* (‹fauler Mensch›) entwickelte sich im 14. Jahrhundert, kombiniert mit *Affe*, das Schimpfwort *slûr-affe* für den ‹üppig und gedankenlos lebenden Müßiggänger›. Dieses Schimpfwort war gebräuchlich, bevor die Vorstellung von dem idealen Land der Faulenzer und Schwelger verbreitet war, seine Akzentverschiebung folgt übrigens dem Muster, das wir auch in den Wörtern *Holunder* und *lebendig* finden.

Noch 1494 erwähnt der Straßburger Stadtschreiber und Kaiserliche Rat Sebastian Brant (1458–1521) in seinem Reim-Epos «Das Narrenschiff» (Kap. 108) das *Schluraffenlandt*, während 1530 der Spruchdichter, Meistersinger und Dramatiker Hans Sachs (1494–1576) vom *Schlaweraffen Landt* und *Schlauraffenlandt* spricht («Fabeln» Nr. 6). In normalisierter Orthographie liest sich sein Gedicht in gekürzter Form so:

Ein Gegend heißt Schlaraffenland,
den faulen Leuten wohlbekannt.
Das liegt drei Meilen hinter Weihnachten.
Und welche darein will trachten,
der muß sich großer Ding vermessen
und durch ein Berg mit Hirsbrei essen,
der ist wohl dreier Meilen dick.
Alsdann ist er im Augenblick
in demselbigen Schlaraffenland,
da aller Reichtum ist bekannt.
Da sind die Häuser deckt mit Fladen,
Lebkuchen die Haustür und Laden,
von Speckkuchen Dielen und Wänd,
die Balken von Schweinebraten send.
Um jedes Haus so ist ein Zaun
geflochten von Bratwürsten braun.
Von Malvasier so sind die Brunnen,
kommen eim von selbst ins Maul gerunnen.
Auf den Tannen wachsen Krapfen,
wie hier zu Land die Tannzapfen.
Auf Fichten wachsen gebackne Schnitten.
Eierplätz tut man von Birken schütten.
Wie Pfifferling wachsen die Wecken,
die Weintrauben in Dornhecken.
Auf Weidenkoppen Semmel stehn,
darunter Bäch mit Milch gehn;
die fallen dann in' Bach herab,
daß jedermann zu essen hab,
gesotten, gebraten, gesalzen und gebacken

und gehn bei dem Gestad gar nahen,
lassen sich mit den Händen fahen.
Auch fliegen um (das mögt ihr glauben)
gebrat'ne Hühner, Gäns und Tauben.
Wer sie nicht fängt und ist so faul,
dem fliegen sie von allein ins Maul.
Die Säu all Jahr gar wohl geraten,
laufen im Land um, sind gebraten.
Jede ein Messer hat im Rück',
damit ein jeder schneid' ein Stück
und steckt das Messer wieder drein.
Die Kreuzkäs wachsen wie die Stein.
Wer gerne ficht mit Leberwürsten,
aus dem ein Ritter wird gemacht.
Wer liederlich ist und auf nichts acht'
als auf Essen, Trinken und viel Schlafen,
aus dem macht man im Land ein Grafen.
Wer tölpisch ist und gar nichts kann,
der ist im Land ein Edelmann.

Grimmelshausen schildert dieses utopische Land auch im «Simplicissimus» (1669; I: 262): «Und als dann wirds in Teutschland hergehen wie im *Schlauraffen-Land*, da es lauter Muscateller regnet und die Creutzer-Pastetlein über Nacht wie die Pfifferlinge wachsen! Da werde ich mit beyden Backen fressen müssen wie ein Drescher und Malvasier sauffen, daß mir die Augen übergehen.»

Auch der deutsche Dichter und Revolutionär Hoffmann von Fallersleben (1798–1874), Volksliedforscher und Verfasser von Kinderliedern, hat sich der Thematik angenommen und ein Gedicht verfaßt:

Vom Schlaraffenland

Kommt, wir wollen uns begeben
Jetzo ins Schlaraffenland!
Seht, da ist ein lustig Leben,
Und das Trauern unbekannt.

Seht, da läßt sich billig zechen
Und umsonst recht lustig sein:
Milch und Honig fließt in Bächen,
Aus den Felsen quillt der Wein.
Alle Speisen gut geraten,
Und das Finden fällt nicht schwer.
Gans' und Enten gehn gebraten
Überall im Land umher.
Mit dem Messer auf dem Rücken
Läuft gebraten jedes Schwein.
O wie ist es zum Entzücken!
Ei, wer möchte dort nicht sein!
Und von Kuchen, Butterwecken
Sind die Zweige voll und schwer;
Feigen wachsen in den Hecken,
Ananas im Busch umher.
Keiner darf sich mühn und bücken,
Alles stellt von selbst sich ein.
O wie ist es zum Entzücken!
Ei, wer möchte dort nicht sein!
Und die Straßen allerorten,
Jeder Weg und jede Bahn
Sind gebaut aus Zuckertorten
Und Bonbons und Marzipan.
Und von Brezeln sind die Brücken
Aufgeführt gar hübsch und fein.
O wie ist es zum Entzücken!
Ei, wer möchte dort nicht sein!
Ja, das mag ein schönes Leben
Und ein herrlich Ländchen sein!
Mancher hat sich hinbegeben,
Aber keiner kam hinein.
Ja, und habt ihr keine Flügel,
Nie gelangt ihr bis ans Tor,
Denn es liegt ein breiter Hügel
Ganz von Pflaumenmus davor.

Schlemmer

Das Verb *schlemmen* bedeutet: ‹besonders gut und reichlich essen und trinken›. Schon das spätmittelhochdeutsche Wort *slemmen* wurde im 15. Jahrhundert im Sinne von ‹(ver)prassen› gebraucht. Dabei handelt es sich anscheinend um eine von *Schlamm* beeinflußte Umbildung des gleichbedeutenden lautmalenden Wortes *slampen* (‹schmatzen, schlürfen›).

Ambrose Bierce (1906/1911; dt. 1986:99) war wenig an etymologischen Herleitungen interessiert; für ihn war der *Schlemmer* «einer, der dem Übel der Mäßigung dadurch zu entkommen sucht, daß er sich der Verstopfung weiht.»

Hans W. Fischer hat in seinem «Schlemmer-Paradies» (1921; 1949:8f.) den *Schlemmer* verteidigt:

> «Keineswegs gesellst du dich denen bei, denen der Bauch ihr Gott ist. Sie sind armselige Handwerker, Subalternbeamte, Maulwürfe des Genusses, bestenfalls Spezialisten, die sich durch tägliche Übung eine gewisse Kennerschaft auf winzigem Gebiet erworben haben. Der Himmel straft ihre Einseitigkeit mit blaumarmorierten Nasen, geschwollenen Lebern, gärenden Eingeweiden, Fettwülsten und Hämorrhoiden. Nein, in dem *echten Schlemmer* steckt immer auch ein Asket, also einer, der um innerer Ziele willen alles entbehren kann, der zu hungern und zu dürsten vermag für die Gerechtigkeit, der in seinem besten Teile unabhängig ist von der gemeinen Notdurft. Wenn er sich an der Festtafel niederläßt, wird er freilich nicht kommen wie jemand, der nur so tut; nein, er stürzt sich fröhlich mit seiner ganzen Person ins Vergnügen. Er bedarf keiner ängstlichen Ausflüchte, wie die Heuchler; seine Leistung ist Beweis, daß er kein fauler Wanst ist. Er wird, wenn die Sache es heischt, nicht bange sein vor dem Übermaß, wird liebliche Gifte mit Wonne schlucken und den Teufel danach fragen, ob solches Tun im ethisch-ästhetischen Katechismus als Greuel gebrandmarkt sei. Denn der Mensch, dessen Körper ein Ziel strafft, kann einen Puff vertragen, der einen schlaffen Madensack rettungslos verbeulen würde. Wir kennen und lieben das Frohgefühl eines gesunden, unbeschwerten Leibes. Lebten wir noch im Paradiese, so wäre uns das täglich erneute Schweben in Harmonie Glückes genug. Aber wir sind vielfältig geplag-

te, von tausend Leidenschaften gerittene Kreaturen; mag unser Wunsch den Einklang suchen, unser Dasein ist die Entzweiung. Darum müssen wir darauf verzichten, das erschütterte Gleichgewicht durch planmäßige Enthaltsamkeit oder brave Mäßigung herzustellen; die goldne Mittelstraße, die zu Dauerzuständen führt, ist uns verrammelt. Ein Ausgleich kann nur stattfinden durch starke Bejahung der Gegensätze. Wer sich unbedingt verzehrt, darf auch unbedingt *schlemmen*.»

Für Fischer, der in seinem Buch die Weisheiten eines Lebenskünstlers ausgebreitet hat, ist *Schlemmertum* mehr als gut und viel zu essen und zu trinken. Der *Schlemmer* zeichnet sich durch eine besondere Grundhaltung zum Leben aus:

«Wir schlagen uns gegenseitig tot, weil wir uns nicht verstehen und darum mißverstehen. Also immer um des Geistes willen. Aber im Leibe verstehen wir uns. Und was ist *Schlemmen* anderes, als uns das Gefühl unseres Leibes zu erschließen? Unseres Leibes, wenn er froh, das heißt, wenn er – er selbst ist?» (ibid., S. 168.)

Herbert Heckmann konstatiert in seinem kulturgeschichtlichen Lesebuch «Die Freud des Essens» (1979:11):

«Den *Schlemmer* interessiert nicht nur der natürliche Eigengeschmack der Substanzen. Er liebt kühne Kombinationen, in denen die Qualitäten der Ingredienzien zugunsten eines größeren Reizes verschwinden. Er empfindet ein geradezu intellektuelles Vergnügen dabei. Karl Friedrich von Rumohr, der große Verteidiger der einfachen Küche, zeichnet in seinem Buch ‹Geist der Kochkunst› (1811) den Schlemmer mit satirischer Vehemenz: ‹Der Charakter der Schlemmerei ist die Begier nach allerlei kostbarer Atzung, mit Hintansetzung des Vorzüglicheren, wenn dieses gerade nahe liegt und wohlfeileren Preises zu haben ist. Ferner geht es zur Schlemmerei, durch Seltsamkeit, Wechsel und Mannigfaltigkeit die Eßlust anzuregen und durch allerlei Künste der Verdauung nachzuhelfen.›»

→ *Verdauungsstörung*

Holzschnitt von Cornelis Teunissen (1655–1736):
Satire auf die Unmäßigkeit

Schmalhans

Die «Brockhaus-Enzyklopädie» (Bd. 27, [19]1999:93) beschreibt zu Recht, daß nach früherer Vorstellung ein dünner Koch ein Zeichen für schlechte Küche oder geizige Dienstherren war: «Darauf dürfte die Personifizierung *Schmalhans* (= ‹schmaler Hans›) für ‹Hunger› oder ‹Ungastlichkeit› zurückgehen.»

Die umgangssprachliche Wendung, nach der bei jemandem *Schmalhans Küchenmeister ist*, hört man recht häufig; sie besagt, daß es beim Betreffenden äußerst knapp zugeht.

Schmarren

Wer österreichische Literatur von Nestroy bis Qualtinger liest, kann gelegentlich auf Verständnisschwierigkeiten stoßen. Daß der russische Germanist Victor T. Malygin dafür Abhilfe schaffen kann, zeigen die Einträge in seinem Sammelwerk über «Österreichische Redewendungen und Redensarten» (1996), die einen amüsanten und äußerst nützlichen Querschnitt durch verschiedene Stilschichten bieten. Unter dem Stichwort *Schmarren* (ibid., S. 134f.) sind beispielsweise folgende Wendungen verzeichnet: *Das ist mir Schmarren* (mundartlich: ‹Das ist mir Wurst!›); *Das geht ihn einen Schmarren an!* (umgangssprachlich: ‹Das geht ihn einen Dreck an!›); *einen Schmarren von etwas verstehen* (umgangssprachlich: ‹so gut wie nichts von etwas verstehen›); *ein rechter Schmarren* (umgangssprachlich: ‹etwas Unnützes›).

Malygin bietet für die Wendungen folgende nachvollziehbare speisenbezogene Erklärung an: «*Schmarren, der*: in der Pfanne gebackener zerkleinerter Teig; mit Fett geschmorte Speisen (Kartoffeln, Grieß, Semmeln usw.); hier in übertragenem Sinne: ‹Plunder, Schwund, wertloses Zeug›. Da diese Speise in Österreich sehr beliebt war und offenbar so häufig auf den Tisch gebracht wurde, hat die Bezeichnung den Sinn des Alltäglichen und später sogar des Wertlosen erhalten.»

Den sogenannten *Kaiserschmarren* habe, so hört man, der

Leibkoch des Kaisers Franz Joseph in Ischl kreiert. Dort soll sich bei einem der Aufenthalte des kaiserlichen Paares der k.k. Küchenchef etwas Neues, Leichtes für die Kaiserin haben einfallen lassen. Da ihm bekannt gewesen sei, daß «Sissi» Zahnprobleme hatte, habe er einen Schmarren gekocht und dabei eine in Oberösterreich beliebte schlichte Süßspeise aus Mehl, Milch und Eiern, den sogenannten *Kaserschmarren*, kopiert, ihn mit Rosinen verfeinert und als Nachspeise serviert. Auf Grund eines Hörfehlers habe der Kaiser geglaubt, ihm zu Ehren habe der Koch seine neue Mehlspeise «Kaiserschmarren» genannt.

Mit wesentlichen Teilen dieser Legende, die in Österreich, besonders natürlich in Ischl, häufig und gern verbreitet wird, räumte Franz Severin Berger am 15.12.2000 in einem Beitrag der «Wiener Zeitung» auf:

> «Der Kaiserschmarren (...), jene duftige, köstliche Nachspeise aus zerrissenen Biskuitomeletts, hat trotz aller Legenden mit dem Kaiser vom Ursprung her nicht das Geringste zu tun. Mag sein, daß es ihn auch an der Hoftafel gab, aber Franz Joseph hätte kaum zwei Bissen gegessen und Elisabeth schon gar nicht, weil sie schlechte Zähne hatte und daher jede Süßigkeit scheute. Nein, dieser Superschmarren hieß ursprünglich *Kaserschmarren*, weil er eine deftige, derbe Almspeise der Senner und Mägde auf den Hochalmen war, die über offenem Feuer hergestellt werden konnte. Verfeinert wurde diese Schwerarbeiterkost natürlich in der Hauptstadt der Monarchie und wie vieles andere auch aus Werbegründen oder aus vorauseilendem Gehorsam und Untertänigkeit dem Kaiser *in den Mund geschoben*.»

Schnecken

Schnecken gelten in einigen Gegenden Frankreichs als Delikatesse, z.B. in der Region Poitou-Charentes. Die Charentaiser Küche bietet eine Vielfalt von Schneckengerichten (*Cagouilles*). Wie viele Deutsche hat auch Wilhelm Busch ein eher distanziertes Verhältnis zu den Weichtieren:

Die Schnecken

Rötlich dämmert es im Westen
Und der laute Tag verklingt,
Nur daß auf den höchsten Ästen
Lieblich noch die Drossel singt.
Jetzt in dichtbelaubten Hecken,
Wo es still verborgen blieb,
Rüstet sich das Volk der Schnecken
Für den nächtlichen Betrieb.
Tastend streckt sich ihr Gehörne.
Schwach nur ist das Augenlicht.
Dennoch schon aus weiter Ferne
Wittern sie ihr Leibgericht.
Schleimig, säumig, aber stete,
Immer auf dem nächsten Pfad,
Finden sie die Gartenbeete
Mit dem schönen Kopfsalat.
Hier vereint zu ernsten Dingen,
Bis zum Morgensonnenschein,
Nagen sie geheim und dringen
Tief ins grüne Herz hinein.
Darum braucht die Köchin Jettchen
Dieses Kraut nie ohne Arg.
Sorgsam prüft sie jedes Blättchen,
Ob sich nichts darin verbarg.
Sie hat Furcht, den Zorn zu wecken
Ihres lieben gnädgen Herrn.
Kopfsalat, vermischt mit Schnecken,
Mag der alte Kerl nicht gern.

Schnittlauch

Der *Schnittlauch*, schon im Althochdeutschen als *snitilouch* belegt, ist eine Lehnübersetzung des lateinischen *porrum sectile*. Er ist so benannt, weil er abgeschnitten werden kann und dann wieder weiterwächst. Klaus Laubenthal verrät uns in seinem «Lexikon der Knastsprache» (2001:152) noch eine besondere Bedeutung der Bezeichnung *Schnittlauch*: «abwertend für uniformierten Vollzugsbediensteten (im Sinne von ‹außen grün und innen hohl›).»

Schnitzel

Wir haben es an zahlreichen Beispielen erfahren: Nicht nur für den Gaumen ist die Küche ein Thema, auch für Dichter und Dramatiker. George Taboris Theaterstück «Die Ballade vom Wiener Schnitzel» besteht aus fünf einzelnen Sketches, wobei sich freilich nur der erste, «Hermanns Herberge», auf das im Titel vorgegebene Thema bezieht: Der kurz vor dem Ruhestand stehende Alfons Morgenstern, Prüfer eines Gourmet-Führers, Dyspeptiker, spricht einem exklusiven Wiener Lokal den Stern ab, weil ihm das berühmte *Wiener Schnitzel* nicht schmeckt.

Von einem eigentlich mißratenen Schnitzel berichtet auch Eugen Roth (1973:20) in seinem Kurzgedicht «Das Schnitzel»:

> Ein Mensch, der sich ein Schnitzel briet,
> Bemerkte, daß ihm das mißriet.
> Jedoch, da er es selbst gebraten,
> Tut er, als wär es ihm geraten,
> Und, um sich nicht zu strafen Lügen,
> Ißt ers mit herzlichem Vergnügen.

Eine amüsante Eloge auf das Schnitzel hat der Schriftsteller Axel Marquardt im Jahre 1990 in der «Rübe», dem «Magazin für kulinarische Literatur», veröffentlicht:

Hail to thee Snitzel

> Hail to thee snitzel
> and you wurstl con crauti
> forza Luciano Gamberoni e tutti i provoloni

> mein ist das suppngrün spricht der herr witzigmann
> min herze zieht flädle
> hechtschaum und brüstlcanapé
> schwarzwurz und kandismeuse
> durch den landwehrkanal
> gelobt sein die süßen bataten
> zibeben und frittaten
> die serviettenknödeln
> marillen und
> Hail to thee snitzel
> and wurstl con crauti
> Bendicamus Kotelett!
> Praise the Lord of the hicchoughs!

Berühmt ist es seit langem, das *Wiener Schnitzel*. Da hätte es nicht erst der Anstrengung Walter Ecklbauers aus Steinkirchen an der Traun bedurft, der, um einen Eintrag im «Guinness-Buch der Rekorde» zu erreichen, am 6. Juli 1985 eine 5×2 m große Pfanne benutzte und 230 kg Panade verarbeitete, um ein Schnitzel von 8,64 qm Größe zu backen.

Wie bei vielen Gerichten, so ranken sich auch um das Schnitzel viele unsinnige Geschichten. «Das Ende einer Legende» hat Günther Poidinger (2001:20) einen Artikel überschrieben, der aufräumt mit der

> «(...) Legende, die seit rund vierzig Jahren ein Kochbuchschreiber und Kuchl-Historiker vom anderen übernommen hat, bis sie fast zum Faktum gebacken war:
> Franz Josephs Statthalter in Mailand, der alte Radetzky also, habe über des Kaisers Flügeladjudanten Graf Attems dem Monarchen damals mitgeteilt, daß die Mailänder ein Kalbskotelett in Ei wälzen, panieren und in Butter backen. Worauf der Kaiser sehr interessiert gewesen sei und Radetzky gebeten habe, der Hofküche das Rezept zu geben.»

Poidinger bezieht sich und verweist auf die sorgfältigen Recherchen des Historikers Richard A. Zahnhausen, der in einer umfänglichen Untersuchung die Mailänder Herkunft des *Wiener*

Schnitzels konsequent ausschließt (2001:144) und zu dem Fazit gelangt:

> «Diese Herkunft, in der Populärliteratur durch viele Details ausgeschmückt, hält (...) keiner ernsthaften Überprüfung stand. Das *Wiener Schnitzel* (bis ca. 1895 *Gebackenes Kalbsschnitzel*) ist eine autochthone Speise, die in Wien seit über 170 Jahren zubereitet wird. Die Annahme, ein um 1848 aus Mailand kommendes ‹Rezept› hätte dieses Gericht, das in Wien zu diesem Zeitpunkt schon eine Generation lang zubereitet wurde, in irgendeiner Form abgelöst, überlagert oder ersetzt, scheint weit hergeholt. Auch die Tatsache, daß diese Herkunftsgeschichte ca. 120 Jahre ‹geheim› blieb, erhöht ihre Glaubwürdigkeit nicht.»

Zahnhausen zählt die Geschichte des *Wiener Schnitzels* nicht zur kulinarischen Mythologie, sondern zu dem, was heute als «urban legend(s)» bezeichnet wird.

Schorle

Die Bezeichnung *Schorle* für ein ‹Mixgetränk aus Wasser und Wein› leitet sich angeblich von dem Trinkspruch eines französischen Offiziers ab, der im 19. Jahrhundert in Deutschland (es wird vermutet: in Würzburg) stationiert war. Vor jedem Glas soll er ausgerufen haben: «Toujour l'mour», also in etwa: «Jeden Tag Liebe». Daraus, so sagt man, wurde *Schorlemorle* und später die Kurzform *Schorle*.

Eine im wahrsten Sinne des Wortes amüsante Geschichte, doch ob sie wahr ist? Die einschlägigen etymologischen Nachschlagewerke sind nüchterner: So berichtet z.B. Der «Duden» (Bd. 7 [Das Herkunftswörterbuch], ²1997:648 u. unverändert ³2001: 736f.) über *Schorle*:

> «(...) gekürzt aus: *Schorlemorle*: Die seit dem 18. Jahrhundert zuerst als *Schurlemurle* in Niederbayern bezeugte Bezeichnung für ein ‹Mischgetränk aus Wein und Mineralwasser› ist unsicherer Herkunft. Das Wort ist

vielleicht eine sprachspielerische Bildung wie die schon für das 16. Jahrhundert bezeugten Bezeichnungen für Bier – *scormorrium* in Münster und *Murlepuff* in Straßburg. Beachte dazu auch das im Süddeutschen seit dem 16. Jahrhundert bezeugte *Schurimuri* (‹aufgeregter, hektischer Mensch›) und das ältere niederdeutsche *Schurrmurr* (‹Mischmasch›).»

Schrippe

Allein aus Gründen der geographischen Ausgewogenheit darf in meinem Buch der Hinweis auf ein Lexem nicht fehlen, das eine Berliner Alltagsspezialität bezeichnet, die jeden Frühstückstisch ziert – die *Schrippe*. So heißt, wie Gisela Buddée (2001:123f.) uns verrät,

«(...) das ovale Brötchen mit Längsschnitt (*schripfen* = ‹kratzen, aufreißen›). Der Nachwende-Schrippenstreit scheint ausgestanden, auch wenn manche immer noch beschwören, die *Ostschrippe* sei fest und schmackhaft, die *Westschrippe* nur gebackene Luft. Allmählich scheint auch das gemaulte *Hamwanich* der Vergangenheit anzugehören, mit dem Zugezogene bedacht wurden, wenn sie nach *Brötchen* verlangten. Daß die Schrippe zu den Berliner Grundnahrungsmitteln gehört, ist auch daran erkennbar, daß ihr Preis häufig weit unter Baguette-, Mohn-, Rosinen-, Kartoffel- oder Kürbiskernbrötchen liegt und allem, was dem morgendlichen Käufer sonst noch geradezu unmenschliche Entscheidungsprozesse abverlangt.»

Die Autorin, offenbar wohlvertraut mit der berüchtigten Berliner Schnauze, läßt auch den Hinweis auf die *verzauberte Schrippe* nicht aus. Gemeint ist die →*Bulette*.

Schrot

Die Wendung *von echtem Schrot und Korn* kann die unterschiedlichsten Sprachbilder in unserer Phantasie hervorrufen. Klaus Gelbhaar (1961:17) hat das in seinem «unterhaltsamen

Streifzug durch das deutsche Sprachmuseum» einmal so beschrieben: «Einen Mann *von echtem Schrot und Korn* stellte ich mir als Junge wie den Amtshauptmann B. vor. Der war ein Hüne von zwei Metern Höhe, ein gewaltiger Jäger, der, mit hüfthohen Wasserstiefeln angetan, in sumpfige Teiche hineinstelzte und mit einem einzigen Schrotschuß drei Enten erlegte; und der, besonders an kühlen Herbsttagen, eine Vorliebe für klaren scharfen Korn hegte.»

Es gibt auch Menschen, bei denen die Wendung Assoziationen zu ökologischem Anbau und Naturkostläden nahelegt; auf Menschen bezogen, bedeutet sie ‹von aufrechtem Charakter (sein)› und leitet sich aus einem ganz anderem als dem vermuteten Bereich her, nämlich aus dem Münzwesen. Andres Furger (1995: 119) führt dazu aus:

«Im Frühmittelalter haben sich viele Errungenschaften der römischen Zivilisation aufgelöst. Dazu gehören etwa der Unterhalt der Fernstraßen oder das einheitliche Münzsystem. Dies ist nicht einfach als Rückfall oder generell als Barbarisierung zu bewerten, sondern vor dem Hintergrund der allgemeinen Geschichte zu verstehen; in dieser Zeit zerfällt ein Weltreich, und an seiner Stelle entwickelt sich – mit heutigen Worten ausgedrückt – eine Art Regionalisierung mit neuen Zentren. Auch das Münzwesen wurde nach und nach regionalisiert. Mittelalterliche Münzen wurden in der Regel nicht mehr aus einem gegossenen Schrötling, sondern oftmals aus einem Stück Blech hergestellt, das, dem gewünschten Gewicht gemäß, aus einer größeren Platte herausgeschnitten wurde. Von diesem Abschneiden (*Schroten*) kommt der Ausdruck *Schrot*, welcher das Gewicht der Münze meint. Mit *Korn* wird der Edelmetallgehalt der Münze bezeichnet, der für ihren Eigenwert von entscheidender Bedeutung war.»

Man muß wissen, daß der sogenannte *Münzfuß* der bestimmende Maßstab dafür ist, wie viele Münzen aus einer metallenen Gewichtseinheit geprägt werden sollen und wie die Zusammensetzung der Legierung beschaffen ist: Der Münzfuß regelt somit das *Schrot* (Raugewicht) und das *Korn* (Feingewicht) von Münzsorten im Verhältnis zum geltenden Münzgrundgewicht.

Erstmals erschien dieser Ausdruck im Jahre 1530 auf Talermünzen des albertinischen Herzogs Georg dem Bärtigen (1500–1539). Dieser weigerte sich, den verschlechterten Münzfuß des Kurfürsten Johann zu übernehmen und setzte die Wendung «Nach altem Schrot und Korn» auf seine Münzen, um damit zu verdeutlichen, daß die betreffenden Münzen nach dem (guten) alten Münzfuß geprägt waren.

Selbstbedienungsrestaurant

Selbstbedienungs-, der erste Bestandteil des Wortes *Selbstbedienungsrestaurant* ist im Paderborner Korpus für das Jahr 1954 als Erstbeleg verzeichnet und wahrscheinlich nach englischem *self-service* gebildet (vgl. «Anglizismen-Wörterbuch», 2001:1260).

Wer nicht auf *Fast Food* ausgerichtet ist, sondern kulinarische Ansprüche hat, der ist in einem *Selbstbedienungsrestaurant* ob des Lärms, der oft mäßigen Qualität und der wenig anheimelnden Kantinenatmosphäre meistens *ziemlich bedient*. Hans Manz (1991:238) bringt es in seinem Gedicht auf den Punkt:

Selbstbedienungsrestaurant

angestanden
eingeordnet
aufgeladen
bezahlt
durchgeschleust
umgesehen
gegessen
zerschnitten
eingenommen
abgewischt
geflüchtet

Senf

Sigbert Latzel (1983:43) charakterisierte einen seiner Zeitgenossen so: «Er ließ jeden *seinen Senf dazugeben*. Ihm war ja alles so wurscht.» Die Bedeutung der seit 1700 belegten Wendung ist klar: ‹ungefragt (zu allem) seine Meinung kundtun›, ‹seine Ansicht wichtigtuerisch äußern›. Ihre österreichische Variante lautet: *seinen Kren zu etwas geben*; *in alles seinen Kren reiben*; das österreichische Wort *Kren* bezeichnet den ‹Meerrettich›, der bei unseren alpenländischen Nachbarn als Speisewürze sehr geschätzt ist.

Zur Herkunft des Ausdrucks gibt es nur sparsame Kommentare. Heinrich Raab (1981:135) äußert sich zum metaphorischen Gebrauch der Würze von Fleischspeisen wie folgt: «*Den Senf dazu geben* wurde zunächst in der Bedeutung gebraucht: ‹Durch Witze und Derbheiten ein Gespräch würzen› (*Schweizerisches Idiotikon 7*, 1167), dann ‹das schärfste Wort dazu sagen›, und schließlich erhielt es einen verächtlichen Sinn.» Klaus Müller (1994/2001:556) faßt sich ebenfalls kurz: «Redensartlich gilt der Senf als etwas Scharfes und Verdrießliches, das einer Unterhaltung grundlos beigefügt wird wie die übertriebene Würzung der Speise.»

An dieser Stelle gilt es, auch auf einen anderen linguistischen Aspekt hinzuweisen. Werner Welte und Philipp Rosemann (1990: 128f.) haben die auffällige kognitive Kohärenz von «Reden ist Zubereitung / Aufnahme von Nahrungsmitteln» mit der Behältnismetapher herausgestellt: «(...) beiden gilt das Empfangen einer ‹Äußerung› (sic!) als Verinnerlichung idealer Gehalte, wobei diese Verinnerlichung jedoch in den folgenden Beispielen eben als Aufnahme von Nahrungsmitteln fokussiert ist»:

Er bekam viel zu hören, aber er hat es *geschluckt*.
Mit solchen Ausflüchten lasse ich mich nicht *abspeisen*!
Er *nimmt den Mund* immer ganz schön *voll*.
Wer ist denn das, der da so *rumsülzt*?
Da hast du uns eine schöne Geschichte *aufgetischt*.
Was für eine *abgeschmackte* / *geschmacklose* Bemerkung!

Sirup

Mit dem *Sorbet* (vgl. unten) etymologisch verwandt, weil es auch auf das arabische Wort für ‹Trank› zurückgeht, ist ein ursprünglich medizinischer Fachausdruck mit der Bedeutung ‹süßer, eingedickter Arzneitrank›. Noch in der Moralpredigt «Der Renner» des Schriftstellers Hugo von Trimberg hieß es gegen Ende des 13. Jahrhunderts:

> ein syrop und ein pulverlîn
> suochet einer, der wil ein arzet sîn.

Sorbet

Viele Erkenntnisse der historischen Linguistik kommen einem wie Zauberei vor. Das hat seine Gründe: Sprachliche Veränderungen vollziehen sich während langer Zeitepochen. Fremde Wörter gelangen nicht immer unmittelbar, sondern häufig über Zwischensprachen zu uns. Orientalische Grundwörter sind meistens durch mehrere europäische Sprachen hindurchgegangen und erfuhren dabei immer wieder aufs Neue lautliche, zum Teil semantische Veränderungen.

Daher ist die Herkunft mancher Wörter verdunkelt. Bei Karl Lokotsch (²1975:VII) heißt es: «Gewöhnlich wird ein orientalischer Abkömmling nicht gleichzeitig in alle europäischen Sprachen aufgenommen, vielmehr von einer Einzelsprache ihrem nationalen Lautbestande angeglichen und so an die Nachbarsprachen weitergegeben.»

Was heißt das konkret? In der 21. Auflage des «Duden» finden sich beim entsprechenden Eintrag auf S. 692 in verschiedenen Aussprache- bzw. Schreibvarianten: «der *oder* das Sorbet» *oder* «der *oder* das Sorbett/Scherbett»; als Bedeutung wird angegeben: ‹eisgekühltes Getränk, Halbgefrorenes›.

Sie kennen die Köstlichkeit, die zwischen den Gängen eines opulenten Menüs den Gaumen kühlt. Aber woher stammt das Wort? Es wurde Ende des 17. Jahrhunderts entlehnt aus den gleichbedeutenden Wörtern: französisch *sorbet*, spanisch *sorbete* und italienisch *sorbetto* – im Italienischen bedeutet *sorbire* übrigens: ‹schlürfen›. Die romanischen Varianten entstanden unter dem Einfluß des türkischen *Serbet*, das ‹kühlender Trunk› bedeutet und wiederum mit arabischem *Sarbat* für ‹Trunk› bzw. *sariba* für ‹trinken› zusammenhängt.

Das Wort *Sorbet* oder *Sorbett* hat sich bis heute im kulinarischen Bereich gehalten, obwohl Joachim Heinrich Campe es zu Beginn des 19. Jahrhunderts durch *türkischer Kühltrank* ersetzen wollte – in seinem «Wörterbuch zur Erklärung und Verdeutschung der unserer Sprache aufgedrungenen fremden Ausdrücke».

Spanferkel

Die *Spanferkel* – im Niederländischen heißen sie *speenvarken* – haben ihre Bezeichnung nicht von den Holzspänen, über denen sie gebraten werden. Die Bezeichnung kommt vielmehr von *spänen* (‹säugen›). Hier lebt nämlich eine sonst im Deutschen untergegangene altgermanische Bezeichnung der ‹Zitze› fort; mittelhochdeutsch *spen*, *spünne* und althochdeutsch *spunni* bedeuteten nämlich ‹Mutterbrust, Muttermilch›, niederländisch *speen* heißt ‹Zitze, Schnuller›.

Speise

Das erste Kochbuch in deutscher Sprache wurde um 1350 in einer Sammelhandschrift, dem sogenannten «Hausbuch» des Michael de Leone aus Würzburg aufgezeichnet, die heute in der Universitätsbibliothek München liegt; es beginnt mit den Zeilen: «Diz buoch sagt von guoter *spîse*, daz machet die unverrihtigen köche wîse» (‹Dieses Buch berichtet von guter Speise, das macht die unverständigen Köche weise›).

Über das Wort *Speise*, das ich in diesem Buch in den unterschiedlichsten Kombinationen und Kontexten verwendet habe, schreibt Roland A. Wolff (1980:29): «In der Umgangssprache

Südbayerns hört man neben *Essen* auch noch das Verbum *speisen* und das Nomen *Speise*, die in Norddeutschland und in der Standardsprache als gehoben empfunden werden. (*Speise* aus althochdeutsch *spīsa*, aus mittellateinisch *spē(n)sa* [‹Ausgabe, Aufwand›], aus *expensa pecunia* [‹ausgegebenes Geld›].»

Abschließend seien zwei Komposita erwähnt: Die *Speiseröhre* ist nach Ambrose Bierce (1906/1911; dt. 1986:102) «der Teil der Nahrungskanalisation, der zwischen Lust und Geschäft liegt». Der von mir bereits erwähnte Klaus Laubenthal, der auch als Richter am Landgericht Würzburg tätig ist, weiß in seinem «Lexikon der Knastsprache» (2001:160) zu berichten, was im entsprechenden Milieu unter einer *Speisekarte* verstanden wird: eine ‹Liste der Vorstrafen›.

→ *essen*

Spinat

Durch die Vermittlung des Persischen als islamischer Kultursprache sind viele arabische Wörter auch ins Türkische sowie ins Hindi und Urdu, aber auch in europäische Sprachen eingedrungen. Im Jahre 1927 veröffentlichte der Sprachwissenschaftler Karl Lokotsch in Heidelberg sein (von mir schon mehrfach zitiertes) «Etymologisches Wörterbuch der europäischen (d.h. germanischen, romanischen und slavischen) Wörter orientalischen Ursprungs», das im Jahre 1975 in 2. Auflage erschienen ist. Es lohnt sich, einen Blick in dieses sprachgeschichtliche Wörterbuch zu werfen. Denn auch im Deutschen und Englischen, die ja zu den germanischen Sprachen zählen, finden sich zahlreiche persische Einflüsse, und zwar in verschiedensten Lebensbereichen – z.B. bei Genußmitteln und Gewürzen, bei der Bekleidung oder bei Möbeln: *Spinat, Kapern, Limone, Jasmin, Tasse, Pyjama, Schal, Taft, Sandale, Saffian, Teppich, Diwan* – alle diese Wörter entstammen gleichsam dem persischen *Basar* und sind auf einer linguistischen *Karawane* nach Europa gezogen.

Wir wollen nur ein Beispiel herausgreifen: Das schon im Mittelhochdeutschen belegte Wort *spinat*, das im Altfranzösischen *espinache* bzw. *espinage* hieß und auch im Italienischen als *espinace* belegt ist, ist ursprünglich über das arabische *isfinâg* vom persischen Wort *äspänâh* entlehnt worden. Wegen der gezackten Blätter wurde es dann später an lateinisch *spîna* mit der Bedeutung ‹Dorn› angelehnt und mit der Endung versehen, die wir vom Wort *Salat* kennen: fertig war der *Spinat*.

Stoffwechsel

Alle Vorgänge im menschlichen Körper beruhen auf chemischen Reaktionen. Ständig werden Stoffe aufgenommen, abgebaut, umgewandelt oder ausgeschieden. Diese Vorgänge bezeichnet man insgesamt als *Stoffwechsel*. Damit das komplexe System nicht aus den Fugen gerät, hat der Mensch eine Menge zu beachten, vor allem beim Essen und Trinken. Der Dichter Johannes Trojan (1837–1915) kleidete seine Mahnungen in ein Lehrgedicht (in: Mayer 1984:96):

Vom Stoffwechsel

Nähr dich, o Mensch, verständig!
Mit einem Wort: Erkenn dich!
Nach Liebig lern ermessen,
Was dir gebührt zu essen.

Fettbildner sind, das merke:
Fett, Zuckerstoff und Stärke;
Blutbildner sind im ganzen
die Proteinsubstanzen.

Die erstern, wie wir sehen,
Aus CHO bestehen;
Die letztern, mannigfaltig,
Sind sämtlich stickstoffhaltig.

Daß Knochen sich erneuern,
Bedarfst du Kalk und Säuren;
Drum mische klug und weise
Dergleichen in die Speise.

Und also iß und lebe,
Ersetzend dein Gewebe,
Und denk in allen Fällen;
Wie bild ich neue Zellen?

Süßholz

Die Leser(innen) werden feststellen, daß ich s.v. *Zuckerboltje* (vgl. S. 262) die Anschauungen Schopenhauers (1788–1860) und Matthias Claudius' über das Heiraten erwähne. Bei beiden Aussagen schwingen möglicherweise gewisse persönliche Erfahrungen mit; gleichwohl werden auch diese klugen Herren bei ihrem jugendlichen Liebeswerben ein wenig *Süßholz geraspelt*, also Komplimente gemacht haben, auch wenn diese Bezeichnung damals noch nicht geläufig war. *Süßholz* ist allerdings schon seit dem 14. Jahrhundert die deutsche Lehnübertragung des griechisch-lateinischen Wortes *glycyrrhiza*: Bereits im 16. Jahrhundert verwendete man den Ausdruck *Süßholz* auch für ‹Schmeichelei› und ‹falsche Freundlichkeit›, doch dazu wurde erst um die Mitte des 19. Jahrhunderts die Wendung *Süßholz raspeln* in der Bedeutung ‹schön tun, den Hof machen› gebildet. Streng sprachhistorisch betrachtet, mag es daher ein wenig gewagt sein, Claudius und Schopenhauer als *Süßholzraspler* zu bezeichnen.

Suppe

Eugen Baron Vaerst schrieb schon 1851 in seinem Werk «Die Gastrosophie oder die Lehre von den Tafelfreuden»: «Die Suppe hat ihre großen Vorteile; sie ersetzt das Getränk besonders bei den Gelehrten und den Frauenzimmern – und namentlich diese trinken fast immer zu wenig – wie bei all denen, welche außer Tisch wenig oder gar nichts trinken und die, wenn sie nun das Suppenessen unterlassen, viel zu wenig Feuchtigkeit in das Blut bekommen.»

«Allzu fette Suppe stößt auf.» Nicht nur in Sprichwörtern wie diesem neapolitanischen, sondern auch phraseologisch spielt die *Suppe* eine recht bedeutsame Rolle: Die Wendung *jemandem die Suppe versalzen* ist schon seit dem 16. Jahrhundert als Metapher für ‹jemandem etwas verderben› bekannt; *die Suppe ausessen müssen, die ein anderer eingebrockt hat* bzw. *sich/jemandem eine Suppe einbrocken* (im Sinne von: ‹für fremde Schuld büßen› bzw. ‹Schwierigkeiten bereiten›) kennt man dagegen erst seit der Mitte des 18. Jahrhunderts. Und erst seit dem 19. Jahrhundert kann man zuweilen ein *Haar in der Suppe finden*, wenn man ‹Kleinigkeiten auszusetzen hat›.

Suppenkasper

Bei Kurt Böttcher et al. (⁵1988:487) findet sich eine treffende Schilderung der Erfolgsgeschichte, die Heinrich Hoffmann (1809–1894) mit seinem «Der Struwwelpeter» hatte:

> «Die erste Auflage von 1500 Exemplaren führte den späteren Untertitel noch als alleinigen Haupttitel: *Lustige Geschichten und drollige Bilder für Kinder von 3–6 Jahren* (Frankfurt 1845) und war binnen vier Wochen vergriffen; die dritte, erweiterte Auflage von 1847 nannte den Namen des bisher anonym gebliebenen Verfassers und bot erstmals das Bild des Struwwelpeters auf der Titelseite. Mit einer deutschen Gesamtauflage von über 25 Millionen Exemplaren und Übersetzungen in fast alle Sprachen der Welt ist der ‹Struwwelpeter› zum berühmtesten und verbreitetsten Kinderbuch überhaupt geworden.»

Innerhalb der Bildergeschichten bildet die sechste «Die Geschichte vom Suppen-Kaspar» und enthält dessen dreimaliges Ablehnungsgeschrei:

> «Ich esse keine Suppe! nein!
> Ich esse meine Suppe nicht!
> Nein, meine Suppe eß ich nicht!»

Auf die Alltagssprache übertragen, nennt man seitdem ein Kind, das keine Suppe oder allgemein wenig ißt, einen *Suppenkasper*. Karl Riha (1984:7) hat darauf verwiesen, daß der «Struwwelpeter» nach seinem Erstdruck «nicht nur als Kinderbuch ein weltweiter Erfolg wurde, sondern – ebenfalls international – immer wieder ein beliebtes Muster für Satiren und Karikaturen abgab», was seine Ursache wohl darin hatte, «daß sich die abschreckend gemeinte Titelfigur mit ihrem ungeschnittenen Haar und ihren langgewachsenen Fingernägeln samt ihrem Lausbubengefolge mühelos aus der Kinderstube lösen und auf jedweden Negativhelden der großen politische Szene wenden ließ.» Die englische Publizistik griff während des Zweiten Weltkrigs auf das bewährte Satiremuster zurück und brachte nun den ‹Führer› in die Position der Struwwelpeter-Schreckfigur. In gewollt satirischer Anspielung auf den Frankfurter Doktor Hoffmann, der das Kinderbuch schuf, ist auf dem Umschlag des englischen «Struwwelhitlers» ein *Doktor Schrecklichkeit* als Verfasser ausgewiesen. Die eigentlichen Autoren der Parodie auf den Original-Struwwelpeter sind jedoch Robert und Philip Spence:

> «Hitler erscheint – in der Folge der Kapitel – an erster Stelle als zeitgeschichtlich aktualisierter *böser Friederich* (...). Die Geschichte vom Suppen-Kasper wird dahingehend verändert, daß der Rüstungsaufwand für Kanonen zwangsläufig auf die Ernährungslage der deutschen Bevölkerung durchschlagen muß; Göring – bekanntlich ein Mann von großer Leibesfülle – magert mit jeder Entscheidung, die er für die Waffen trifft, mehr und mehr ab, bis er zum Schluß papierdünn wie eine Lebensmittelmarke ist.» (Riha 1984:10;17)

Der Hermann war ganz schön gewichtig	Our Hermann was a chubby lad;
und außerdem noch morphiumsüchtig,	Now lots of medals Hermann had;
und trug viel Orden auf der Brust,	And all cried «Heil!» when fully dressed,
die daher auch recht breit sein mußt'.	He spread them on his ample chest.
Er gab jovial sich und gemütlich	He ate and drank up all he could
und tat sich gern an Butter gütlich.	And always found the butter good.
Doch eines Tags – es war September –	But one day, one September day,
da schrie er: «Weg mit dem Geplemper!	He screamed out «Take that grease away!

Ich will statt Butter jetzt Kanonen!	And give me glorious guns instead!
Ab morgen Eintopf. Nur noch Bohnen.»	I won't have butter on my bread.»
Doch nächsten Tags war schon ersichtig,	Next day, now look, the picture shows
daß sein Gewicht nicht mehr ganz richtig,	How lank and lean our Hermann grows!
so rasch schien er vom Fleisch zu fallen.	Yet though he feels so weak and thin
Doch unentwegt befahl er allen:	And has his waistcoats taken in,
«Wird auch zu groß der Helm, die Mütze –	He cries out still – «‹No grease,› I said,
wir wollen ordentlich Geschütze.	‹But gorgeous glorious guns instead!
Ach, Butter ist doch eh nichts nütze!»	I won't have butter on my bread!›»
Ein dritter Fasttag kommen mußt'	The third day comes; This puny form
mit weiterem Gewichtsverlust.	In baggy, sagging uniform!
Der Waffenrock saß schlotternd locker,	Can this be he, that jolly German,
als trüge ihn ein Küchenhocker,	That iron man, our portly Hermann?
und mancher sprach: «Das kann nicht sein	He faintly calls – «I think I said,
– er geht wie ein Pullover ein	‹I won't have butter on my bread,›
und war doch fett erst wie ein Schwein!»	But find that guns are hard to spread.»
Am vierten Tag, ganz ausgezehrt,	The fourth day comes; his lot is hard,
hat dann nach Butter er begehrt.	He's thinner than a ration card;
Denn besser als Kanonen streichbar	Look for him now; some hungry German
war sie gewiß – und ihm erreichbar!	Has surely gobbled up our Hermann!

Titelblatt des Buches *Struwwelhitler*. Eine englische Struwwelpeter-Parodie aus dem Jahre 1941 von Robert und Philip Spence (alias Dr. Schrecklichkeit).

Junge Hähnchen, sanft gebraten
Dazu kann man dringend raten,
Und man darf getrost inzwischen
Etwas Rheinwein untermischen.
Wilhelm Busch, Abenteuer eines Junggesellen

T

Tablett

Ein kleiner Hinweis für Ihren nächsten Frankreichaufenthalt: Das *Tablett*, das ‹Brett zum Auftragen von Speisen›, heißt auf französisch *le plateau*: «Mettez les *couverts* sales sur le *plateau* et remportez-le à la cuisine.» («Stellen Sie das schmutzige *Geschirr* auf das *Tablett* und tragen Sie es wieder in die Küche.»)

Wenn das sprachliche Hin und Her Ihnen Kopfschmerzen bereitet, nehmen Sie bitte eine *Tablette* mit einem Schluck Wasser. Die *Tablette* ist französisch nicht *la tablette* – das ist das ‹Schrankbrett› –, sondern *le comprimé*. Also: «Prenez un *comprimé* avec une gorgée d'eau.»

Tafel

Das kulturgeschichtliche Sprachbild vom *Aufheben der Tafel* erklärt Hans Sommer (1943:54) so:

«Allgemein bekannt ist es wohl, daß der Ausdruck *die Tafel aufheben* darauf zurückzuführen ist, daß im Mittelalter der Tisch meist aus zwei gesonderten Teilen, einem Fußgestell und einer darüber gelegten Platte, der Tafel, bestand. War das Mahl zu Ende, so hob man die Tafel im eigentlichen Sinne des Wortes auf und trug sie weg. Wurde auch das Fußgestell weggeräumt, was sich leicht tun ließ, so war der Saal zum Tanze oder zu anderer Kurzweil frei.»

Tatar: Beafsteak ~

600 g Rinderfilet; 1 Sardelle, gehackt; 1 Schalotte, feingehackt; 1 Teelöffel scharfer Senf; 1 Teelöffel Kapern, feingehackt; 4 Eigelb aus frischen Eiern; grober schwarzer Pfeffer; Salz; Butter zum Anbraten – diese Zutaten, so verriet mir ein Koch, müßten reichen für die Herstellung von *Beafsteak Tatar* für vier Personen.

Die kulturgeschichtlich relevante Frage «Wurde das *Beefsteak Tatar* von den Tataren erfunden?» beantwortet Joachim Heimannsberg (1998:189f.) mit einem klaren «Nein!» und liefert uns dafür folgende Begründung: «Gastronomische Forschungen haben ergeben, daß die Speise unter diesem Namen erstmals in Jules Vernes Roman ‹Der Kurier des Zaren› auftaucht und uns wohl per Rinderhack das Leben in der Steppe schmackhaft machen sollte. Der Beitrag, den die Tataren der Weltküche geliefert haben sollen, besteht in einer Methode, zähes Fleisch genießbar zu machen: Man lege es unter den Sattel und reite es im Laufe eines Tages mürbe. Wieder einmal gilt: Wenn nicht wahr, auf alle Fälle gut erfunden!»

Der letzte Ausspruch – «Wenn nicht wahr, auf alle Fälle gut erfunden» – ermutigt mich zu einem kleinen Exkurs über die sogenannten *Ta(r)tarennachrichten*.

In einer Zusammenstellung von Daten und Erinnerungen aus Tageszeitungen des Jahres 1926 über die Stadt Dresden fand ich folgenden Abschnitt:

«Februar: Der Dresdner Verkehrsverein beklagt den weiteren Rückgang des Fremdenverkehrs in Dresden. Als Gründe werden – die Verbreitung von *Tartarennachrichten* über die Zustände in Sachsen und Dresden unter der Zeigner-Regierung, – protzige Schilder an Dresdner Hoteltüren, die Franzosen und Belgiern in der Zeit des Ruhrkampfes den Zutritt untersagten, – feindselige Haltung gegenüber Ausländern während der Inflation, – Nepperei der Fremden durch die Dresdner Hotels mit überhöhten Übernachtungspreisen und – Abdrängen der sächsischen Landeshauptstadt vom internationalen Durchgangsverkehr ausgemacht. Eine Besserung wird durch die Aufhebung des Visumzwanges mit der Tschechoslowakei und ein erweitertes Angebot von Sonntags-Sonderzügen nach Dresden erwartet.»

Woher stammt der Ausdruck *Ta(r)tarennachricht(en)*, der uns hier begegnet? Die Antwort gibt das «Deutsche Wörterbuch» von Jacob und Wilhelm Grimm; im 21. Band lesen wir unter dem entsprechenden Stichwort in Spalte 159 folgende Begriffsdefinition: «eine unverbürgte, wenig Glauben verdienende Nachricht (angeblich nach der im Krimkriege durch einen Tataren fälschlich überbrachten Nachricht vom Falle Sebastopols).» Ergänzend präzisiert Hans-Joachim Schoeps in seinem Buch über «Ungeflügelte Worte» (1990:148): «Aus dem Krimkrieg stammt (…) der Ausdruck *Tatarennachricht* für die Zeitungsente vom 30. September 1854 über den angeblichen Fall der Festung Sewastopol, weil sie durch berittene tatarische Postkuriere überbracht worden ist. Tatsächlich fiel aber Sewastopol erst ein volles Jahr später. Der Ausdruck *Tatarennachricht* für ‹Lügenmeldung› hat sich jedoch erhalten.»

Eine Spur der *Tataren-Nachrichten* führt uns nach England, allerdings aus einem anderen Grund. Jeder kennt heute Ian Fleming, den Erfinder von 007 James Bond. In Deutschland weniger bekannt dürfte sein Bruder Peter Fleming (1907–1971) sein, der in den dreißiger Jahren als Sonderkorrespondent der «Times» auf allen Kontinenten unterwegs war. Er ist der Verfasser des Buches «News from Tartary. A Journey from Peking to Kashmir», das 1936 im Verlag Jonathan Cape in London veröffentlicht wurde, in England als ein Klassiker der Reiseliteratur gilt und seit seinem Erscheinen vor nahezu sieben Jahrzehnten über zwanzig Auflagen erlebt hat. Das Ende seiner Popularität ist nicht abzusehen, zumal es im Jahre 1996 auch in einer deutschen Übersetzung unter dem Titel «Tartaren-Nachrichten: Ein Spaziergang von Peking nach Kaschmir» herausgekommen ist. In einer Rezension zu dieser Ausgabe hieß es im «Deutschlandradio» treffend: «Die *Tataren-Nachrichten* sind so wunderbar zu lesen, weil sie sachliche Nachrichten über Tataren nur am Rande enthalten.»

Tauben

Ich habe bereits in anderem Zusammenhang (vgl. S. 202) darauf hingewiesen, daß einem Deutschen, der sich zu bequem auf die Launen des Glücks verläßt, unter Umständen vorgeworfen wird, er warte darauf, daß ihm *die gebratenen Tauben ins Maul fliegen*; dem gleichgearteten Franzosen hält man freilich entgegen: *Il attend, que les alouettes lui tombent toutes rôties* (‹Er wartet darauf, daß ihm die gebratenen Lerchen herunterfallen›). Auch für diese gängige Redewendung hat Büchmann (1959:59) die Antike als Ursprungszeit ausgemacht und verweist auf die attischen Komödien des 5. Jahrhunderts v. Chr., von denen freilich keine vollständig überliefert ist: «Aber der Schriftsteller Athenaios (um 200 n. Chr.) zitiert in seinem Werk ‹Gastmahl der Gelehrten› einen Vers des Telekleides: ‹Gebratene Krammetsvögel mit kleinen Kuchen flogen einem in den Schlund hinein› und von Pherekrates: ‹Gebratene Krammetsvögel, begehrend verschlungen zu werden, flogen den Leuten um den Mund herum.›»

Wie dieses Beispiel zeigt, ist Büchmann, was die Aufarbeitung antiker Quellen anbelangt, durchweg zuverlässig.

Teefix

Ist ein Markenname zu einem Begriff geworden, der für ein ganzes Waren-Genre steht, ist also der Begriff für eine Sache gewissermaßen hinter einem Markennamen verschwunden, so spricht der Fachmann von einem sogenannten «Standard». Man bittet um ein *Tempo*, wenn man ein ‹Papiertaschentuch› benötigt, nimmt bei Schmerzen *Aspirin*, manche(r) greift gar zur *Maggi*-Flasche, um Speisen zu würzen. Jörg Krichbaum hat einhundert solcher Gebrauchsgegenstände zusammengetragen und in seinem Buch «Made in Germany» (1997:186f.) auch die Firma «Teekanne» nicht vergessen,

> «(...) die schon 1913 die Marke *Teefix* schützen ließ. Für die Truppenverpflegung im Ersten Weltkrieg verpackte das Unternehmen den Tee portionsweise in kleine Mullsäckchen. Diese ‹Teebombe› war bei den Soldaten sehr beliebt, doch konnte der empfindliche Teeliebhaber einen gewissen Beigeschmack nicht leugnen. Das galt auch noch für den zusammengeklebten Teebeutel aus Spezialpergamenten, der in den 20er Jahren aus den USA nach Europa kam.
> Eine wirklich befriedigende Lösung war erst im Jahre 1950 gefunden, als das Haus Teekanne den Doppelkammerbeutel auf den Markt brachte. Dieser Teebeutel war aus feinstem, geruchsfreiem Filterpapier und ohne jeden Klebstoff gefaltet. Ungehindert konnte das Wasser den Tee von allen Seiten umspülen und so das volle Aroma der Blättchen aufschließen. [...]
> Die Zubereitung im praktischen Aufgußbeutel ist so einfach, daß man leicht vergißt, welcher Aufwand nötig ist, damit der Teetrinker jeden Morgen ‹seinen› *Teefix*, *Gold Teefix* oder *Ostfriesen-Teefix* genießen kann.»

Terrine

«Für den Fahrer hatte Herr Schmitz als ersten Gang eine ‹*Terrine du Chef*› bestellt – ‹Sie essen doch gern 'ne Suppe vorher, Jeschke!› –, aber man servierte zu ihrer Überraschung eine kalte Platte aus Geräuchertem, Wurst und Gänseleberpastete; der Garçon, vom Doktor herbeigerufen, erklärte in miserablem Deutsch, die befrackten Achseln leicht angehoben, dies sei in der Tat das Gewünschte. ‹Terrine›, grollte Herr Schmitz, ‹ich hätte geschworen, das wär 'ne Suppe!› Sie sprachen alle drei nicht Französisch, Herr Schmitz, der Fahrer und Doktor Honig, Französisch war des Doktors große Bildungslücke, aber Herr Schmitz hatte, als er ihn engagierte, großzügig erklärt: ‹Ist auch unnötig, der französische Markt ist für uns nicht interessant, Textil können die selber, da machen wir keine pöblik reläsch'ns› [er hatte ‹pöblik› gesagt und ‹relations› mit einem Kehlkopf-R ausgesprochen] – doch gerade weil er sich an dieses Zugeständnis erinnerte, empfand Doktor Honig es jetzt als Manko, daß er seinem Chef nicht behilflich sein konnte.

Jeschke, hager und schwärzlich, sicherlich überzeugter Kartoffelesser, musterte finster die Platte, gab aber nach einigen Versuchen zu, die Leberwurst sei ausgezeichnet, was angesichts seiner sonstigen Schweigsamkeit bemerkenswert war…»

Diese Szene mit den Herren Dr. Honig, Jeschke und Schmitz ist der Beginn einer 1957 von Alfred Andersch veröffentlichten Erzählung, die den Titel trägt «Mit dem Chef nach Chenonceaux».

Wie beurteilt der Linguist das Terrinen-Mißverständnis? Die Antwort ist relativ einfach, denn es handelt sich hierbei um einen geradezu klassischen Fall von sprachlichen «faux amis», von «falschen Freunden», auf die ich in meinem Buch «Lauter böhmische Dörfer» (⁵2000) bereits ausführlich eingegangen bin. Während man im Französischen für eine ‹Suppenschüssel mit Deckel› *la soupière* sagt, verwendet man dafür im Deutschen die volkstümliche Bezeichnung *Terrine*. In Thomas Manns «Buddenbrooks» heißt es: «Es ist vorgekommen, daß er den Deckel der Suppenterrine am Boden zerschlagen hat, weil die Suppe versalzen war.» Wie bei einem «Glas Wein» oder einer «Tasse Kaffee» handelt es sich auch bei der «Terrine Suppe», die Herr Schmitz erwartete, um die Gefäßbezeichnung zur Bestimmung der Quantität.

Das französische Wort *la terrine* entstammt vulgärlateinischem *terrenus* und klassisch-lateinischem *terra*. Für unsere westlichen Nachbarn bezeichnet es eine ‹irdene Schüssel zum Zubereiten und Servieren von Fleischpasteten› – aber auch die Pastete selbst. Eine *terrine du chef* ist eine ‹Pastete nach Art des Hauses›.

Das gilt auch bei uns – in der Fachsprache der Köche. Das «Lexikon der Küche», 1978 veröffentlicht von einem Verfasser namens Hering, definiert die Terrine als ‹Napfpastete›. Die Bezeichnung für das Gefäß steht hier für den Inhalt; der Sprachwissenschaftler spricht von einer «Metonymie».

Tischgespräch

Klaus J. Mattheier (in: Wierlacher 1993:253) hat im Rahmen einer empirisch fundierten Textsortenanalyse einige hochinteressante Überlegungen zum *Tischgespräch* als einem Komplex von ‹kulinarischen Sprachhandlungen› angestellt. Dabei charakterisiert er das Tischgespräch von der dominierenden Textfunktion her als einen Kontakttext, wobei er unterstreicht, daß eine Reihe von nonverbalen und verbalen Bedingungen diese Funktion fördert: die Zahl der Personen am Tisch, die Kommunikation ermöglichen muß, die Freiwilligkeit und besondere Bereitschaft dazu, um den Tisch herum eine soziale Gruppe zu bilden, die sprachliche Homogenität, die in mehrsprachigen Gruppen oftmals dadurch erreicht wird, daß die Personen nach ihren Sprachfähigkeiten nebeneinander plaziert werden.

> «Von der Kommunikationsform her gesehen handelt es sich beim Tischgespräch immer um direkte, um ‹face-to-face›-Kommunikation, bei der die Kommunikationsrichtung dialogisch sein sollte (obgleich es die berühmten Vielredner gibt) und der Kontakt in räumlich-zeitlicher Hinsicht unmittelbar, akustisch wie optisch. Vom Medium her handelt es sich um gesprochene Sprache. Der Handlungsbereich hat immer eine Tendenz zum privaten, obgleich sich über dieses Kriterium die Tischgespräche in verschiedenen Teiltypen differenzieren lassen. So kann man etwa das ‹repräsentative große› Essen auf diplomatischem Parkett hinsichtlich des Öffentlichkeitsgrades von dem erotisch-intimen Essen von hoher Privatheit unterscheiden, an dem meist nur zwei Personen teilnehmen. Das Essen eines Gault-Millau-Testers ist immer offiziell geprägt, da es zu wichtigen und öffentlich publizierten Bewertungen führt, die immer wieder auch auf ihre Justiziabilität geprüft werden. Die Art der Themenentfaltung in einem Tischgespräch ist nur wenig festgelegt. Es gibt durchaus deskriptive, narrative, explikative und auch argumentative Formen. Auch dem Textsortenthema sind prinzipiell

keine Grenzen gesetzt, da man bei Tisch über fast alles sprechen kann
– ausgeschlossen sind nur ‹unappetitliche› Themen. Aber hier gibt es
auch unterschiedliche Vorstellungen. In den heimischen Tischgesprächen, die ich als empirische Grundlage für diese Überlegungen aufgezeichnet habe, gab es immer wieder Passagen, in denen sich Gäste bei
der Hausfrau für das ‹Fachsimpeln› als die Wahl von Themen, die nicht
die ganze Tischgesellschaft interessierten, entschuldigten. Hat man jedoch Arbeitsessen, so geht man hier von gleichartigen außerkulinarischen Interessen der Teilnehmer aus. Umstritten ist auch, inwieweit
das Essen selbst Thema des Tischgesprächs sein darf oder sein soll. Bei
einem Gourmet-Essen steht es naturgemäß im Mittelpunkt. Hier wird
das ganze Tischgespräch, wie ich am empirischen Material beobachten
konnte, durch die Gang-Struktur des Essens gegliedert. Jeder Gang
setzt ein neues zweiteiliges Thema, das mit der Verkostung des Weins
zum Gang beginnt und dann zum Gespräch über die sichtbaren, riechbaren und geschmacklichen Qualitäten des Essens fortschreitet, unterbrochen einzig durch die Datengewinnungsphasen für die nächste Äußerung.»

Tischtuch

Da faßt der Greis ein Messer und spricht kein Wort dabei
Und schneidet zwischen beiden das Tafeltuch entzwei

– so schildert Ludwig Uhland den Bruch zwischen Ulrich von
Württemberg und seinem strengen Vater Graf Eberhard von dem
Greiner nach der verlorenen Schlacht bei Reutlingen im Jahre
1377. Hans Sommer (1943:13) deutet den Symbolcharakter des
kulturgeschichtlichen Sprachbildes so: «Wer das *Tischtuch* zwischen sich und seinem Mitmenschen *zerschneidet*, löst damit eine
bisher enge verwandtschaftliche Beziehung, insbesondere die
eheliche Gemeinschaft. Das Tischtuch galt in alter Zeit häufig als
Sinnbild der Familiengemeinschaft, ähnlich wie die Ausdrücke
Herd, Feuer, Rauch gelegentlich den Begriff ‹Familie› vertraten.»

Tischzucht

Viele mit Essen und Trinken verbundene Bräuche und Verhaltensnormen regeln das Benehmen bei Tisch, bilden die sogenannten *Tischsitten*. Nebst der Ausstattung von Küche und Tisch gehören zu ihnen auch die Reihenfolge, die Menge oder die Auswahl der Speisen. Die Eß- und Trinksitten sind als Merkmale jeder Kulturgesellschaft stetem Wandel unterworfen.

Anne-Marie Dubler (2001) umreißt im «Historischen Lexikon der Schweiz» die geschichtliche Dimension der sogenannten *Tischzuchten* in ihrem Aufsatz über «Eß- und Trinksitten» wie folgt:

«Im Mittelalter förderten die sogenannten *Tischzuchten* – lehrhafte, meist gereimte Dichtungen mit Anleitung zum Benehmen bei Tisch – die Entstehung einer verfeinerten Eßkultur. Diese religiös fundierten Verhaltensregeln zur Beherrschung der Triebhaftigkeit entstammten der klösterlichen Kultur des 12. Jahrhunderts. Der Adel verfeinerte diese Regeln zum Tischzeremoniell, das der ständischen Distinktion diente. Die Eß- und Trinksitten der Adligen wurden zuerst von der städtischen Oberschicht, ab Ende des 15. Jahrhunderts über die Zünfte auch im Handwerkerstand nachgeahmt. Tischzuchten stellten vorbildliches Benehmen dar oder geißelten auf satirische Weise Mißstände. So karikierte um 1400 der Konstanzer Heinrich Wittenwiler im Versepos ‹Der Ring› schlechte Eß- und Trinksitten der Adligen und Bauern im Toggenburg.»

Hans Sachs (1494–1576) verdanken wir eine Abhandlung mit dem Titel «Eine Tischzucht»:

Hör, Mensch! wenn du zu Tisch willt gahn,
dein Händ sollt du gewaschen han.
Lang Nägel ziemen gar nit wohl,
die man heimlich abschneiden soll.
Am Tisch setz dich nit oben an,
der Hausherr wölls dan selber han!
Der Benedeiung nit vergiß!

In Gottes Nam heb an und iß!
Den Ältesten anfahen laß!
Nach dem iß züchtiglichermaß!
Nit schnaufe oder säuisch schmatz!
Nit ungestüm nach dem Brot platz,
daß du kein Geschirr umstoßen tust!
Das Brot schneid nit an deiner Brust!
Nehm auch den Löffel nit zu voll!
Wenn du dich treifst, das steht nit wohl.
Greif auch nach keiner Speise mehr,
bis dir dein Mund sein worden leer!
Red nicht mit vollem Mund! Sei mäßig!
Sei in der Schüssel nit gefräßig,
der allerletzt drin ob dem Tisch!
Zerschneid das Fleisch und brich den Fisch
und käue mit verschlossem Mund!
Schlag nit die Zung aus gleich eim Hund,
zu ekeln! Tu nit geizig schlinken!
Und wisch den Mund, eh du willt trinken,
daß du nit schmalzig machst den Wein!
Trink sittlich und nit hust darein!
Tu auch nit grölzen oder kreisten!
Schütt dich auch nit, halt dich am weisten!
Gezänk am Tisch gar übel staht.
Sag nichts, darob man Grauen hat,
und tu dich auch am Tisch nit schneuzen,
daß ander Leut an dir nit scheuzen!
Geh nit umzausen in der Nasen!
Des Zahnstührens sollt du dich maßen!
Im Kopf sollt du dich auch nit krauen!
Dergleichen Maid, Jungfrau und Frauen
solln nach keinem Floh hinunterfischen.
Ans Tischtuch soll sich niemand wischen.
Auch leg den Kopf nit in die Händ!
Leihn dich nit hinten an die Wänd,
bis daß des Mahl hab sein Ausgang!
Denn sag Gott heimlich Lob und Dank,

der dir dein Speise hat beschert,
aus väterlicher Hand ernährt!
Nach dem sollt du vom Tisch aufstehn,
dein Händ waschen und wieder gehn
an dein Gewerb und Arbeit schwer.
So spricht Hans Sachs, Schuhmacher.

Toast

Vielfach hört man die Frage «Warum nennen wir eigentlich einen Trinkspruch *Toast*?» Christine und Richard Kerler (1993:24) halten eine einleuchtende, von Kulturhistorikern häufig vorgebrachte, aber offensichtlich umstrittene Antwort parat: «*Toast* ist die Bezeichnung für ‹geröstetes Brot› und tatsächlich auch der Grund für die Namengebung. Früher sind solche Toasts in die gefüllten Gläser getaucht worden, um den Geschmack der Getränke zu verbessern. Als die Getränke aromatischer wurden, kam das Eintunken aus der Mode, die begleitenden Trinksprüche blieben aber und wurden *Toast* genannt.»

William und Mary Morris ziehen in ihrem «Dictionary of Word and Phrase Origins» (²1988:578) nicht in Zweifel, daß Toasts in gefüllte Gefäße getaucht worden sind, argumentieren jedoch, dies sei nicht geschehen, um den Geschmack des Getränks zu verbessern, sondern, um Verunreinigungen und Sedimente aus dem Trinkgefäß zu entfernen: «its chief purpose was to clarify the drink by collecting all sediment and impurities at the bottom of the cup.» Ergänzend weisen sie uns darauf hin, daß in England derjenige, der große Popularität erlangt hatte und auf den häufig ein Toast ausgebracht wurde, früher selbst als *toast* bezeichnet wurde. Noch heute gibt es übrigens im Englischen die Wendung *to be toast of the town* mit der Bedeutung ‹von der ganzen Stadt gefeiert werden›.

Klaus Bartels (1996:57f.) bietet uns fürs Englische und Deutsche einen aufschlußreichen etymologischen Rückblick: «Hinter dem englischen *toast* steht ein lateinisches Partizip Perfekt Passiv *tostus*, ‹geröstet›, und dahinter wieder das lateinische Verb *torre-*

re, ‹rösten›, das mit unserem Verb *dörren* und der *Darre*, mit unserem Adjektiv *dürr* und der *Dürre* verwandt ist; zur weiteren Verwandtschaft gehören noch die lateinische *terra*, das ‹trockene Land›, und unser *Durst*, die ‹trockene Kehle› (...).»

Der *Toast* und das *Toasten* im Sinne eines ‹feierlichen Trinkspruchs› sind im Deutschen seit dem Ende des 18. Jahrhunderts bei Jean Paul belegt. So heißt es in der 32. Summula seines Romans «Dr. Katzenbergers Badereise» (1809):

«Als dies alles bekannt wurde – und dem Brunnenarzt zuerst –, so brachte dieser jeden Abgrund versilbernde Mondschein sogleich zwei laute Toasts aus: ‹Einen *Toast* auf den Mathematiker von Theudobach! – Einen *Toast* auf den Dichter Theudobach von Nieß!› rief er. – So tanzte der frohe Mann nicht nur nach jeder Flöte, sondern wie H-n nach jeder Flötenuhr, die eben ausschlägt, und auf die vorige schnelle Anrede des Hauptmanns an ihn, welche, aus der Tafelsprache in die Schlachtsprache übersetzt, doch nur sagen wollte: krepiere! – – versetzte er freudig: auf Ihr langes Leben! – –»

Und in Jeans Pauls Aufsatzsammlung «Museum» (1814) lesen wir in «Des Geburtshelfers Walther Vierneissel Nachtgedanken über seine verlornen Fötus-Ideale, indem er nichts geworden als ein Mensch»: «In einem Laxier- oder Kindersäftchen bracht' ich den ersten *Toast* oder die Gesundheit aufs Leben aus.»

Erich Kästner ([6]1999:36) brachte kurz und bündig diesen «Damentoast im Obstgarten» aus:

Casanova sprach lächelnd zu seinen Gästen:
«Mit den Frauen ist es,
ich hoffe, ihr wißt es,
wie mit den Äpfeln rings an den Ästen.
Die schönsten schmecken nicht immer am besten.»

Der *Toast*, das *Toasten* im Sinne des ‹Brotröstens› und der *Toaster* begegnen uns im Deutschen erheblich später. Das «Deutsche Brotmuseum» veranstaltete 2001 in Ulm eine Ausstellung zu Technikgeschichte und Design der *Toaster* und zur Geschichte des *Toast*brotes. In einer Pressemitteilung wurde darauf hingewiesen, daß es das *Toast*brot – so wie wir es heute kennen – seit Mitte der 1950er Jahre in Deutschland gibt. Mit Hilfe einer Vermarktungsorganisation amerikanischer Weizenproduzenten und deutscher Toastgerätehersteller wurde *Toast* als «gehobene und praktische Brotmahlzeit» nach dem Zweiten Weltkrieg in Deutschland mit hohem Werbeaufwand populär gemacht.

Im angloamerikanischen Raum gibt es den *Toast* in verschiedenen Varianten. So versteht man in Großbritannien – ich habe in meinem Buch «Lauter böhmische Dörfer» (⁵2000:71) bereits kurz darauf hingewiesen – unter einem *French toast* eine ‹einseitig geröstete Toastscheibe›, in den USA jedoch jenes kalorienreiche Frühstücksangebot, das man in Frankreich vergeblich suchen wird, nämlich ‹slices of bread dipped in a mixture of egg and milk or a batter and then fried usually in very little fat, often served with syrup› (‹Brotscheiben, die in eine Mischung aus Ei und Milch oder einen geschlagenen dünnen Eierteig getaucht, dann in wenig Fett gebacken und oft mit Sirup serviert werden›).

In der Computerbranche, auch das wurde in der genannten Ulmer Ausstellung hervorgehoben, hat das Wort *Toaster* eine neue Bedeutung erhalten. Werden größere Datenmengen auf Computerdisks gespeichert – *gebrannt* –, so wird dieser Vorgang immer häufiger *toasten* genannt. Folgerichtig ist nun auch der CD-Brenner ein *Toaster*.

Tollkirsche → Kirsche

Tomate

In seiner «Lehre von den Freuden der Tafel» (1851) lobte der Gastrosoph Baron Eugen von Vaerst die Qualitäten der Tomaten mit den Worten: «Dies ist eine Frucht, die wohl unmittelbar aus dem Paradies zu uns gekommen sein muß, und sie ist gewiß der Apfel gewesen, den Paris der Venus bot, sehr wahrscheinlich auch der, welchen die Schlange zur Verlockung der Eva anwendete.»

Warum nennen wir eigentlich jemanden, der uns zu unserem Bedauern und Verdruß im Stich gelassen hat, eine *treulose Tomate*? Keith Spalding (1996:69) faßt die Forschungslage in seiner Antwort nachvollziehbar und überzeugend zusammen:

> «Der Ausdruck ist seit etwa 1920 im Umlauf. Nach Vermutung mancher Lexikographen beziehe sich das auf die im 1. Weltkrieg unzuverlässigen Italiener, nach anderer Ansicht auf Tommy, den Soldaten aus dem perfiden Albion. Eine dritte Gruppe weist auf die schlechten Erfahrungen hin, die deutsche Tomatenzüchter am Ende des 19. Jahrhunderts mit Tomaten machten, die in unseren Breiten nicht recht gedeihen wollten. Die vierte Erklärung, die mir plausibel erscheint, zieht die mangelnde Haltbarkeit von Tomaten in Betracht, die sich auch in dem saloppen Ausdruck *mit Tomaten handeln* in der Bedeutung ‹sich verrechnen, eine Fehlkalkulation machen› niedergeschlagen hat, mit anderen Worten: wenn man Profite vom Tomatenhandel erwartet, hat man sich geirrt, denn sie verderben zu rasch.»

Torte

Ein provenzalisches Sprichwort lautet: «Leidest du an Hungers Not, / Wird zu *Torte* armes Brot.» Die *Torte*, jener ‹feine (gefüllte oder mit Früchten belegte) Kuchen› – wörtlich übersetzt ‹die Runde›, denn lateinisch *tortus* heißt ‹gedreht› – bezeichnete vermutlich (so Kluge [23]1995:829) «zunächst eine gedrehte (Ton)-Scheibe und wurde dann auf ein flaches, scheibenartiges Gebäck übertragen.»

Torte: Linzer ~

400 g Mehl; 300 g geriebene Mandeln; 250 g Butter; 20 g Zucker; 1 Ei; 1/2 1/2 Tl. Nelkenpulver; 1 Tl. Zimt; Saft und Schale einer halben Zitrone; Oblaten von 8–10 cm Durchmesser oder 1 große

Tortenoblate; 375–400 g dicke rote unpassierte Johannisbeermarmelade; 1 Eigelb; 40 g ungehobelte oder gestiftelte Mandeln – das sind die Zutaten für die berühmte Torte, die von den Linzer Konditoreien in effektvoller Aufmachung in alle Welt verschickt wird. Die Köstlichkeit aus Mürbeteig mit Marmelade und Mandeln hat auch Dichter und Komponisten begeistert. So hat z.B. der Lyriker und Dramatiker Ernst von Wildenbruch (1845–1909) in einem Huldigungsgedicht auf Linz in Versen bekannt:

> *Was sind aller Dichter Worte ...*
> Könnt ich danken, wie ich sollte,
> Könnt ich danken, wie ich wollte,
> Müßt ich an den Himmel greifen,
> Alle Sterne niederstreifen
> Und sie dir zu Füßen legen,
> Deiner Linzer Torte wegen;
> Wär' ein Dichter ich wie Goethe,
> Doch ich schweige,
> Und ich neige
> Meine Stirne und erröte.
> Wär' ein Dichter ich wie Goethe,
> Könnt in Schillerschen Ekstasen
> Ich durch Welt und Himmel rasen,
> Dennoch würd' ich gar nichts sagen,
> Würde schweigend in mir tragen
> Die Empfindung der Verpflichtung –
> Was ist Kunst, und was ist Dichtung,
> Was sind aller Dichter Worte
> Gegen eine *Linzer Torte*!

Der Komponist Ludwig Schmidseder schrieb sogar eine Operette mit dem Titel «Linzer Torte», die am 26. Mai 1944 in Linz uraufgeführt wurde. Doch die weltberühmte *Linzer Torte* stammt, vertraut man einer von Roland Michael (1990:72 f.) kolportierten Aussage, nicht aus der österreichischen Stadt Linz; vielmehr soll sie ihre Bezeichnung einem gewissen Konditor namens *Linzer* in Wien verdanken, der sie erstmals gebacken hat.

Zweifel seien erlaubt. Die «Konditorei Ruszwurm» in der Nähe der Mathiaskirche im Schloßviertel Budapests behauptet nämlich, ein ungarischer Leutnant namens *Rudolf Linzer* habe die Torte «erfunden». Andere Quellen besagen, ein Bayer sei es gewesen, der die «Original Linzer Torte» souvenirreif machte; genannt wird der Zuckerbäcker *Johann Konrad Vogel*, der 1822 aus Ansbach nach Linz kam und in seiner Konditorei die gewerbsmäßige Erzeugung der *Linzer Torte* aufnahm.

Historiker haben herausgefunden, daß man schon im 17. Jahrhundert Kochrezepte für eine der *Linzer Torte* ähnliche Mehlspeise findet; erstmals taucht «Der geflochtene Lintzer Dorten» im «Neuen Salzburgischen Kochbuch» des fürsterzbischöflichen Stadt- und Landschaftskochs Conrad Hager auf, das 1718 in Augsburg gedruckt wurde.

→ Torte

Tulpe

Die *Tulpe* ist eine Blume – aber auch ein ‹Bierglas›. Die *Pils-Tulpe* ist ein hohes und dabei schmales Glas und gilt als das bekannteste Bierglas in Deutschland, ebenso wie Pils das am weitesten verbreitete Bier in Deutschland ist. Die *Pils-Tulpen* der verschiedenen Marken unterscheiden sich zumeist nur durch das jeweilig aufgedruckte Markenlogo. Pils kann aber auch aus Pokalen getrunken werden; sie sind kleiner und bauchiger als die *Tulpen*.

→ Bier

Turtle

Der englische Ausdruck steht für ‹Schildkröte›. Klaus Laubenthal gibt in seinem «Lexikon der Knastsprache» (2001:170) eine spezifische Definition: ‹Angehöriger des vollzuglichen Sicherheitsdienstes (bekleidet mit einem grünen Einsatzanzug und ausgerüstet mit einem Schutzschild)›.

Im bürgerlichen, zumal im kulinarischen Rahmen, steht heute die Schildkröte unter Artenschutz. Erhard Gorys ([7]2001:505) verweist in seinem «Küchenlexikon» darauf, daß die echte Schildkrötensuppe (*Real Turtle Soup; Potage tortue véritable*) seit 1988 in den meisten Ländern nicht mehr angeboten werden darf, also nur noch kulturgeschichtliche Bedeutung hat: «Um die bedrohte Gattung der Suppenschildkröten vor dem Aussterben zu bewahren, hat der World Wildlife Fund die Feinschmecker in aller Welt aufgerufen, auf den Genuß der Schildkrötensuppe zu verzichten und sich statt dessen an der ebenso köstlichen *Mockturtlesuppe* zu ergötzen.» Zur sprachlichen Erläuterung: engl. *mock* = ‹nachgemacht›.

Hartwig Lödige (2001:206) ergänzt: «Eine *Mockturtlesuppe* ist eine falsche Schildkrötensuppe, weil sie aus Kalbskopf gemacht wird.»

Tutti frutti

Millionen Zuschauer haben sie angeblich verachtet, alle haben sie vor einigen Jahren gesehen – die von Hugo Egon Balder moderierte RTL-Oberweiten-Show mit dem Titel «Tutti-Frutti» (deutsch: ‹alle Früchte›). Der Name der Sendung sollte nämlich weniger eine Anspielung auf eine früher recht beliebte Süßspeise sein, sondern vielmehr auf die grenzenlose Freiheit, besonders im sexuellen Bereich. Heinrich Krauss (1993:210) klärt uns endlich auf, indem er uns den häufig mißverstandenen biblischen Hintergrund erläutert: «In der Geschichte vom Paradies und Sündenfall wird den ersten Menschen erlaubt, von allen Bäumen im Garten zu essen, nur nicht vom Baum der Erkenntnis des Guten und Bösen, was (unzutreffend) als Verbot der Sexualität angesehen wird (Gen 2,16 f. und 3,1–3).»

Eine Neige Wein, / Eine Neige Liebe; / Daß vom Abendscheine /
Nun soviel mir bliebe, / Meinen Doppelrest / Langsam auszutrinken, /
Und zum Schlafe fest / In die Nacht zu sinken.
Aus Friedrich Rückerts «Erotische Blumenlese»

Vegetarier

Wer sich vorwiegend von pflanzlicher Kost ernährt, gilt – etwa seit dem Jahre 1900 – als *Vegetarier*; noch gegen Mitte des 19. Jahrhunderts sprach man von *Vegetarianern*.

Rolf Schwendter bringt es in seinem «Kochbuch» (1997:45 f.) auf den Punkt: «Das Wesen der Diktatur des Vegetariats besteht darin, zwar lokal unstandardisiert und unindustrialisiert, jedoch ebenfalls vor allem kostengünstig, im Do-it-yourself-Verfahren fleischlose (da billige) Nahrungsmittel ohne besondere Rücksicht auf Geschmack zusammenzustellen, und dies mit einem ‹ökologischen› Allgemeinanspruch zu überhöhen». Freilich polemisiert der Verfasser keineswegs allgemein gegen die vegetarische Küche, sondern räumt ein, daß es ernstzunehmende religiöse (etwa im Buddhismus) und gesundheitliche Gründe (etwa bei Rheuma, Multipler Sklerose, Krebs) gibt, vegetarisch zu leben.

Vegetarier reizen offenbar dazu, parodiert zu werden; dazu ein prominentes Beispiel:

> Über allen Gipfeln
> Ist Ruh,
> In allen Wipfeln
> Spürest du
> Kaum einen Hauch;
> Die Vögelein schweigen im Walde.
> Warte nur, balde
> Ruhest du auch

Dieses berühmte Gedicht von Goethe («Ein Gleiches [Wandrers Nachtlied])» aus dem Jahre 1783 hat sich Kurt Bartsch (1983:115), den ich bereits an anderer Stelle dieses Buches zitiert habe, aufs Korn genommen:

Vegetariers Nachtlied

Und PLOPP steht das Herz dir still
Im schönsten Wiesengrunde.
Der Darm, ein letztes Ventil,
verbellt deutsche Schäferhunde.

Dann ist es auch damit Schluß.
Das Vögeln hört auf im Walde.
Ein letzter Samenerguß,
dann heißt es: Warte nur, balde.

Ein sondersprachlicher Aspekt sei nicht verschwiegen. Als *Vegetarier* gilt – so Klaus Laubenthal in seinem «Lexikon der Knastsprache» (2001:176) – der ‹Konsument von Marihuana›.

Verdauungsstörung

In einem Buch mit kulinarischem Bezug darf dieses Stichwort nicht fehlen. Das Phänomen der *Verdauungsstörung* hat gar manchen Zyniker zu einem Kommentar gereizt. So schrieb Ambrose Bierce (1906/1911; dt. 1986:124) über den beklagenswerten Zustand: «Krankheit, welche der Patient und seine Freunde häufig für tiefe religiöse Überzeugung und Besorgnis um die Errettung der Menschheit halten. Wie der einfache Rote Mann der westlichen Wildnis es mit, wie man zugeben muß, großer Kraft ausdrückt: ‹Viel gut, nix beten; dick Bauchschmerz, Haufen Gott.›»

Klaus Mampell verweist in seinem «Dictionnaire satirique» (1993:145 f.), darauf, daß es im Hawaiischen für ‹Verdauungsstörung› deshalb kein Wort gibt, weil es Verdauungsstörung als solche nicht gibt, was daher rühre, daß *Taro* das Grundnahrungsmittel der Polynesier ist. Diese Pflanze beziehungsweise ihre in Form einer Speise namens *Poi* zubereitete stärkehaltige Wurzel sei der Verdauung ungemein förderlich:

«Es bedarf keiner besonderen Erwähnung, daß es für die Polynesier allerlei Störungen geben kann und deshalb müssen sie ein Wort für ‹Störung› haben, wie es für diese Menschen auf jeden Fall auch eine Verdauungsstörung gibt, weshalb sie ebenso selbstverständlich auch dafür ein Wort haben müssen, aber ein Wort für ‹Verdauungsstörung› kann es im Hawaiischen trotzdem nicht geben, weil dieselbe wegen der Taro-Dauerdiät niemals auftritt. Das sind Tatsachen. An denen läßt sich nicht rütteln.

Die mangelnde Begriffsbildung für die Verdauungsstörung zeitigt nun Konsequenzen, indem jede uns bekannte Folge einer Verdauungsstörung den Polynesiern ebenso unbekannt ist wie irgendein Wort dafür. So gibt es im Hawaiischen ein Wort für ‹dünn› ebenso wie eines für ‹Pfiff›, aber keines für die Kombination dieser zwei Wörter, weil ja der damit zu bezeichnende Zustand nicht existiert, daher auch nicht der Begriff.

Hieraus ergeben sich große Schwierigkeiten für die Übersetzung des Deutschen ins Hawaiische, und deshalb ist die deutschsprachige Literatur bei den Polynesiern sehr wenig bekannt.»

→ *Müsli*

Vitamin

Vitamine sind organische Verbindungen, die vom Organismus für die Aufrechterhaltung lebenswichtiger Funktionen benötigt werden. Sie müssen regelmäßig in entsprechenden Mengen mit der Nahrung zugeführt werden.

Die Bezeichnung selbst zählt zweifellos zu den Schlüsselbegriffen des 20. Jahrhunderts, zu den «Wörtern, die Geschichte machten» (vgl. die gleichnamige Publikation, herausgegeben von der «Gesellschaft für deutsche Sprache», 2001:120). Manche Autoren zählen sie denn auch explizit zu den «100 Wörtern des Jahrhunderts»; Veronika Bock und Ulrich Biermann gehen in der gleichnamigen Publikation (1999:302) auf die Wortherkunft ein:

> «Das Wort *Vitamine* nuschelte sich 1920 Sir Jack Drummond im Rahmen einer elisabethanischen Lautverschluckung (vielleicht aufgrund von Vitaminmangel?) aus der seit 1912 gebräuchlichen Bezeichnung *vitale Amine* zusammen.
> Gleichzeitig fand er 13 wichtige heraus, die jetzt von der chemischen Industrie in Form von Scheiben, Kapseln, Pillen, flach, rund, oval, weiß oder orangefarben, hergestellt werden. Sie sind erhältlich in verschiedene Packungsgrößen, Glasbehältern, Plastikröhren, und – was Sie vielleicht noch nicht wußten – wenn man sie in Wasser wirft, dann sprudeln sie, was bisweilen zu Verwechslungen mit Fichtennadelbadesalztabletten führt.»

Der erste Teil der Aussage bedarf insoweit der geringfügigen Ergänzung und Klarstellung, als Jack C. Drummond, der Assistent des polnisch-amerikanischen Biochemikers Charles Funk, durch die Wortmodifikation von *Vitamine* zu *Vitamin* verdeutlichen wollte (vgl. Drummond in «Biochemical Journal» 14, 1920:660), daß das von Funk 1912 geprägte Kunstwort *Vitamine* auf der falschen Annahme beruht, alle diese Ergänzungsstoffe seien *Amine* (‹von Ammoniak abgeleitete Stickstoffverbindungen›).

Traurig ist allerdings das von Bock und Biermann gezogene Fazit, demzufolge es durch jahrelange Verfeinerung von Nahrungsmittelproduktion und -zubereitung Ende des 19. Jahrhunderts gelungen ist, fast sämtliche natürliche Nahrungsmittel von Vitaminen zu befreien: «Was erstens zu ihrer Entdeckung führte, denn was nicht da ist, das kann ja bekanntlich leichter entdeckt werden, und zweitens zum Triumph der Wissenschaft über den gesunden Volksgeschmack.»

Die Verfasser betonen die Wichtigkeit des Vitamin B, das «für die Deckung des täglichen Bedarfs an Seilschaftsbildung und Vetternwirtschaft [sorgt]»; auch Heinz Küpper (⁴1990:891 f.) weiß den nach Buchstaben benannten Vitaminen übertragene Bedeutungen aus der Umgangssprache zuzuordnen – von *Vitamin A* (= *Auto*) über *Vitamin P* (= *Protektion*) bis zum nach 1945 auftretenden *Vitamin X* (= *Geselchtes* [als unerlaubte Gegengabe]; *Geselchtes* [Rauchfleisch] wird in Bayern *Xelchtes* ausgesprochen).

Die Hauptsache ist, wenigstens beim Essen, Heiteres, Leichtes, Appetitliches, Objektives, Freundliches, Angenehmes, Wohlwollendes zu sagen und von allem dem das Gegenteil zu vermeiden, wie denn auch Sirach spricht: Pfeifen und Harfen lauten wohl, aber eine freundliche Rede besser denn die beiden.
Gustav Blumenröder, Anthonius Antus' Vorlesungen über Eßkunst (1838)

W

Wachtel

Ich erinnere mich daran, daß mich ein kürzlich in einem Hamburger Restaurant verzehrtes Hauptgericht «Bio-Wachtel gefüllt mit Steinpilz-Milchbrötchen an Madeirasoße auf Rahmwirsing» nicht gesättigt hat.

Im Althochdeutschen hieß die Bezeichnung für diesen Vogel *wahtala*, im Mittelhochdeutschen lautete sie *wahtel(e)*: Dabei handelt es sich um die Bildung zu einem lautmalenden *wak*, das den Vogelruf wiedergeben soll.

Die *Wachtel* gilt im übrigen als ausgesprochen häßlicher Vogel. Daher wird mit diesem Ausdruck – wie wir Klaus Laubenthals «Lexikon der Knastsprache» (2001:182) entnehmen – in einer wenig schmeichelhaften Gleichsetzung der ‹Vollzugsbedienstete› belegt.

Als «salopp-abwertend» kennzeichnet der «Duden» (Deutsches Universalwörterbuch; ³1996:1434) den Ausdruck *Spinat-*

wachtel für eine ‹wunderliche oder komisch aussehende ältere weibliche Person›; der Jurist Klaus Laubenthal (2001:160) klassifiziert ihn als «abwertend für ‹weibliche Vollzugsbedienstete›.»

Walnuß

Charles Panati (1998:94) verrät uns in seiner amüsanten und lehrreichen «Universalgeschichte der ganz gewöhnlichen Dinge», daß die Geschichte der *Walnuß* ins antike Persien zurückgeht, wo der zweilappige Samen so selten und so hoch geschätzt war, daß er einst sogar als Zahlungsmittel diente: «Walnußbäume baute man bald in Karthago an, dann in Rom und schließlich in den übrigen europäischen Ländern und in der Neuen Welt. Der Name der *Walnuß* leitet sich ab aus ‹welsche Nuß›, also Nuß aus Welschland, das heißt Italien.»

In der Tat wurde die (aus den romanischen Ländern eingeführte) *Walnuß* bei uns noch bis gegen Ende des 18. Jahrhunderts *welsche Nuß* genannt – im Gegensatz zur einheimischen *Haselnuß*.

Wasser

Heinz Griesbach (2000:133) umschreibt den Ausdruck *du kannst ihm nicht das Wasser reichen* mit ‹du kannst dich mit ihm nicht messen› und führt als treffendes Beispiel an: «Mathematik ist sein Spezialgebiet. Da *kannst du ihm nicht das Wasser reichen.*»

Da man im Mittelalter nicht mit Bestecken, sondern mit den bloßen Fingern gegessen hat, wurde aus hygienischen Gründen, zumindest in feinen Häusern, vor und nach dem Essen eine Schale Wasser gereicht, um den Gästen das Waschen der Finger zu ermöglichen. In vielen Erzählungen über solche Essen, etwa bei Hofe, wird das sogenannte *wazzer nemen* erwähnt – aus Sicht der Hausherrn. Die Wendung charakterisiert also ursprünglich jene Menschen, die es nicht einmal wert waren, diese niedrige Tätigkeit des Wasserreichens auszuüben. Die übertragene Bedeutung wurde nicht zuletzt durch das Zitat in Goethes «Faust» bekannt: «Aber ist eine im ganzen Land, / Die meiner trauten Gretel gleicht, / Die meiner Schwester *das Wasser reicht*?»

Weichselkirsche → **Kirsche**

Wein

Ambrose Bierce (1906/1911; dt. 1986:124) schrieb zum Wein: «Vergorener Beerensaft; christlichen Frauenvereinen als *Spirituose* oder auch *Schnaps* bekannt. Wein, Madame, ist Gottes zweitbeste Gabe an den Mann.»

Der Wein wird im Alten Testament über zweihundertmal erwähnt; Gutkind und Wolfskehl (1927:384) verweisen auf die Talmud-Auslegung: «Rami bar Abba hat gesagt: ‹Ein Weg von einem Mil (1000 Schritt) und ein wenig Schlaf vertreiben den Weinrausch»; Hilde Weiss publizierte am 10. März 2000 in der «Wiener Zeitung» eine amüsante Geschichte der Trinksitten («Der kontrollierte Kontrollverlust») und benannte dabei auch eine Reihe von Erkenntnissen über die Folgen des Weingenusses:

«Schon Alkaios hielt fest: ‹Der Wein ist ein Spiegel für die Menschen.› ‹Den Edeln erhebt der Wein, den Niedrigen entwürdigt er›, weiß der Talmud. Ein Studentenlied bringt den Gedanken für das 17. Jahrhundert auf den Punkt: ‹Wer sich scheut, ein Rausch zu han, der will nicht, dass man ihn soll kennen, und ist gewiß kein Biedermann.› Und Lichtenberg, der sich 1773 die Mühe machte, 144 Ausdrücke für Trunkenheit aufzulisten, bestätigt: ‹Der Wein reizt zur Wirksamkeit, die Guten im Guten und die Bösen im Bösen.›

Bis heute kursiert das Zitat ‹Wer niemals einen Rausch gehabt, der ist kein braver Mann›. Es geht auf den Text von Joachim Perinet zum Singspiel ‹Das Neu-Sonntagskind› von 1793 zurück, wo es heißt: ‹Wer niemals einen Rausch hat g'habt, der ist ein schlechter Mann, wer seinen Durst mit Achteln labt, fang lieber gar nicht an›. ‹Alle bösen Menschen sind Wassertrinker› wurde im Frankreich des 19. Jahrhunderts nach einem Couplet sprichwörtlich.»

Der Wein taucht auch in zahlreichen älteren deutschen Sprichwörtern auf: «Je stärker der Wein, je schwächer das Bein»; «Der Wein ist kein Narr, aber er macht Narren»; «Ein guter Wein und ein schönes Weib sind zwei süße Gifte.» Martin S. Lambeck zitiert in «Die Literarische Welt» (vom 30. März 2002, S. 8) in einer Bewertung des 1999er *Pinot Gris* (von Bernd Philippi in der Pfalz) Blüchers 1814 gegenüber dem Stabschef Gneisenau vorgebrachtes Eingeständnis: «Anstatt zu studieren hab' ich gespielt, getrunken, mit den Weibsleuten mich abgegeben, gejagt und sonst lustige Streiche verübt. Ja, sonst wär' ich ein anderer Kerl geworden.» Lambeck setzt hinzu: «Blücher und Philippis Grauburgunder lassen ahnen, daß Wein und Frauen aus einem Mann einen besseren Menschen machen können als ein Studium.»

Zahlreiche Dichter haben den Rebensaft besungen. So schwärmte der Dichter Friedrich Rückert (1788–1866):

Wein ist der Glättstein des Trübsinns,
Der Wetzstein des Stumpfsinns,
Der Brettstein des Siegers im Schach,
Ja, Wein ist der Meister der Menschen und Geister,
Der Feige macht dreister und stärker, was schwach.
Der Krankes gesund macht, Blaßwangiges bunt macht,
Verborgenes kund macht und Morgen aus Nacht!

Auch Goethe hat dem Wein (ebenso wie den Frauen) in prägnanter Form u.a. dieses Denkmal gesetzt: «Ein Mädchen und ein Gläschen Wein / Kurieren alle Not; / Und wer nicht trinkt und wer nicht küßt, / Der ist so gut wie tot!» («Jery und Bätely/ Thomas».)

Der häufig zitierte Dreiklang *Wein, Weib, Gesang* wurde recht bekannt durch das Lied des Dichters Karl Müchler (1763–1857), gesungen nach der Melodie des Komponisten Karl Friedrich Zelter (1758–1832):

Wein, Weib, Gesang

Der Wein erfreut des Menschen Herz,
Drum gab uns Gott den Wein.
Auf, laßt bei Rebensaft und Scherz
Uns unsres Daseins freun!
Wer sich erfreut, tu seine Pflicht,
Drum stoßet an und singet dann,
Was Martin Luther spricht:
Refrain:
Wer nicht liebt Wein, Weib und Gesang,
Der bleibt ein Narr sein Lebenlang!
Und Narren sind wir nicht,
Nein, Narren sind wir nicht.

Die Lieb erhebt des Menschen Herz,
Zu mancher guten Tat,
Schafft Linderung für jeden Schmerz,
Erhellt den dunkeln Pfad.
Weh dem, dem Lieb und Wein gebricht!
Drum küßt und trinkt,
Stoßt an und singt,
Was Martin Luther spricht:
Refrain: [s. o.]

Ein Lied voll reiner Harmonie,
In treuer Freunde Kreis,
Ist Labung nach des Tages Müh
Und nach der Arbeit Schweiß.
Drum ruhet nach erfüllter Pflicht
Und stoßet an und singet dann,
Was Martin Luther spricht:
Refrain: [s. o.]

Streng genommen handelt es sich bei dem Luther-Zitat um einen apokryphen Spruch, der erst am 12. Mai 1775 im «Wandsbecker Bothen» schriftlich belegt ist und wahrscheinlich sogar dem Homer-Übersetzer Johann Heinrich Voß (1751–1826) zugeschrieben werden muß.

Doch dieser Umstand hat Lichtenberg (1742–1799) nicht daran gehindert, Luther mit diesen (ca. 1798 geschriebenen Zeilen) zu persiflieren:

> Wer nicht liebt Wein, und Weiber und Gesang,
> Der bleibt ein Narr sein Leben lang.
> Doch muß man hier nicht vergessen hinzu [zu] setzen:
> Doch ist, daß er ein Freund von Weibern, Sang und Krug ist,
> Noch kein Beweis, daß er deswegen klug ist.

Würstchen

Den *Wiener Würstchen* einen Wiener Ursprung zuzusprechen, sei verfehlt, denn ein Mann namens *Wiener*, Gehilfe in einer Berliner Kellerweinstube, habe sich – so behauptet Roland Michael (1990:72f.) – die Spezialität einfallen lassen.

Das Wissenschaftsjournal der Zeitschrift «Stern» verbreitete kürzlich eine ähnliche Version in seiner Sektion «Irrtümer»: «*Wiener Würstchen* stammen nicht aus Wien, sondern aus Berlin. Dort wurden sie in einer Weinstube namens *Wiener* erfunden.»

Beruhigend ist auf jeden Fall für alle Metzger, daß die von ihnen produzierten knackigen Köstlichkeiten nicht aus Wien stammen *müssen*. Die Kölner Wirtschaftsanwälte Schönberger und Dix haben dies in ihrem Newsletter Nr. 3 (vom 14. Februar 2001) ausdrücklich bestätigt:

> «Zur Steigerung der Werbekraft von Werbeslogans werden als Bestandteil der Slogans oftmals geschützte Marken oder geschützte geographische Herkunftsangaben verwendet. Geographische Herkunftsangaben sind Namen von Orten, Gegenden, Gebieten oder Ländern, die zur Kennzeichnung der geographischen Herkunft verwendet werden. Derartige Angaben unterliegen insofern besonderem Schutz, als diese für Waren oder Dienstleistungen nicht benutzt werden dürfen, die nicht aus der Gegend stammen, wenn mit der Nutzung der Verbraucher irregeführt wird, weil er glaubt, die Ware komme aus dem entsprechenden Gebiet, oder wenn deren Ruf ausgebeutet wird. So ist es

irreführend, einen Sekt als *Champagner* zu bezeichnen, wenn er nicht aus der Champagne kommt, oder ein Produkt *Lübecker Marzipan* zu nennen, wenn es an einem anderen Ort hergestellt wurde. Hingegen müssen etwa *Wiener Würstchen* oder *Hamburger* nicht in Wien oder Hamburg produziert worden sein.»

Klaus Mampell hat sich in seinem «Dictionnaire satirique» (1993:160f.) eher aus lexikologischen Gründen über das *Wiener Würstchen* Gedanken gemacht:

«Die Begriffsbestimmung eines *Würstchens* und die genauere Anwendung des Wortes ist in keinem Wörterbuch ausreichend angegeben. Da erfahren wir allein, daß ein Würstchen erstens eine ‹kleine Wurst› ist und zweitens ein ‹unbedeutender Mensch›. Aber bei der ersten Aussage hapert es schon. Eine Wurst nämlich ist so etwas wie ein Salami, und ein Würstchen ist nie ein kleiner Salami, sondern dieses Diminutiv bezieht sich immer auf so etwas wie ein *Wiener Würstchen*, also etwas prinzipiell anderes, besonders was den Inhalt betrifft. Ein Salami nämlich hat Substanz, das heißt, da ist wirklich etwas drin. Beim *Wiener Würstchen* dagegen weiß niemand, was in ihm ist: es besteht aus einem bißchen von allem möglichen, durcheinandergewurstelt und vermischt mit was weiß ich was sonst noch. [...]
Wenn das Wörterbuch nun zweitens sagt, ein Würstchen sei auch ein ‹unbedeutender Mensch›, so ist das Wort *Mensch* hier richtig angewendet; denn falsch wäre es, wenn es hieße, ein Würstchen sei eine unbedeutende Person, weil nämlich eine Person feminin ist, ein Mensch andererseits maskulin, und Würstchen sind prinzipiell maskulin. Wenn also gesagt wird: ‹Dieser Mensch ist ein Würstchen›, dann kann man sicher sein, daß es sich um einen Mann handelt, und das Maskuline bei einem Würstchen bezieht sich nicht zuletzt darauf, daß ein Mann, der sich auf seine Männlichkeit konzentriert, prinzipiell ein Würstchen ist, weil er nicht viel mehr hat, worauf er sich konzentrieren kann. So kann er sich nicht auf seine Intelligenz konzentrieren, weil diese in ihm nur schwer auszumachen ist. Kennzeichnend für ein Würstchen ist auch immer, was oben gesagt wurde über ein Würstchen im Vergleich zu einer Wurst, also: Es steckt nicht viel in einem Würstchen drin, und das, was in ihm steckt, ist aufgebauscht

durch Schaumschlägerei und kann deshalb auch nicht von Dauer sein (...).»

Rolf Schwendter erwähnt in seiner Sozialgeschichte der zentral-europäischen Gastronomie (1995:201), daß die *Frankfurter Würstchen* «1805 von dem (1800 nach Wien migrierten Frankfurter Fleischergesellen Johann Georg Lahner in Wien erfunden wurden (...); sie wurden aus einer Mischung aus Schweine- und Rindfleisch hergestellt.» Christoph Wagner (2001:157) verrät sogar den Namen: *Original Wiener Lahner-Frankfurter Würstel*.

Schon das von Rudolf Habs und L. Rosner herausgegebene «Appetitlexikon» mit seiner zweiten Auflage im Jahre 1894 hatte folgenden Hinweis gegeben (zitiert n. d. Nachdr. 1998:142):

> «*Frankfurter Würstchen* aus gehacktem Schweinefleisch in fingerstarken Hammeldärmen sind eine Errungenschaft des 19. Jahrhunderts, die um 1840 aus Süddeutschland nach Wien kam und hier soviel Verständnis und Anerkennung fand, daß ihr die Metropole zur zweiten Heimat geworden ist, von der aus sie sich unter dem Adoptivnamen *Wiener Würtstchen* nicht bloß über den ganzen Kontinent, sondern seit der Chikagoer Ausstellung von 1892 auch nach Amerika verbreitet hat.»

→ *Berliner*; → *Hamburger*

Wurs(ch)t

Auf der Website des FC Bayern äußerte sich kürzlich vor einem wichtigen Auswärtsspiel der Mannschaft deren Torhüter Oliver Kahn, daß er sich von der eindrucksvollen Kulisse nicht beeindrucken lassen werde: «*Es ist mir Wurscht*, ob ich in Wembley, San Siro oder Barcelona spiele.»

Die unter dem Stichwort *Senf* bereits erwähnte Wendung *das ist mir ganz Wurs(ch)t* im Sinne von ‹das ist mir ganz egal›, ‹das interessiert mich nicht im geringsten› ist immer wieder kommentiert und paraphrasiert worden, zuletzt von Gerhard Uhlenbruck (1997:89) in dem feinen Beispielsatz: «Daß er immer gehänselt wurde, *war ihm nicht wurscht*, und so wurde er zum Hanswurst.»

Die Herkunft der Wendung ist unklar. Auch Klaus Müller (1994/2001:686) greift zu den bekannten Herleitungsversuchen und erläutert nüchtern, daß die Wurst im allgemeinen als grobe und unfeine Kost angesehen wird, weil sie im Gegensatz zum edleren Braten steht, der nicht durch appetithemmende Zutaten entwertet ist: «Dies drückt sich in Scherzreimen (*Der Inhalt einer Wurscht bleibt ewig unerfurscht*) und der Redensart *das ist mir Wurscht* aus, die wohl besagt: ‹Es ist ganz egal, ebenso wie egal ist, was in die Wurst hineinkommt›. Eine andere Deutung bezieht sich auf die zwei gleichen Enden der Wurst (*Alles hat ein Ende, nur die Wurst hat zwei*). Es ist also gleichgültig, an welchem Ende man sie anschneidet.»

Es gibt eine Vielzahl von – teilweise hochskurrilen – Abhandlungen über die Wurst. «Wurst war schon immer ein Ausdruck der Lebensfreude», heißt es in einer im Jahre 1939 unter dem Titel «Wurstologia oder Es geht um die Wurst» erschienenen Monographie von Erich Lissner. Im Jahre 1957 folgte Ernst Johanns Werk «Das Jahr des Metzgers: Der Erich Lissnerschen Wurstologia anderer Band».

Goethe hatte in «Sprüche in Reimen: Sprichwörtlich» gedichtet: «Das wäre ein schönes Gartengelände, wo man den Weinstock mit *Würsten* bände!»

«Die Wurst», so schreibt Herbert Heckmann (1979:90), «ist sozusagen die gastronomische Weisheit in einem Darm. Was jedoch die Metzger in dem Darm verstecken, mag nicht immer den Beifall der Wurstesser finden. Über den Inhalt der Würste wurde schon viel geschrieben.»

Eine der anekdotenreichsten und amüsantesten Untersuchungen ist die 1662 erschienene

> «*Wurstologia et Durstologia* nova & aucta. Das ist: Neuvermehrte, wahre und eigentliche Beschreibung der Edlen, aufrichtig, wohl und lieblichschmeckenden Braunschweigischen Würste und Mumme. Dabei vielerlei Geschlechter und Nationen anderer sonder- und wunderbaren Mißgeburten und ketzerischen Würsten, wie auch seltsame Namen

und Mißbräuche des Gerstensaftes benannt werden. Allen der recht, redlich, aufrichtig, unverketzert, weitberühmt, hochnützlich, langdauerhaft, wohl und lieblich schmeckenden Braunschweigischen Würsten und Mumme Liebhaber zu sonderbarem Gefallen, Nutz und Trost und Warnung, zum ersten Mal zum Drucke befördert durch den ehrenfest, achtbar und wohlgelehrten Marcus Knackwurst. Jetzo aber auffs Neue übersehen, vermehret, verbessert und zum andermal an das Tageslicht gebracht durch Johan Wursthorn, Stadtschreibern in den Westphalischen SchweinParadies. Lustig zu lesen und nützlich zu gebrauchen. (...) Gedruckt zu Schweinfurt im Lande Wursten durch HAnß Darm. In Verlegung Reiß Pulß, 1662.»

«Hinter dem Pseudonym Marcus Knackwurst», so bemerkt Heckmann (ibid.), «verbirgt sich ein tief enttäuschter Wurstliebhaber, der über den Inhalt der Würste bittere Klage führt. Das Werk [...] verrät, daß sein Verfasser nicht nur die wichtigsten Würste unserer Breiten aus eigener ‹Anbeißung› kannte, sondern daß er auch viel gelesen hat. Bücher sind wie Würste: man stopft vieles in sie hinein, was gar nicht hinein gehört»:

«Da er sein Schwein gemästet und schlachten wollen, hat ers drei Tage aushungern lassen und ihm hernach Rosinen, Weißbrot und Grütze dicke zu fressen gegeben und bald darauf geschlachtet, die Därme also gelassen und in Würste partiert, davon Katzen und Hunden die erste Probe gegeben, welche, nachdem sie es nie essen wollen, ihm seine Würste gelassen, drauf der Wende auf sein gut Deutsch gesprochen: ‹Machtk Kattk nichk, möchtk Hund nichk, kueut dattk sülven mochtk.› (Die Katz mag es nicht, der Hund mag es nicht, gut, daß ich's selber mag.)»

Verständlicher erscheint das portugiesische Sprichwort: «Der Hund wedelt mit dem Schwanze nicht vor dir, sondern vor der Wurst in deiner Hand.»
→ *Bockwurst;* → *Bratwurst;* → *Currywurst;* → *Hans Wurst;* → *Würstchen*

Auf keinem Gebiete wird so viel kombiniert und so wenig erfunden, wie auf dem kulinarischen. Selbst die Entdeckung Amerikas hat – außer der Kartoffel – wenige dem Altertum völlig unbekannte Gerichte gebracht. Desto mehr Speisen fallen jedoch der Vergessenheit anheim (...).
Martha von Zobeltitz, Lirum Larum Löffelstiel

Z

Zankapfel

Am 5. Februar 2001 schrieb «Der Spiegel» in einem politischen Kommentar: «Es ist ein ‹Heiliger Krieg› um eine ‹Heilige Stadt›. Und der Leidensweg Jerusalems, das Israelis und Palästinenser gleichermaßen als ihre Hauptstadt betrachten, ist noch längst nicht zu Ende.» Die Überschrift für den Artikel lautete: «*Zankapfel* Jerusalem».

Das Wort *Zankapfel* wird üblicherweise für den ‹Anlaß eines Streites› benutzt. Doch wo liegt der Ursprung des Wortes?

Sein Ursprung liegt in der griechischen Sage vom Urteil des Paris. Alle olympischen Götter waren zur Hochzeit der schönen Meernymphe Thetis mit dem mythischen König Peleus geladen – nur Eris, die Göttin der Zwietracht und des Wettkampfes war vergessen worden. Aus Rache warf sie einen goldenen Apfel mit der Aufschrift «der Schönsten», den *Erisapfel* oder *Zankapfel*, unter die Gäste und entfachte damit den Streit zwischen den

Göttinnen Hera, Athene und Aphrodite. Der zum Schiedsrichter berufene trojanische Königssohn Paris erkannte Aphrodite den Preis der Schönheit zu und beschwor damit den Trojanischen Krieg herauf.

Die Karriere des *Zankapfel*, früher auch *Apfel der Zwietracht* oder *Erisapfel* genannt, beginnt eigentlich recht spät, wie Christoph Müller (2001:176f.) ausführt:

«Zwar wird Eris von Frühzeit an als Anstifterin des Streits der Göttinnen bezeichnet. Auch wird stets festgehalten, daß es dabei um die Frage ging, wer die Schönste sei. Doch von einem Apfel als Hilfsmittel ist lange nicht die Rede. In der schriftlichen Überlieferung ist die Geschichte vom Erisapfel erst für Apollodor sicher verbürgt, einen Grammatiker und Mythographen des 2. Jhs. v. Chr. Da dieser fast durchgehend aus den Werken eines früheren alexandrinischen Universalgelehrten, des Eratosthenes von Kyrene, schöpfte und offenbar wenig Eigenständiges hinzufügte, ist es allerdings gut möglich, daß der Erisapfel bereits in dessen – leider verlorengegangenen – Werken zu finden war. Auch dann freilich gelangen wir nur bis ins 3. Jh. v. Chr. zurück. Als frühester Beleg für eine mythische Erzählung ist dies in jedem Fall außergewöhnlich spät; um so mehr, da es sich um eine Episode aus dem vielbesungenen Trojanischen Krieg handelt!

Vielleicht um dem Erisapfel etwas mehr Profil zu verleihen, identifiziert ihn ein byzantinischer Autor namens Kolluthos mit den Goldäpfeln in den berühmten Gärten der Hesperiden, die dem antiken Leser aus dem Katalog der Heraklesarbeiten wohlvertraut waren.

Gemessen an seinem späten Erscheinen, wurde der Zankapfel schon recht bald metaphorisch verwendet. Als übertragener Ausdruck für ein Streitobjekt findet er sich in der römischen Kaiserzeit zweimal, jeweils im Zusammenhang mit politischen Gegensätzen und deren kriegerischer Austragung.»

Der lateinische Begriff *malum Discordiae* (‹Apfel der Discordia›) erscheint zuerst bei Justinus im 3. Jahrhundert n. Chr., den ersten Beleg für die deutsche Entsprechung *Zankapfel* datiert das «Deutsche Wörterbuch» von Jacob und Wilhelm Grimm auf das Jahr 1570: «Sie wollten zum wenigsten ein neu pomum Eridos, das ist, wie sie es gedeutscht, ein *zankapfel* in hauffen zu werfen.»

Auch Goethe sprach davon: «Gott bewahre mich aber, einen solchen *Zankapfel* nach Weimar zu werfen.» Werner Mitsch (1978:95) nimmt das Wort weniger ernst und witzelt: «Der Apfel fällt nicht weit vom Zank.»

Zimtziege

Ludwig Kapeller hat sie ebenso in sein «Schimpfbuch» (1962) aufgenommen wie Werner Boschmann, der die *Zymtzicke* in seinem «Lexikon der Ruhrgebietssprache» (⁴2000:75) wie folgt definiert: «Hämische Bezeichnung für eine schnippische, fortwährend meckernde Frau; sehr starke Abwertung, fast Beleidigung (‹De Zymtzicke von nebenan labert heut wieder nur Stuß mit Senf.›)»

Zuckerboltje

Bekannt ist Schopenhauers nüchternes Diktum: «Heiraten heißt, seine Rechte halbieren und seine Pflichten verdoppeln» (vgl. «Parerga und Paralipomena» II, § 370). Ich ergänze es – ganz im Sinne der hier angesprochenen kulinarischen Vergleiche – durch das Urteil von Claudius. Er hat nämlich in seinem Werk «ASMUS omnia sua SECUM portans oder Sämtliche Werke des Wandsbecker Boten, Theil 3: ‹Brief an Andres von wegen einer gewissen Vermutung›» geschrieben, das Heiraten komme ihm vor wie ein «Zuckerboltje»: «Das Heiraten kommt mir vor wie 'n Zuckerboltje oder -bohne; schmeckt anfangs süßlich, und die Leute meinen denn: es werde ewig so fortgehen. Aber das bisgen Zucker ist bald abgeleckt, sieht Er, und denn kommt inwendig bei den meisten 'n Stück Assa foetida oder Rhabarber, und denn lassen sie 's Maul hängen.»

Zwetsch(g)e

Hermann Paul (⁹1992:1092) hat Recht, wenn er feststellt, daß der Unterschied zwischen der rundlichen *Pflaume* und der länglichen, später (lies: im September) reifenden *Zwetsche* nicht überall beachtet wird, da in manchen Gegenden jeweils eine Bezeichnung für beide Obstsorten gilt. Interessant ist jedoch die Herkunft der Bezeichnung *Zwetsche*, für die ein «Etymologisches Wörterbuch des Deutschen», herausgegeben von Wolfgang Pfeifer und seinen Mitarbeitern (²1993:1629), die Lösung bereit hält: «Von mehreren etymologischen Erklärungsversuchen ist am überzeugendsten die Herleitung des Namens aus französischen und oberitalienischen Mundartformen, die vulgärlateinisches **davascena* (Plur.) voraussetzen, aus spätlateinischem *damascēna*, griechischem *damaskēná* (δαμασκηνά) ‹Pflaumen aus Damaskus›, abgeleitet von griech. Δαμασκός, dem Namen der Stadt Damaskus.»

Zwiebel

Sie hat eine meist hellbraune, dünne Schale, ein aromatisch riechendes, scharf schmeckendes Inneres und wird in der Küche als Gewürz oder Gemüse verwendet. Man denke – um nur zwei Beispiele zu nennen – an die nach ihr benannte *Zwiebelsuppe*, jene aus Fleischbrühe hergestellte Köstlichkeit, die mit Toast und Käse überbacken serviert wird; man denke auch an den aus Hefeteig mit einem Belag aus Zwiebeln, Speck, saurer Sahne und Eiern hergestellten *Zwiebelkuchen*.

Den *Zwiebelkuchen* erwähnt Gunter Hirschfelder in seiner Untersuchung zur Geschichte der Ernährung von der Steinzeit bis heute (2001:256f.) unter einem besonderen Aspekt. Er betont eine deutliche Zunahme des Konsums von Fertiggerichten und eine zunehmende Angleichung der Eßgewohnheiten; in diesem Zusammenhang verweist er auf die Arbeit von Claude Thouvenot (1997):

«Thouvenot kommt zu dem Ergebnis daß es 1974 im elsässisch-lothringischen Raum üblich war, zu bestimmten Anlässen im eng umgrenzten Familienkreis *Zwiebelkuchen* zu essen. Außerhalb dieses Gebietes war dies Muster weitgehend unbekannt. Innerhalb von nur zehn Jahren erlangte dieses Verhalten dann in Frankreich beinahe eine landesweite Verbreitung. Wie läßt sich dieser Wandel erklären? Wird die Folge sein, daß bei einer weiteren Ausbreitung bald alle Europäer im Familienkreis *Zwiebelkuchen* essen werden? Wohl kaum. Vielmehr ist der Verzehr des *Zwiebelkuchens* als Ausdruck einer zunächst regionalen und schließlich nationalen Identität zu interpretieren. Daher wirkt er in einigen Gebieten identitätsstiftend, in anderen dagegen nicht.»

Hirschfelder unterstreicht, daß Menschen und soziale Gruppen ein Bedürfnis nach Identität haben und daß deshalb regionale Besonderheiten beim Essen bestehen bleiben werden, zumal andere Möglichkeiten der Identitätsstiftung im Verschwinden begriffen sind. Dialekte verschwimmen, Trachten und Moden sind bereits weitgehend ausgestorben.

Eine kurze Besinnung auf das Ausgangslemma *Zwiebel* erlaubt uns Rudolf Ibel (1962:54), der in einer seiner etymologischen Glossen zur deutschen Sprache schreibt:

«Die *Zwiebel* hat in ihrem Ursprung nichts mit *zwei* zu tun. Sie kam als Lehnwort aus dem späten Latein (*cipolla*) zu uns. Aber der Volksmund nahm sich ihrer an und verwandelte den unverständlichen und bildlosen Fremdling kurzerhand in die *Zwie-bel*, in die ‹zwiefache, vielhäutige Bolle und Knolle›. Mit ihrem scharfen Geruch und Saft *zwiebeln* wir den unliebsamen Nachbarn, bis ihm die Tränen kommen.»

Der römische Epigrammatiker Martial (ca. 40 – ca. 102 n. Chr.) hat im 13. Buch seiner Epigramme nahezu jeder Speise, die den Römern vertraut war, eine Beschreibung gewidmet. Über die *Zwiebeln* schrieb er:

Ist die Gattin betagt und sind dir die Glieder erstorben,
Können die *Zwiebeln* dich nur sättigen, anderes nicht.

Und um noch einmal auf den *Zwiebelkuchen* zurückzukommen: Mörike verdanken wir diese Verse:

Versus Domesticus
(Als der Dichter im Pfarrhaus zu Wimsheim in einer Kammer zu schlafen hatte, wo Zwiebeln aufbewahrt wurden.)

Ganz richtig hört' ich sagen,
Daß, wer in Zwiebeln schlief,
Hinunter wird' getragen
In Träume schwer und tief;
Dem Wachen selbst geblieben
Sei irren Wahnes Spur:
Die Nahen und die Lieben
Hielt er für Zwiebeln nur.

Und gegen dieses Übel
Das gar nicht angenehm,
Hilft selber nur die Zwiebel
Nach Hahnemanns System.

Das laßt uns gleich versuchen!
Gott gebe, daß es glückt! –
Und schafft mir Zwiebelkuchen!
Sonst werd ich noch verrückt.

**Literaturverzeichnis
(benutzte und weiterführende Werke)**

Abel, Darrel: *American Literature*. Vol. 2: *Literature of the Atlantic Culture*. Woodbury, N. Y. 1963: Barron's Educational Series, Inc.

Adelung, Johann Christoph: *Versuch eines vollständigen grammatisch-kritischen Wörterbuches der hochdeutschen Mundarten*. T. 4. Leipzig 1780: Breitkopf.

Albrecht, Karl: *Die Leipziger Mundart: Grammatik und Wörterbuch der Leipziger Volkssprache, zugleich ein Beitrag zur Schilderung der Volkssprache im allgemeinen*. Leipzig 1881: Arnoldische Buchhandlung. (2. Reprintaufl., Frankfurt/M. 1983: Weidlich).

Andersch, Alfred: *Geist und Leute*. Zürich 1974: Diogenes.

Anderson, E. N.: *The Food of China*. New Haven 1988: Yale University Press.

Anglizismen-Wörterbuch. Der Einfluß des Englischen auf den deutschen Wortschatz nach 1945. Begründet v. Broder Carstensen, fortgeführt v. Ulrich Busse. 3 Bde. Berlin/New York 2001: Walter de Gruyter.

Arnim, L. Achim von u. Clemens Brentano: *Des Knaben Wunderhorn. Alte deutsche Lieder*. Vollst. Ausgabe n. d. Text der Erstausg. v. 1806/1808. München 1966: Winkler.

Augustinus (Aurelius Augustinus): *Die Bekenntnisse des heiligen Augustinus*. Übersetzung v. Otto F. Lachmann: Leipzig 1888 [u. ö.]: Reclam (Reclams Universal-Bibliothek; 2791/94a).

Baader, Joseph (Hrsg.): *Nürnberger Polizeiordnungen aus dem 13. bis 15. Jahrhundert*. Amsterdam 1966: Rodopi (= Photomechan. Nachdr. d. Ausgabe Stuttgart 1861 [Bibliothek des Literarischen Vereins]).

Barnette, Martha: *Ladyfingers and Nun's Tummies. From Spare Ribs to Humble Pie – A lighthearted look at how foods got their names*. New York 1998: Vintage Books, A Division of Random House, Inc.

Barnhart, Robert K.: *The Barnhart Concise Dictionary of Etymology*. New York 1995: H. W. Wilson Company.

Bartels, Adolf: *Dietrich Sebrandt. Roman aus der Zeit der schleswig-holsteinischen Erhebung*. 2 Bde. Kiel 1899: Lipsius u. Tischer.

Bartels, Klaus: *Was die Philologen lieben. 27 Wortgeschichten*. Darmstadt 1996: Wissenschaftliche Buchgesellschaft.

Bartsch, Kurt: *Die Hölderlinie. Deutsch-deutsche Parodien*. Berlin 1983: Rotbuch-Verlag.

Baur, Eva Gesine u. Vincent Klink: *Dies für den und das für jenen: Essen und Trinken mit Poesie.* München 2000: Deutscher Taschenbuch Verlag.

BenGershôm, Ezra: *Der Esel des Propheten. Eine Kulturgeschichte des jüdischen Humors.* Darmstadt 2000: Wissenschaftliche Buchgesellschaft.

Berlinger, Josef: *Das zeitgenössische deutsche Dialektgedicht: zur Theorie und Praxis der deutschsprachigen Dialektlyrik 1950–1980.* Frankfurt am Main etc. 1983: Lang. (= Regensburger Beiträge zur deutschen Sprach- und Literaturwissenschaft: Reihe B, Untersuchungen; 23.)

Bertschi, Hannes u. Marcus Reckewitz: *Von Absinth bis Zabaione.* Berlin 2002: Argon Verlag.

Beyerl, Beppo u. Gerald Jatzek: *Lexikon der nervigsten und ätzendsten Typen. 110 kapitale Ärgernisse von Ansichtskarten über Handy-Manie bis Wochenendeinkauf.* München 1998: Droemersche Verlagsanstalt Th. Knaur Nachf.

Bickel, Walter u. Paul Maus: *Große Namen. Berühmte Speisen. Wer ist wer auf der Speisekarte. Biographische Notizen zum Verständnis der Speisekarte.* Stuttgart 1998: Hugo Matthaes Druckerei und Verlag.

Bierce, Ambrose: *Des Teufels Wörterbuch.* Neu übersetzt v. Gisbert Haefs. Zürich 1986: Hafmanns Verlag.

Birkhahn, Helmut: *Etymologie des Deutschen.* Bern etc. 1985: Verlag Peter Lang.

Block, Robert: *Wortgeschichten für Haus und Schule erzählt.* Leipzig ²1921: Dürr'sche Buchhandlung.

Blumenröder, Gustav: *Des Antonius Anthus Vorlesungen über Esskunst, darin zum ersten Male die Weltanschauung des Esskünstlers, die Prinzipien der Esskunst und ihre Beziehungen zur Geschichte, den anderen schönen Künsten, der Moral und vieles mehr umfassend dargestellt wird. Den kultivierten Freunden der Tafel zum geistigen Genusse dargeboten und gewidmet.* Leipzig 1838: Wigand. (Neudruck: Bern etc. 1962: Scherz.)

Blumenthal, Oscar: *Von der Bank der Spötter. Allerlei Glossen.* Berlin 1884: Verlag von Freund & Jeckel.

Blumenthal, Oscar: *Aufrichtigkeiten.* Berlin 1887: Verlag von Freund & Jeckel (Carl Freund).

Böll, Heinrich: *Werke.* Hrsg. v. Bernd Balzer. 10 Bde. Köln 1977–1978: Kiepenheuer & Witsch.

Böttcher, Kurt et al. (Hrsg.): *Geflügelte Worte. Zitate, Sentenzen und Begriffe in ihrem geschichtlichen Zusammenhang.* Leipzig ⁵1988: Bibliographisches Institut.

Borchardt, Wilhelm, Gustav Wustmann u. Georg Schoppe: *Die sprichwörtlichen Redensarten im deutschen Volksmund nach Sinn und*

Ursprung erläutert. 7. Aufl., neu bearb. v. Alfred Schirmer. Durchgesehener Neudr. Leipzig 1955: VEB F. A. Brockhaus Verlag.

Borman, Edwin: *Edwin Borman's Humoristischer Hausschatz.* Leipzig 1896: Selbstverlag.

Borman, Edwin: «Goethe-Quintessenz», in: *Fliegende Blätter*, München [13.12.] 1885: Braun & Schneider. [Bd. 83; Nr. 2107, S. 190.]

Boschmann, Werner: *Lexikon der Ruhrgebietssprache. Von Aalskuhle bis Zymtzicke.* Bottrop ⁴2000: Verlag Henselowsky Boschmann.

Bote, Herman: *Ein kurtzweilig Lesen von Dyl Ulenspiegel (1511).* Hrsg. v. Wolfgang Lindow. Stuttgart 1975: Reclam (RUB 1687).

Brecht, Bertolt: *Gesammelte Werke.* Frankfurt/M. 1967: Suhrkamp Verlag.

Breitenborn, Konrad: *Bismarck. Kult und Kitsch um den Reichsgründer; aus den Beständen des früheren Bismarck-Museums in Schönhausen (Elbe) und dem Archiv der ehemaligen Stendaler Bismarck-Gesellschaft.* Frankfurt/M. 1990: Keip Verlag.

Brillat-Savarin, Jean-Anthelme: *Physiologie du goût ou Méditations de gastronomie transcendante; ouvrage théorique, historique et à l'ordre du jour, dédié aux gastronomes parisiens.* Paris 1826. (Dt.: *Physiologie des Geschmacks oder Physiologische Anleitung zum Studium der Tafelgenüsse.* Hrsg. v. Carl Vogt. Braunschweig 1865: Vieweg. Reprint Berlin 1991: Koehler und Amelang; auch in Auswahl Frankfurt/Main 1999: Insel.)

Brisolla, Thyrso A.: *Das Ei des Kolumbus und andere deutsche Redensarten.* Buch a. Ammersee 1983: Dussa Verlag.

Brockhaus. Die Enzyklopädie, in 24 Bänden. Zwanzigste, überarbeitete u. aktualisierte Aufl. Bd. 27: *Zitate und Redewendungen.* Leipzig etc. ¹⁹1999: F. A. Brockhaus.

Buddée, Gisela: *Kleines Lexikon Berliner Begriffe.* Hamburg 2000: Zeise Verlag.

Büchi, Christophe: *Röstigraben: Das Verhältnis zwischen deutscher und französischer Schweiz – Geschichte und Perspektiven.* Zürich ²2001: NZZ-Verlag.

Büchmann, Georg: *Geflügelte Worte.* München 1959. Neue Ausg. München 1977: Droemersche Verlagsanstalt Th. Knaur Nachf.

Büchmann, Georg: *Geflügelte Worte.* Fortges. von Walter Roberttornow. Bearb. u. weitergef. v. Eberhard Urban. Niedernhausen/ Ts. 1994: Bassermann'sche Verlagsbuchhandlung. (= *Der neue Büchmann.*)

Büchmann, Georg: *Geflügelte Worte. Der klassische Zitatenschatz.* 40. Aufl. neu bearb. v. Winfried Hofmann. Frankfurt/M. etc. 1995: Verlag Ullstein GmbH.

Bürger, Gottfried August: *Sämtliche Werke*. Hrsg. v. Günter u. Hiltrud Häntzschel. München 1987: Hanser.

Busch, Wilhelm: *Werke*. Historisch-kritische Gesamtausgabe. Bearbeitet und herausgegeben v. Friedrich Bohne. 4 Bde. Hamburg 1959: Standard-Verlag.

Calderón de la Barca, Pedro: *Dame Kobold*. Dt. v. Hans Schlegel. Stuttgart 1995: Philipp Reclam jun. (Nachdr.)

Campe, Joachim Heinrich: *Wörterbuch zur Erklärung und Verdeutschung der unserer Sprache aufgedrungenen fremden Ausdrücke. Ein Ergänzungsband zu Adelungs Wörterbuche*. Braunschweig 1801.

Campe, Joachim Heinrich: *Wörterbuch der deutschen Sprache*. 5 Bde. Braunschweig 1807–1813. (Reprograf. Nachdr., 2. Reprint Hildesheim etc. 2000: Olms.)

Campe, Joachim Heinrich: *Wörterbuch zur Erklärung und Verdeutschung der unserer Sprache aufgedrungenen fremden Ausdrücke. Ein Ergänzungsband zu Adelung's und Campe's Wörterbüchern*. Neue [...] Ausgabe, Braunschweig 1813. (Reprograf. Nachdr., 2. Reprint Hildesheim etc. 2000: Olms.)

Carmina Burana. Lateinisch/Deutsch. Ausgewählt, übers. u. hrsg. v. Günter Bernt. Stuttgart 1992: Philipp Reclam jun.

Christ, Lena: *Madame Bäuerin*. München 1993: Deutscher Taschenbuch Verlag. (Erstausg. 1919.)

Claudius, Matthias: *ASMUS omnia sua SECUM portans oder Sämtliche Werke des Wandsbecker Boten*. Theil 3. Breslau 1777: Gottl. Löwe.

Clifton, Merritt: «How to Hate Thy Neighbor: A Guide to Racist Maledicta», in: *Maledicta: The International Journal of Verbal Aggression*. Volume 2 (Numbers 1+2), Summer + Winter 1978, S. 149–174.

Cooper, William u. John Robert Ross: «World Order», in: *Papers from the Parasession on Functionalism*, hrsg. v. R. E. Grossman et al., Chicago 1975: Chicago Linguistic Society, S. 63–111.

Cox, Nicholas: *The Gentleman's Recreation in Four Parts: Viz, Hunting, Hawking, Fowling, Fishing*. 3rd ed. London 1686: F. Colins. (Erstausg. 1674.)

Cybinski, Nikolaus: *Werden wir je so klug sein, den Schaden zu beheben, durch den wir es wurden? Aphorismen*. Lörrach 1979: Waldemar Lutz.

Der Dressdnische Mägde-Schlendrian: In einem Moralisch-Satyrischen Nach-Spiele auff dem Theatro zu Nirgendshausen / Vorgestellet durch Orestes [S. l.], 1729.

Der irrende Ritter D[on] Quixotte De La Mancia: Lustspiel. [Komp.: Johann Philipp Förtsch. Textverf.: Hinrich Hinsch.] – [Hamburg], [1690]. (Hamburgische Opern; 2,40.)

Derungs, Kurt (Hrsg.): *Die ursprünglichen Märchen der Brüder Grimm*. Bern 1999: edition amalia.
Die heilige Schrift. Übersetzt u. neu bearb. v. Hermann Menge. Stuttgart ¹³1954: Privileg. Württemb. Bibelanstalt.
Droste, Wiglaf und Vincent Klink (Hrsg.): *Wir schnallen den Gürtel weiter*. (= *Häuptling eigener Herd*, Heft 9, Dezember 2001.)
Dubler, Anne-Marie: «Ess- und Trinksitten», in: *Historisches Lexikon der Schweiz* [Elektronische Publikation HLS], Version vom 24.10.01.
Duden (Band 1): *Die deutsche Rechtschreibung*. Mannheim etc. ²¹1996: Dudenverlag.
Duden (Band 7): *Etymologie. Herkunftswörterbuch der deutschen Sprache*. Mannheim etc. ²1997 (= Nachdr. d. 2. Aufl. 1989): Dudenverlag.
Duden (Band 7): *Herkunftswörterbuch. Etymologie der deutschen Sprache*. Mannheim etc. ³2001: Dudenverlag.
Duden (Band 11): *Redewendungen und sprichwörtliche Redensarten. Wörterbuch der deutschen Idiomatik*. Mannheim etc. 1992: Dudenverlag.
Duden: *Deutsches Universalwörterbuch A–Z*. Mannheim etc. ³1996: Dudenverlag.
Dufour, Philippe Sylvestre: *Traitez nouveaux et curieux du café, du thé et du chocolate. Ouvrage également necessaire aux medecins, et à tous ceux qui aiment leur santé ...* Lyon 1685: Jean Girin & B. Riviere.
Editions- und Forschungsstelle Frank Wedekind: *Frank Wedekinds Maggi-Zeit: Reklamen, Reiseberichte, Briefe*. Mit einem Essay v. Rolf Kieser. Herausgegeben, kommentiert und mit einer Studie «Das Unternehmen Maggi» versehen v. Hartmut Vinçon. Darmstadt ²1995: Häusser. (= Schriftenreihe *Pharus*; Bd. 4.)
Einhundert (100) Wörter des Jahrhunderts /3sat ... [Red.: Wolfgang Schneider]. Frankfurt/M. 1999: Suhrkamp Verlag. (Suhrkamp-Taschenbuch 2973.)
Eisenreich, Herbert: *Groschenweisheiten. Aus dem Zettelkram eines Sophisten*. Irdning/Steiermark 1985: Stieglitz Verlag.
Erckenbrecht, Ulrich: *Ein Körnchen Lüge. Aphorismen und Geschichten*. Göttingen 1983: Muriverlag.
Erckenbrecht, Ulrich: *Maximen und Moritzimen: Bemerkungen über dies und jenes*. Göttingen 1991: Muriverlag.
Erhardt, Heinz: *Das große Heinz Erhardt Buch*. Reinbek 1974: Rowohlt.
Etymologisches Wörterbuch des Deutschen. 2 Bde. Durchgesehen u. ergänzt v. Wolfgang Pfeifer. Berlin ²1993: Akademie-Verlag.
Fallada, Hans: *Wer einmal aus dem Blechnapf frißt*. Berlin ²1998: Aufbau-Taschenbuch-Verlag. (Erstausg. 1934.)

Faulmann, Karl: *Etymologisches Wörterbuch der deutschen Sprache.* Halle a. S. 1893: Ehrhardt Karras' Verlag.

Fischer, Hans W.: *Das Schlemmer-Paradies. Ein Taschenbuch für Lebenskünstler.* Hamburg 1949: Verlag Hamburgische Bücherei. (1. Aufl. München 1921: Rösl & Cie.)

Fischer, Hans W.: *Das Leibgericht. Die Lieblingsspeisen der Deutschen: ihre Gaumengelüste, Magenfreuden und Schmankerln – mit Kochanweisungen, Bräuchen und Gewohnheiten.* Hamburg 1955: Hoffmann und Campe Verlag.

Fischer, Paul u. Geoffrey P. Burwell: *Kleines England-Lexikon. Wissenswertes über Großbritannien.* München ³1995: C. H. Beck.

Fleming, Peter: *News from Tartary: A Journey from Peking to Kashmir.* London 1936: Jonathan Cape.

Fleming, Peter: *Tataren-Nachrichten. Ein Spaziergang von Peking nach Kaschmir.* Frankfurt/M. 1996: Eichborn Verlag.

Fontane, Theodor: *Effi Briest.* München 1997: Deutscher Taschenbuch Verlag.

Forster, Georg: *Kleine Schriften und Briefe.* Leipzig 1964: Reclam.

Frank, Klaus: *Die besten Kalauer.* Niedernhausen/Ts. 1984: Falken-Verlag.

Funke, Wolfgang: *Der Wendehals und andere Mitmenschen. Satirische Epigramme und Kurzgeschichten.* Berlin 1990: Ullstein.

Furger, Andres: *Der rote Faden. Von der Redensart zum Geschichtsbild.* Zürich 1995: Verlag Neue Zürcher Zeitung.

Ganz, Peter F.: *Der Einfluß des Englischen auf den deutschen Wortschatz 1640–1815.* Berlin 1957: Erich Schmidt Verlag.

Gelbhaar, Klaus: *Immer hübsch im Bilde bleiben. Ein unterhaltsamer Streifzug durch das deutsche Sprachmuseum.* Würzburg 1961: Arena-Verlag.

Gesellschaft für deutsche Sprache (Hrsg.): *Wörter, die Geschichte machten. Schlüsselbegriffe des 20. Jahrhunderts.* Gütersloh/München 2001: Bertelsmann Lexikon Verlag.

Girtler, Roland: *Rotwelsch. Die alte Sprache der Gauner, Dirnen und Vagabunden.* Wien etc. 1998: Böhlau Verlag.

Gleim, Johann Wilhelm Ludwig: *Auserlesene Fabeln und Erzählungen. Für die Jugend.* Altona 1820: C. G. Pinkvoß.

Göhring, Ludwig: *Volkstümliche Redensarten und Ausdrücke. Deutung noch unerklärter, unvollständig oder gar unrichtig erklärter volkstümlicher Redensarten und Ausdrücke.* München 1937: Neuer Filser Verlag.

Goethe, Johann Wolfgang von: *Gedenkausgabe der Werke, Briefe und Gespräche.* Hrsg. v. Ernst Beutler. 24 Bde. u. 3 Ergänzungsbände. Zürich 1948–1971 [Artemis-Gedenkausgabe = AGA].

Goethe, Johann Wolfgang von: *Der deutsche Gil Blas oder Leben, Wanderungen und Schicksale Johann Christoph Sachses*. Mit Einführung u. Nachruf v. Johann Wolfgang von Goethe. Eisenach o. J. [um 1951]: Erich Röth.

Goethe, Johann Wolfgang von: *Hermann und Dorothea*. Stuttgart 1975: Reclam (RUB 55).

Goethe, Johann Wolfgang von: *Wilhelm Meisters Wanderjahre oder die Entsagenden*. Frankfurt/M. 1982: Insel-Verlag.

Goethe, Johann Wolfgang von: *Werke*. Hamburger Ausgabe in 14 Bänden. Hrsg. v. Erich Trunz. 15. Aufl. München 1993f.: C. H. Beck [Hamburger Ausgabe = HA].

Goethe, Johann Wolfgang von: *Goethes Werke. Weimarer Ausgabe (Sophienausgabe)*. Neuausgabe mit einem Supplementband. 143 Bde. Stuttgart 1999: Verlag Hermann Böhlaus Nachfolger.

Gorys, Erhard: *Das neue Küchen Lexikon. Von Aachener Printen bis Zwischenrippenstück*. München [7]2001: Deutscher Taschenbuch Verlag.

Gotthelf, Jeremias: *Wie Uli der Knecht glücklich wird. Eine Gabe für Dienstboten und Meisterleute*. (Ausgew. Werke in 12 Bänden, Bd. 1). Zürich 1978: Diogenes Verlag.

Grass, Günter: *Werkausgabe in zehn Bänden*. Hrsg. v. Volker Neuhaus. Darmstadt etc. 1987: Herman Luchterhand Verlag. [*Die Blechtrommel*, 1959; *Der Butt*, 1977.]

Grauls, Marcel: *Lord Sandwich und Nellie Melba. Wie berühmte Persönlichkeiten auf der Speisekarte landeten*. Aus dem Niederländischen v. Gerda Wegener-Penning. München 1999: Piper Verlag.

Griechische Atomisten: Texte und Kommentare zum materialistischen Denken der Antike. Übers. und hrsg. v. Fritz Jürss. Leipzig 1973: Reclam. (Reclams Universal-Bibliothek; Bd. 409.)

Griesbach, Heinz: *Das geht auf keine Kuhhaut. Was bedeutet das? Redensarten mit Erklärungen*. 2000, Libri Books on Demand.

Grimm, Jacob u. Wilhelm Grimm: *Deutsches Wörterbuch*. 33 Bde. Leipzig 1854ff.: S. Hirzel Verlag. Nachdr. München 1991: Deutscher Taschenbuch Verlag.

Grimmelshausen, Hans Jakob Christoffel von: *Der abenteuerliche Simplicissimus*. Düsseldorf [15]2000: Artemis u. Winkler.

Gutkind, Curt Sigmar u. Karl Wolfskehl (Hrsg.): *Das Buch vom Wein. Aus allen Zeiten und Breiten gesammelt*. München 1927: Hyperion-Verlag.

Gutkind, Curt Sigmar (Hrsg.): *Das Buch der Tafelfreuden. Aus allen Zeiten und Breiten gesammelt*. Leipzig 1929: Hyperion-Verlag.

Gutknecht, Christoph (Hrsg.): *Lauter Worte über Worte. Runde und spitze Gedanken über Sprache und Literatur*. München 1999: Verlag C. H. Beck.

Gutknecht, Christoph: *Lauter böhmische Dörfer. Wie die Wörter zu ihrer Bedeutung kamen.* München ⁵2000: Verlag C. H. Beck. (1. Aufl. 1995.)

Gutknecht, Christoph: *Lauter spitze Zungen. Geflügelte Worte und ihre Geschichte.* München ³2001: Verlag C. H. Beck. (1. Aufl. 1996.)

Gutknecht, Christoph: *Lauter blühender Unsinn. Erstaunliche Wortgeschichten: Von «Aberwitz» bis «Wischiwaschi».* München ²2002: C. H. Beck. (1. Aufl. 2001.)

Gutknecht, Christoph: «Translation», in: Mark Aronoff and Janie Rees-Miller, *The Handbook of Linguistics,* Malden, MA (USA) u. Oxford (UK) 2001: Blackwell Publishers, S. 692–703.

Gutknecht, Christoph u. Lutz J. Rölle: «Die multifaktorielle Translationssituation bei den Modalverben des Sprachenpaares Deutsch-Englisch», in: Gisela Quast (Hrsg.), *Einheit in der Vielfalt. Festschrift für Peter Lang zum 60. Geburtstag,* Bern etc. 1988: Peter Lang Verlag, S. 154–215.

Gutknecht, Christoph u. Lutz J. Rölle: *Translating by Factors.* Albany 1996: State University of New York Press.

Gutknecht, Christoph u. Lutz J. Rölle: «Translation factors», in: Wolfgang Thiele, Albrecht Neubert u. Christian Todenhagen, *Text – Varieties – Translation (= ZAA Studies No. 5),* Tübingen 2001: Stauffenburg Verlag, S. 25–42.

Habs, Rudolf u. L. Rosner: *Appetitlexikon: Ein alphabetisches Hand- und Nachschlagebuch über Speisen und Getränke. Zugleich Ergänzung eines jeden Kochbuchs.* Frankfurt/M. etc. 1998: Insel Verlag. (Lizenzausg. d. Ausgabe München 1977: Matthes & Seitz [= Nachdr. der erw. Neuausg. d. 2. verb. Aufl. Wien 1894]; Erstaufl. 1821.)

Harder, Franz: *Werden und Wandern unserer Wörter.* Berlin ⁵1925: Verlag der Haude & Spenerschen Buchhandlung Max Patschke.

Harndt, Ewald: *Französisch im Berliner Jargon.* Berlin ¹¹1993: Stapp Verlag. (1. Aufl. 1977.)

Hasenbeck, Maja: *Wege ins Schlaraffenland.* Offenbach 1999: Burckhardthaus Laetare Verlag.

Hauer, Thomas: *Carl Friedrich von Rumohr und der Geist der bürgerlichen Küche.* Diss. Phil. Univ. Karlsruhe 2000.

Hecht, Wolfgang (Hrsg.): *Frei nach Goethe. Parodien nach klassischen Dichtungen Goethes und Schillers.* Berlin 1965: Rütten und Loening.

Heckmann, Herbert: *Die Freud des Essens. Ein kulturgeschichtliches Lesebuch vom Genuß der Speisen aber auch vom Leid des Hungers.* München 1979: Carl Hanser Verlag.

Heimannsberg, Joachim: *Brockhaus! Ganz schön merkwürdig. Was so nicht im Lexikon steht.* Leipzig etc. 1998: Brockhaus.

Heine, Heinrich: *Sämmtliche Werke*. Bd. 1: *Reisebilder (Th. 1: Harzreise)*. Hamburg 1876: Hoffmann u. Campe.

Heine, Heinrich: *Romanzero*. Frankfurt/M. 1981: Insel Verlag.

Heine, Heinrich: *Aus den Memoiren des Herren von Schnabelewopski*. Zürich 2001: Manesse-Verlag.

Hering, Richard: *Lexikon der Küche*. Gießen 1978: Fachbuchverlag Dr. Pfanneberg & Co.

Hermann, Leonhard: *Das Bier im Volksmund. Alte Sprichwörter und Redensarten*. Berlin 1931: Verlag von Raimar Hobbing.

Hesse, Hermann: *Gesammelte Werke*. Gesammelte Werke. Frankfurt/M. 1970: Suhrkamp Verlag.

Hildebrandt, Guido: *Spot und Hohn. Eine Unart Aforismen*. Duisburg 1977: Gilles & Francke.

Hirschfelder, Gunther: *Europäische Eßkultur. Geschichte der Ernährung von der Steinzeit bis heute*. Frankfurt etc. 2001: Campus Verlag.

Hirt, Herman: *Etymologie der neuhochdeutschen Sprache*. München ²1921: C. H. Beck'sche Verlagsbuchhandlung Oskar Beck.

Holmes, Oliver Wendell: *The poetical works of Oliver Wendell Holmes*. Boston 1975: Houghton, Mifflin and Company. (1. Aufl. 1887.)

Hönes, Winfried: *«Auch frisset er entsetzlich.» Dichter über Dichter*. Kettwig o. J. [1991]: Phaidon Verlag.

Horx, Matthias. *Aufstand im Schlaraffenland. Selbsterkenntnisse einer rebellischen Generation*. München 1989: Carl Hanser Verlag.

Hunsche, Friedrich Ernst: *Die bunte Truhe: Schätze aus dem Tecklenburger Land*. Ibbenbüren 1968: Verlag Ibbenbürener Vereinsdruckkerei.

Ibel, Rudolf: *Im Spiegel der Sprache: Kurzweilige und besinnliche Glossen zur deutschen Sprache*. München 1962: Ernst Heimeran Verlag.

Ibel, Rudolf: *Kurzweiliges Glossarium zur deutschen Sprache*. München 1965: Ernst Heimeran Verlag.

Illy, Francesco u. Riccardo Illy: *Kaffee. Von der Bohne zum Espresso*. München 1994: edition spangenberg bei Droemer Knaur.

Jacobsson, Johann Karl Gottfried: *Technologisches Wörterbuch oder alphabetische Erklärung aller nützlichen mechanischen Künste, Manufacturen, Fabriken und Handwerker, (...) /* hrsg. v. Otto Ludwig Hartwig (...). Mit einer Vorrede v. Johann Beckmann (...). 4 Bde. Berlin u. Stettin 1781–1784: Friedrich Nicolai; fortges. v. Gottfried Erich Rosenthal, 4 Bde. Berlin u. Stettin 1793–1795: Friedrich Nicolai.

Jandl, Ernst: *Poetische Werke*. München 1997: Luchterhand Literaturverlag.

Jean Paul: *Dr. Katzenbergers Badereise*. Memmingen 1966: Maximilian Dietrich. (Erstdruck 1809.)

Jean Paul: *Museum.* Stuttgart 1814: Cotta.
Jean Paul: *Sämtliche Werke.* Hrsg. v. Norbert Miller. Frankfurt/M. ²1996: Zweitausendeins.
Jean Paul und das Bier: «Bier, Bier, Bier, wie es auch komme»; eine Dokumentation, zsgest. und mit einem biogr. Essay vers. von Wolfgang Hörner. Hannover 2001: Wehrhahn Verlag.
Johann, Ernst: *Das Jahr des Metzgers: Der Erich Lissnerschen Wurstologia anderer Band.* Wiesbaden-Biebrich 1957: Kalle.
Kästner, Erich: *Kurz und bündig. Epigramme.* München ⁶1999: Deutscher Taschenbuch Verlag.
Kästner, Erich: *Gesang zwischen den Stühlen.* München 1989: Deutscher Taschenbuch Verlag.
Kaléko, Mascha: *Heute ist morgen schon gestern.* Berlin 1980: arani-Verlag.
Kalewala. Das National-Epos der Finnen. Übertragung v. Anton Schiefner. Bearbeitet u. d. Anmerkungen ergänzt v. Martin Buber. München o.J. [1922]: Meyer & Jessen Verlag.
Kapeller, Ludwig: *Das Schimpfbuch. Von «Amtsschimmel» bis «Zimtziege».* Herrenalb/Schwarzwald 1962: Horst Erdmann Verlag.
Karoly, Jil: *Mannomann.* Frankfurt/M. 1998: Fischer Taschenbuch Verlag.
Keller, Claudia: *Kinder, Küche und Karriere. Neue Briefe einer verhinderten Emanze.* Frankfurt/M. 1990: Fischer.
Keller, Gottfried: *Sämtliche Werke.* Histor.-krit. Ausgabe. Basel etc. 1996: Stroemfeld.
Kerler, Christine u. Richard Kerler: *Warum? Ursprünge von Redensarten und Gewohnheiten.* München 1993: Universitas Verlag.
Kesten, Hermann: *Dichter im Café.* Wien etc. 1949: Verlag Kurt Desch.
Kipphardt, Heinar: *In der Sache J. Robert Oppenheimer: Schauspiel.* Frankfurt am Main ³³1996: Suhrkamp Verlag. (1. Aufl. 1964.)
Kluge, Friedrich: *Rotwelsch. Quellen und Wortschatz der Gaunersprache und der verwandten Geheimsprachen.* Straßburg 1901: Verlag von Karl J. Trübner. (Photomechan. Nachdr. Berlin etc. 1987: Walter de Gruyter. Mit einem Nachwort v. Helmut Henne u. d. Rezension v. Alfred Götze [1901].)
Kluge, Friedrich: *Wortforschung und Wortgeschichte. Aufsätze zum deutschen Sprachschatz.* Leipzig 1912: Verlag von Quelle & Meyer.
Kluge, Friedrich: *Etymologisches Wörterbuch der deutschen Sprache.* Bearbeitet v. Elmar Seebold. Berlin/New York ²³1995: Walter de Gruyter.
Knoche, Ulrich: *Die römische Satire.* Göttingen ²1957: Vandenhoeck & Ruprecht.
Knoop, Ulrich: *Wörterbuch deutscher Dialekte. Eine Sammlung von*

Mundartwörtern aus zehn Dialektgebieten im Einzelvergleich, in Sprichwörtern und Redewendungen. Köln 2001: Parkland Verlag.

Koch, Albrecht: *Angriff aufs Schlaraffenland. 20 Jahre deutschsprachige Popmusik.* Frankfurt am Main/Berlin: Ullstein 1987.

Köhler, Peter (Hrsg.): *Poetische Scherzartikel.* Stuttgart 1991: Philipp Reclam jun.

Köster, Rudolf: *Duden, Redensarten. Herkunft und Bedeutung.* Mannheim etc. 1999: Dudenverlag. (Duden-Taschenbücher; Bd. 29.)

Kolatch, Alfred J.: *Jüdische Welt verstehen. Sechshundert Fragen und Antworten.* Wiesbaden 1996: Fourier Verlag.

Kopitzsch, Franklin u. Daniel Tilgner (Hrsg.): *Hamburg Lexikon.* Hamburg 1998: Zeise-Verlag.

Krämer, Walter u. Wolfgang Sauer: *Lexikon der populären Sprachirrtümer. 300 Mißverständnisse, Vorurteile und Denkfehler. Von «Altbier» bis «Zyniker».* Frankfurt/M. 2001: Eichborn Verlag.

Kraus, Karl: «Die Schere im Kopf oder: ‹Heine und die Folgen›» (1910/11), in: *Die Fackel*, Nr. 329/330, S. 1–33.

Kraus, Karl: *Die dritte Walpurgisnacht.* Hrsg. v. Heinrich Fischer. München 1952: Kösel. (Erstaufl. 1933.)

Krauss, Heinrich: *Geflügelte Bibelworte. Das Lexikon biblischer Redensarten.* München 1993: C. H. Beck.

Kreiser, Klaus, Werner Diem u. Hans Georg Majer: *Lexikon der islamischen Welt.* 3 Bde. Stuttgart etc. 1974: W. Kohlhammer Verlag.

Krichbaum, Jörg (Hrsg.): *Made in Germany. Tempo, Tesa, Teefix und 97 andere deutsche Markenprodukte.* München 1997: Deutscher Taschenbuch Verlag.

Küpper, Heinz: *Wörterbuch der deutschen Umgangssprache.* 1. Aufl., 4. Nachdr. Stuttgart 1990: Ernst Klett Verlag. (1. Aufl. Stuttgart 1987.)

Lacouperie, Terrien de: «Ketchup, Chatschup, Catsup», in: *Babylonian and Oriental Record*, Vol. 3, Nov. 1889.

Lacouperie, Terrien de: «The Etymology of Ketchup», in: *Babylonian and Oriental Record*, Vol. 4, Feb. 1890.

La Fontaine, Jean de: *Sämtliche Fabeln.* In den Übersetzungen v. Heinz Dohm und Gustav Fabricius. München 1995: Deutscher Taschenbuch Verlag.

Ladendorf, Otto: *Historisches Schlagwörterbuch.* Hildesheim 1968: Georg Olms Verlagsbuchhandlung. [Reprograf. Nachdruck der Ausgabe Straßburg/Berlin 1906: Trübner.]

Landmann, Salcia: *Jiddisch. Abenteuer einer Sprache.* München ²1965: Deutscher Taschenbuch Verlag. (1. Aufl. 1964.)

Laub, Gabriel: *Das Recht, recht zu haben. Aphorismen.* München 1979: Hanser.

Laubenthal, Klaus: *Lexikon der Knastsprache. Von Affenkotelett bis Zweidrittelgeier*. Berlin 2001: Lexikon Imprint Verlag.

Lec, Stanisław Jerzy: *Alle unfrisierten Gedanken*. Hrsg. v. Karl Dedecius. München 1991: Carl Hanser Verlag. (1. Aufl. 1982.)

Legros, Waltraud: *Was die Wörter erzählen. Eine kleine etymologische Fundgrube*. München 1997: Deutscher Taschenbuch Verlag.

Lehmann, Christoph(orus): *Florilegium politicum auctum: das ist ernewerter politischer Blumengarten; darinn außerlesene politische Sententz*. Frankfurt 1640: Schönwetter. (Nachdr. hrsg. v. W. Mieder, Bern 1986: P. Lang.)

Lernet-Holenia, Alexander Maria: *Ollapotrida. Komödie in zwei Akten*. Berlin 1926: S. Fischer Verlag.

Lessing, Gotthold Ephraim: *Minna von Barnhelm, oder das Soldatenglück*. Ein Lustspiel in fünf Aufzügen. Berlin 1767. München 1997: Deutscher Taschenbuch Verlag.

Lewinsky, Tamar: *Geflügelte Namen. Das Lexikon unbekannter Bekannter von Achilles bis Graf Zeppelin*. Zürich 1998: Oesch Verlag.

Lichnowsky, Mechtilde: *Worte über Wörter*. Vaduz 1949: Liechtenstein Verlag.

Lissner, Erich: *Wurstologia oder Es geht um die Wurst. Eine Monographie über die Wurst*. Frankfurt/M. ²1940: Hauserpresse Schäfer. (1. Aufl. 1939.)

Lödige, Hartwig: *Tesa, Tuc und Teddybär. Das große Lexikon der rätselhaften Wörter*. München 2001: Ullstein Econ List Verlag.

Lödige, Hartwig: *Ketchup, Jeans und Haribo. Die letzten Rätsel unserer Sprache*. München ⁴2001: Ullstein Econ List Verlag.

Lokotsch, Karl: *Etymologisches Wörterbuch der europäischen (germanischen, romanischen und slavischen) Wörter orientalischen Ursprungs*. Heidelberg ²1975: Carl Winter. (1. Aufl. 1927.)

Longfellow, Henry Wadsworth: *Der Sang von Hiawatha*. Übers. v. Ferdinand Freiligrath. Stuttgart etc. 1857: Cotta.

Longfellow, Henry Wadsworth: *The Song of Hiawatha*. Everyman Paperback Classics, ed. by Daniel Aaron.

Malygin, Viktor T.: *Österreichische Redewendungen und Redensarten*. Wien 1996: ÖBV Pädagogischer Verlag.

Mann, Heinrich: *Im Schlaraffenland. Ein Roman unter feinen Leuten*. Frankfurt/M. 1997: Fischer Verlag. (Erstausg. 1900.)

Mann, Thomas: *Buddenbrooks. Verfall einer Familie*. Berlin 1901: Fischer.

Mann, Thomas: *Sämtliche Erzählungen*. Frankfurt/M. 1963: S. Fischer Verlag.

Manz, Hans: *Die Welt der Wörter. Sprachbuch für Kinder und Neugierige*. Weinheim/Basel 1991: Beltz Verlag.

Mampell, Klaus: *Dictionnaire satirique. Von Abfall bis Zivilisation. Die Hinterfragung der Begriffe, neu gedeutet und zusammengestellt. Ein vergnügliches Lexikon.* Gießen 1993: Edition Literarischer Salon (Gideon Schüler).

Marquardt, Axel: «Hail to Thee Snitzel», in: *Rübe*, Nr. 2 (hrsg. v. Stephan Opitz), Zürich 1990, S. 124.

Mattheier, Klaus J.: «Das Essen und die Sprache. Umrisse einer Linguistik des Essens», in: Alois Wierlacher et al. (Hrsg.), *Kulturthema Essen: Ansichten und Problemfelder*, Berlin 1993: Akademie Verlag, S. 245–256.

Mayer, Wahrmut: *Sei mir gegrüßt, mein Sauerkraut. Gedichte und Lieder vom Essen und Trinken.* Ludwigsburg 1984: Süddeutsche Verlagsanstalt.

Meisinger, Othmar: *Hinz und Kunz. Deutsche Vornamen in erweiterter Bedeutung.* Dortmund 1924: Verlag von Fr. Wilh. Ruhfus.

Menke, Bettine: «Zitat, Zitierbarkeit, Zitierfähigkeit.» (http://www.uni-erfurt.de/literaturwissenschaft/homepage/archiv/eigenetexte/zitat.html)

Menninger, Annerose: «Die Verbreitung von Schokolade, Kaffee, Tee und Tabak in Europa (16.–19. Jahrhundert). Ein Vergleich.» (http://www.stub.unibe.ch/extern/hv/1_01/menninger.pdf)

Meyer, Kurt: *Wie sagt man in der Schweiz? Wörterbuch der schweizerischen Besonderheiten.* Mannheim etc. 1989: Dudenverlag. (= Duden-Taschenbücher 22.)

Meyerowitz, Jan: *Der echte jüdische Witz.* Berlin 1997: arani-Verlag. (Erstaufl. Berlin 1971: Colloquium Verlag.)

Michael, Roland: *Wie, was, warum?* Augsburg 1990: Praesentverlag Heinz Peter.

Michaelis, Johann Benjamin: *Fabeln, Lieder und Satyren.* Leipzig/Aurich 1766.

Mitsch, Werner: *Spinnen, die nicht spinnen, spinnen. Sprüche. Nichts als Sprüche.* Stuttgart 1978: Heinz und Margarete Letsch.

Mitsch, Werner: *Wer den Wal hat, hat die Qual. 800 Unsinnssprüche.* München 1987: Heyne.

Möbus, Frank: «Opus Maggi», in: *Text + Kritik*, Heft 131/132 (Frank Wedekind), Juli 1996; S. 32–39.

Morris, William and Mary Morris: *Dictionary of Word and Phrase Origins.* New York ²1988: Harper Collins Publishers.

Moulin, Leo: *Augenlust und Tafelfreuden: eine Kulturgeschichte vom Essen und Trinken in Europa.* Übers. aus dem Französischen v. Bettina Blumenberg. Steinhagen 1989: Zabert Sandmann.

Müller, Fritz C.: *Wer steckt dahinter? Namen, die Begriffe wurden.* Frankfurt/M. etc. 1969: Fischer Bücherei.

Müller, Klaus (Hrsg.): *Lexikon der Redensarten*. Gütersloh 1994: Bertelsmann Lexikon Verlag. (Auch als Sonderausg. f. Orbis Verlag, Niedernhausen/Ts. 2001.)

Müller, Martin: *Goethes merkwürdige Wörter*. Darmstadt 1999: Wissenschaftliche Buchgesellschaft.

Müller-Fraureuth: Karl: *Wörterbuch der obersächsischen und erzgebirgischen Mundart*. 2 Bde. Dresden 1911 ([1]: A–J) u. Dresden 1914 ([2]: K–Z u. Nachträge): Verlag von Wilhelm Baensch.

Nachel, Matry u. Steve Ettlinger: *Bier für Dummies*. Bonn 1998: MITP.

Neuloh, Otto u. Hans-Jürgen Teuteberg: *Ernährungsfehlverhalten im Wohlstand. Ergebnisse einer empirisch-soziologischen Untersuchung in heutigen Familienhaushalten*. Paderborn 1979: Schöningh.

Neumann, Robert: *Deutschland deine Österreicher. Österreich deine Deutschen*. Hamburg 1970: Hoffmann & Campe.

Nietzsche, Friedrich: *Jenseits von Gut und Böse: Vorspiel einer Philosophie der Zukunft*. Leipzig ²1891: Naumann. (1. Aufl. 1886.)

Osman, Nabil (Hrsg.): *Kleines Lexikon untergegangener Wörter arabischer Herkunft*. München ⁶2002: C. H. Beck.

Paczensky, Gert von u. Anna Dünnebier: *Kulturgeschichte des Essens und Trinkens*. München 1999: Orbis Verlag für Publizistik.

Panati, Charles: *Universalgeschichte der ganz gewöhnlichen Dinge*. München 1998: Deutscher Taschenbuch Verlag.

Paul, Hermann: *Deutsches Wörterbuch*. Vollst. neu bearb. Aufl. v. Helmut Henne u. Georg Objartel unter Mitarb. v. Heidrun Kämper-Jensen. Tübingen ⁹1992: Niemeyer.

Pelzer, Birgit u. Reinhold Reith: *Margarine. Die Karriere der Kunstbutter*. Berlin 2001: Verlag Klaus Wagenbach.

Petan, Žarko: *Mit leerem Kopf nickt es sich leichter. Satirische Aphorismen*. Graz 1979: Styria.

Petit, Alphonse: *La traité de la cuisine russe*. Paris 1897: Flammarion.

Petroski, Henry: *Messer, Gabel, Reißverschluß. Die Evolution der Gebrauchsgegenstände*. Basel etc. 1994: Birkhäuser Verlag.

Poidinger, Günther: «Das Ende einer Legende.», in: *Wiener Journal*, Nr. 253 (Oktober 2001): S. 20.

Puchner, Günter: *Kundenschall: das Gekasper der Kirschenpflücker im Winter*. München 1974: Heimeran Verlag.

Raab, Heinrich: *Deutsche Redewendungen. Von «Abblitzen» bis «Zügel schießen lassen»*. Wiesbaden o. J. [1981]: VMA Verlag.

Raabe, Wilhelm: *Abu Telfan oder Die Heimkehr vom Mondgebirge*. München 1962: Winkler Verlag. (Werke in 4 Bänden, Bd. 2.)

Rademacher, Falko: *Das zynische Gag-Lexikon. Das universelle Kompendium des respektlosen Humors*. Berlin 2000: Lexikon Imprint Verlag.

Reimann, Hans: *Vergnügliches Handbuch der deutschen Sprache*. Wiesbaden o. J.: VMA Verlag. (Nachdr. d. revidierten u. erweiterten Neuaufl. Düsseldorf/Wien 1964: Econ-Verlag.)

Richey, Werner (Hrsg.): *Seefahren ist kein Zuckerschlecken. Sprichwörter und Redensarten über Seefahrt, Seemann, Schiff und Meer.* Rostock o. J. [1990]: Hinstorff Verlag.

Richter, Albert: *Deutsche Redensarten. Sprachlich und kulturgeschichtlich erläutert.* Hrsg. v. Oskar Weise. Leipzig ⁴1921: Friedrich Brandstetter.

Riehl, Wilhelm Heinrich: *Der stumme Ratsherr; Rheingauer Deutsch*. Hamburg 1954: Hamburger Lesehefte-Verlag.

Rigotti, Francesca: *Philosophie in der Küche. Kleine Kritik der kulinarischen Vernunft.* Aus dem Italienischen v. Barbara Kleiner. München 2002: C. H. Beck. (Italien. Ausgabe Bologna 1999.)

Riha, Karl (Hrsg.): *Struwwelhitler. Eine englische Struwwelpeter-Parodie aus dem Jahre 1941 von Robert und Philip Spence (alias Dr. Schrecklichkeit).* Aus dem Englischen in freier Übertragung v. Wolf Dieter Bach und mit einer Übersetzung v. Dieter H. Stündel. Köln 1984: informationspresse – c. w. leske verlag.

Riley-Köhn, Sibylle: *Englische Kochrezepte und Speisekarten in Vergangenheit und Gegenwart. Eine linguistische Analyse zur Fachsprache der Gastronomie.* Frankfurt/M. 1999: Peter Lang. (= Leipziger Fachsprachen-Studien, Bd. 14.)

Röhrich, Lutz (Hrsg.): *Lexikon der sprichwörtlichen Redensarten*. 5 Bde. Freiburg etc. ²1995: Herder Verlag.

Ronner, Markus: *Moment Mal! [Sagwörter]*. Bern 1977: Benteli.

Rössing, Roger: *Wie der Hering zu Bismarcks Namen kam; unbekannte Geschichten zu bekannten Begriffen.* Leipzig 1995: LKG.

Rössing, Roger: *Russisches Roulette und Schwedische Gardinen*. Frechen 2001: KOMET MA-Service u. Verlagsges. mbH.

Ross, John Robert: «Ikonismus in der Phraseologie. Der Ton macht die Bedeutung», in: *Zeitschrift für Semiotik* 2 (1980), S. 39–56.

Roth, Eugen: *Ein Mensch*. München 1971: Carl Hanser Verlag.

Roth, Eugen: *So ist das Leben. Verse und Prosa.* München 1973: Deutscher Taschenbuch Verlag.

Rumohr, Carl Friedrich von: *Geist der Kochkunst*. Frankfurt/M. 1998: Insel-Verlag. (1. Aufl. Stuttgart u. Tübingen 1822: Cotta'sche Buchhandlung.)

Sahni, Julie: *Das große indische Kochbuch*. Aus d. Amerikan. übers. v. Renate Zeschitz. München 1980: Wilhelm Heyne Verlag.

Sanders, Daniel: *Wörterbuch der deutschen Sprache*, 2 Bde. in 3 Bdn., Leipzig 1860–1865, 2. Abdr. 1876, Ndr. Hildesheim 1969.

Schels, Peter: *Lexikon des Mittelalters: Kleine Enzyklopädie zum Mittelalter im deutschsprachigen Raum*. (http://www.mittelalter-lexikon.de/index.html)

Scheffler, Heinrich: *Wörter auf Wanderschaft. Schicksale von Wörtern und Redensarten*. Pfullingen ²1987: Neske Verlag.

Schlobinski, Peter: *Berlinisch für Berliner und alle, die es werden wollen*. Berlin 1984: arani-Verlag.

Schmidt, Atze u. Hans Kals: *Muckefuck und falsches Marzipan. Die Kochkunst der mageren Jahre*. Aachen 1991: Alano Verlag.

Schneider, Rolf: «Die Sprache ist nicht unser Bier», in: *Die Welt* v. 3. März 2001, S. 29.

Schoeps, Hans-Joachim: *Ungeflügelte Worte. Was nicht im Büchmann stehen kann*. Stuttgart/Bonn 1990: Burg Verlag.

Schopenhauer, Arthur: *Parerga und Paralipomena: Kleine Philosophische Schriften II*. (= Werke, Bd. 5). Zürich 1991: Haffmans Verlag.

Schrader, Herman: *Der Bilderschmuck der deutschen Sprache in Tausenden volkstümlicher Redensarten. Nach Ursprung und Bedeutung erklärt*. Berlin ⁷1912: Verlag von Emil Felber.

Schrader, Herman: *Scherz und Ernst in der Sprache. Vorträge im Allgemeinen Deutschen Sprachverein*. Weimar 1897: Verlag von Emil Felber.

Schramm, Karin: *Erotissimo: Verführerische Rezepte aus dem Garten der Aphrodite*. Köln 1998: VGS Verlagsges.

Schreiner, Markus: *Bibliographie zur Volksetymologie*. Münster 1987: Institut für Allgemeine Sprachwissenschaft der Westfälischen Wilhelms-Universität. (Studium Sprachwissenschaft, Bd. 11.)

Schülerduden Wortgeschichte: Herkunft und Entwicklung des deutschen Wortschatzes. Mannheim etc. 1987: Dudenverlag.

Schupp, Johann Balthasar: *Salomo, Oder Regenten-Spiegel: Vorgestellet Aus denen eilff ersten Capitulen des ersten Buchs der Königen. Andern Gottsfürchtigen und Sinnreichen Politicis auszuführen und genauer zu elaboriren überlassen*. 1658.

Schweizerisches Idiotikon: Wörterbuch der schweizerdeutschen Sprache. Frauenfeld 1881 ff.: Huber.

Schwendter, Rolf: *Arme Essen, Reiche speisen. Neuere Sozialgeschichte der zentraleuropäischen Gastronomie*. Wien 1995: Promedia Druck- und Verlagsgesellschaft.

Schwendter, Rolf: *Schwendters Kochbuch. Rezepte für eine andere Küche*. Wien ²1997: Promedia Druck- und Verlagsgesellschaft.

Schwitters, Kurt: *Das literarische Werk*. Hrsg. v. Friedhelm Lach. Bd. 1: *Lyrik*. Köln 1973: DuMont. (S. 126)

Seebold, Elmar: *Etymologie. Eine Einführung am Beispiel der deutschen Sprache*. München 1981: C.H. Beck.

Seydel, Heinz (Hrsg.): *Alles Unsinn. Deutsche Ulk- und Scherzdichtung von ehedem bis momentan*. Berlin ⁴1985: Eulenspiegel Verlag.

Simplicissimus. München 1896–1967: Simplicissimus-Verlag.

Simplicissimus Humor. Die besten Witze aus den Jahrgängen 1896–1898. München 1984: Albert Langen/Georg Müller Verlag.

Sommer, Hans: *Kulturgeschichtliche Sprachbilder*. Bern 1943: Verlag A. Francke AG.

Spalding, Keith: *Bunte Bilderwelt. Phraseologische Streifzüge durch die deutsche Sprache*. Tübingen 1996: Gunter Narr Verlag.

Spears, Richard A.: *NTC's Dictionary of American Slang and Colloquial Expressions*. Lincolnwood (Chicago) 1993: National Textbook Company.

Spicy's Gewürzmuseum Hamburg: *Aphrodisia 2002. Die aphrodisischen Wirksamkeiten von Gewürzen*. [Ausstellungskatalog.] Hamburg 2001: Spicy's Gewürzmuseum.

Stankowski, Martin: *Einen Türken bauen. Geschichten über Alltagsrituale und Redensarten*. Löhrbach 1998: Werner Pieper & The Grüne Kraft MedienXperimente.

S[tein], K[urt] M.: *Die Schönste Lengevitch*. Chicago 1926: Pascal Covici, Publisher.

S[tein], K[urt] M.: *Gemixte Pickles*. New York 1927: Covici-Friede.

S[tein], K[urt] M.: *Die allerschönste Lengevitch: Die schönste Lengevitch mit Gemixte Pickles und Limberger Lyrics zusammen downgeboilt, und plenty geseasont mit additions von neugehatchter nonsense*. New York 1953: Crown Publishers.

Stein, Kurt M.: *The Lorelei vom Michigan-Sea. 33 Gedichte in Germarican: «Die schönste Lengevitch»*. Nach d. Originalausgabe v. 1926 neu herausgegeben u. übers. (Vorw.) v. Hein Versteegen. Göttingen 1986: Bert Schlender. (Reihe Bibliothek der Entdeckungen, Band 22; Amerikanische Reihe, hrsg. v. Edgar Wüpper u. Timor Schlender.)

Steinbach, Christoph Ernst: *Vollständiges Deutsches Wörter-Buch* [...], 2 Bde. Breslau 1734: Korn; Nachdr. Hildesheim etc. 1973: Olms.

Stengel, Hansgeorg: *Stenglisch Waltz. Epigramme*. Berlin 1986: Eulenspiegel.

Storfer, Adolf Josef: *Wörter und ihre Schicksale*. Berlin etc. 1935: Atlantis-Verlag.

Storfer, Adolf Josef: *Im Dickicht der Sprache*. Wien etc. 1937: Verlag Dr. Rolf Passer.

Storm, Theodor: *Auf der Universität: eine Novelle*. Hrsg. v. Karl Ernst Laage. Heide 2001: Boyens.

Strauss, Emanuel: *Dictionary of European Proverbs*. 3 Bde. London etc. 1994: Routledge.

Suolathi, Hugo: *Die deutschen Vogelnamen. Eine wortgeschichtliche Untersuchung*. Straßburg 1909: Verlag von Karl J. Trübner.

Sulzer, Alain Claude u. Eckart Witzigmann: *Das literarische Menu*. Frankfurt/M. etc. ²1997: Insel Verlag.

Sulzer, Alain Claude u. Heinz Winkler: *Das literarische Menu N° 2*. Frankfurt/M. etc. 1998: Insel Verlag.

Tabori, George: *Die Ballade vom Wiener Schnitzel*, in: Theater heute (Stückabdruck), H. 5, 1996, S. 46–52.

The Holy Bible (King James Version: Old and New Testaments, with the Apocrypha). The Electronic Text Center, University of Virginia: http://etext.lib.virginia.edu/kjv.browse.html

The New English Bible. Oxford University Press/Cambridge University Press. 1970.

The World Book Dictionary, hrsg. v. Barnhart, Clarence L. u. Robert K. Barnhart. Chicago etc. 1992: World Book Inc. 2 Bde.

Thouvenot, Claude: «Zur Geographie regionaler Nahrungspräferenzen», in: Hans Jürgen Teuteberg, Gerhard Neumann u. Alois Wierlacher (Hrsg.), *Essen und kulturelle Identität: Europäische Perspektiven*, Berlin 1997 (Kulturthema Essen, Bd. 2), S. 228–246.

Timm, Uwe: *Die Entdeckung der Currywurst*. München 2000: Deutscher Taschenbuch Verlag. (Erstausg. 1993.)

Todenhagen: Christian: «Das ist (nicht) mein Bier», in: Gesellschaft für die Geschichte und Bibliographie des Brauwesens e. V., *Jahrbuch 1974*. Berlin 1973, S. 29–33.

Trachsel, Charles François: *Glossarium der Berlinischen Wörter und Redensarten: dem Volke abgelauscht und gesammelt*. Berlin 1873: Plahn.

TU Berlin: *Forschung aktuell* 1/2000 – Themenheft «Wasser». (WWW-Portal: http://tu-berlin/forschung-aktuell)

Uecker, Wolf: *Auf Spargel reimt sich einfach nichts: Streifzüge durch die kulinarische Poesie*. Bern etc. 2000: Scherz Verlag.

Uecker, Wolf: *Das Püree in der Kniekehle der Geliebten. Kulinarische Vorlieben berühmter Leute*. München 1989: Droemer Knaur. (Nachdr. Frechen [2000]: KOMET MA-Service und Verlagsges.; Lizenz der AVA, Autoren- und Verl.-Agentur, München.)

Uhland, Ludwig: *Alte hoch- und niederdeutsche Volkslieder*, mit Abhandlung u. Anmerkungen hrsg. v. L. Uhland. 4 Bde. Stuttgart ³1892: Cotta. (Erstausg. 1844.)

Uhlenbruck, Gerhard: *Ins eigene Netz. Aphorismen*. Aachen 1977: Stippak.

Uhlenbruck, Gerhard: *Einfach gesimpelt. Aphorismen*. Aachen 1979: Josef Stippak.

Uhlenbruck, Gerhard: *Wieder Sprüche zu Widersprüchen. Satzweise sogar weise Sätze*. Köln 1997: Ralf Reglin.

Vaerst, Friedrich Christian Eugen von: *Gastrosophie oder die Lehre von den Freuden der Tafel.* 2 Bde. Leipzig 1851: Avenarius & Mendelssohn. (Nachdr. München 1975: Rogner & Bernhard.)

Völksen, Wilhelm: *Auf den Spuren der Kartoffel in Kunst und Literatur.* Bielefeld ³1988: Gieseking Verlag.

Von Aal bis Zabaione. Basiswissen für Gourmets. Herausgegeben v. d. Autoren der «SZ-Kostprobe». München 2000: Deutscher Taschenbuch Verlag.

Vries, Simon Ph. de: *Jüdische Riten und Symbole.* Wiesbaden ⁶1990: Fourier Verlag.

Waechter, Friedrich Karl: *Kiebich und Dutz. Pustekuchen.* Frankfurt/M. ³1994: Verlag der Autoren. (Erstausg. 1984.)

Wagner, Christoph: *Fast schon Food. Die Geschichte des schnellen Essens.* Bergisch Gladbach 2001: Bastei Lübbe. (Erstausg. Frankfurt/M. 1995: Campus Verlag.)

Wander, Karl Friedrich Wilhelm: *Deutsches Sprichwörter-Lexikon. Ein Hausschatz für das deutsche Volk.* 5 Bde. Leipzig 1867–80: F. A. Brockhaus. (Als unveränd. fotomechan. Nachdr. erschienen: Kettwig 1987, Akademische Verlagsgesellschaft Athenaion.)

Weber, Karl Julius: *Deutschland oder Briefe eines in Deutschland reisenden Deutschen.* 2. verm. u. verb. Aufl. Bd. 1 Stuttgart 1834: Hallberger. (Erstausg. Bd. 1 Stuttgart 1826: Franckh.)

Weeber, Karl-Wilhelm: *Alltag im Alten Rom. Ein Lexikon.* Zürich 1995: Artemis Verlag.

Wehle, Peter: *Sprechen Sie Wienerisch? Von «Adaxl» bis «Zwutschkerl».* Wien etc. 1980: Verlag Carl Ueberreuter.

Weigand, Friedrich Ludwig Karl: *Deutsches Wörterbuch.* 5. Aufl. [...] vollständig neu bearb. v. Karl von Bahder, Herman Hirt, Karl Kant, hrsg. v. H. Hirt, 2 Bde. Gießen 1 (1909) – 2 (1910): Töpelmann, vorm. Ricker. (Photomechan. Nachdr. Berlin/New York 1968: de Gruyter.)

Weinberg, Werner: *Die Reste des Jüdischdeutschen.* Stuttgart etc. 1969: Kohlhammer. (= Studia Delitzschiana, Bd. 12.)

Weise, Oskar: «Sein Fett kriegen: Schelte kriegen», in: *Zeitschrift für hochdeutsche Mundarten* 7 (1906), S. 10–12.

Welte, Werner u. Philipp Rosemann: *Alltagssprachliche Metakommunikation im Englischen und Deutschen.* Frankfurt/M. etc. 1990: Peter Lang.

Westermeier, Klaus: *Michael Käfer – Erfolg im Schlaraffenland: Von der perfekten Dienstleistung zum Lifestyle-Konzern.* 2000: Verlag Moderne Industrie.

Wierlacher, Alois, *Vom Essen in der deutschen Literatur. Mahlzeiten in Erzähltexten von Goethe bis Grass.* Stuttgart 1987: Kohlhammer.

Wierlacher, Alois, Gerhard Neumann u. Hans Jürgen Teuteberg (Hrsg.): *Kulturthema Essen: Ansichten und Problemfelder.* Berlin 1993: Akademie-Verlag.

Winter, Georg: *Unbeflügelte Worte – zugleich Ergänzungen zu Büchmann, von Loeper, Strehlke etc.* Augsburg 1888: Adelbert Votsch.

Wördehoff, Bernhard: *«Sage mir, Muse, vom Schmause …» Vom Essen und Trinken in der Weltliteratur.* Darmstadt 2000: Wissenschaftliche Buchgesellschaft.

Wohmann, Gabriele: *Ausflug mit der Mutter.* Darmstadt 1976: Luchterhand.

Wolf, Eugen: *Vom Fürsten Bismarck und seinem Haus. Tagebuchblätter.* Berlin 1904: Fleischel.

Wolf, Siegmund A.: *Wörterbuch des Rotwelschen.* Hamburg 1993: Helmut Buske Verlag. (Unveränd. Nachdr. d. 2. Aufl. 1985.)

Wolff, Roland A.: *Wie sagt man in Bayern. Eine Wortgeographie für Ansässige, Zugereiste und Touristen.* München 1980: C. H. Beck.

Wurstologia et Durstologia Nova & Aucta Das ist: Neuvermehrte wahr und eigentliche Beschreibung der Edlen Aufrichtig wohl und lieblichschmeckenden Würste und Mumme (…) / zum Drucke befördert durch (…) Marcus Knackwurst (…) jetzo aber auffs Neue übersehen, vermehret, verbessert (…) durch Johan Wursthorn (..) Stadtschreibern in den Westphalischen SchweinParadies. – Gedruckt zu Schweinfuhrt im Lande Wursten durch HAnß Darm. In Verlegung Reiß Pulß, 1662.

Zahnhausen, Richard A.: «Das Wiener Schnitzel. Struktur und Geschichte einer alltäglichen Speise.», in: *Wiener Geschichtsblätter.* 56. Jg. (2001), Heft 2, S. 132–146.

Zech, Helmut: *Bosheiten und Sticheleien. Heitere Verse.* Göppingen 1949: Globius.

Zimmer, Dieter: *Alles in Butter.* Bergisch-Gladbach 1985: Lübbe.

Zobeltitz, Martha von: *Das Kasserol. Absonderliche Gaumenletzen aus aller Zeit gesammelt.* München 1923: Georg Müller.

Zobeltitz, Martha von: *Lirum Larum Löffelstiel: Gastronomische Plaudereien.* Weimar 1921: Erich Lichtenstein Verlag.

Zoozmann, Richard: *Zitatenschatz der Weltliteratur.* Überarb. v. Otto A. Kielmeyer. Reinbek b. Hamburg 1984: Rowohlt Verlag (= unveränd. Nachdr. d. 12. Aufl. [Erstausg. 1910.])

Zschokke, Heinrich: *Hans Dampf in allen Gassen.* Leipzig o. J.: Reclams Universal-Bibliothek (RUB 204).

Zuckmayer, Carl: *Gedichte.* Frankfurt/M. 1977: S. Fischer Verlag.

Verzeichnis der Stichwörter

A
Aal grün 15
Aalsuppe 17
Alkohol 18
Altbier 19
Apfelsine 20
Appetit 21
Artischocke 22
ausfressen 23
ausgekocht 25
Auster 25

B
Backfisch 26
Backtrog 27
Bauch 29
Berliner 31
Berliner: ~ Weiße 31
Betriebsnudel 32
Bier 33
Biskuit 36
Bissen 36
bißchen 39
Blümchenkaffee 40
Bockbier 41
Bocksbeutel 43
Bockwurst 44
Bohne 45
Bohnenkaffee 45
Borschtsch 47
Bratwurst 48
Brezel 49
Brosamen 50
Brot 50
Bückling 52
Bulette 54
Butter 55

C
Chop Suey 58
Curry 59
Currywurst 60

D
Delikatessen 63
Diner 63
Döner kebab 64
Dreikäsehoch 65

E
Ei 66
Eierkopf 68
einwecken 70
Eisbein 71
enteisent 73
Epikureer 74
Erbsenzähler 75
essen 75

F
Farce 81
Fett 82
Fisch 84
Fressen 85
Frikadelle 86
Froschsuppe 89
Früchte 90

G
Gänsefüßchen 91
Gin-Tonic 93
Gourmet/
  Gourmand 94
großkotzig 96

H
Hamburger 97
Hamburger
  Aalsuppe
  → Aalsuppe 17
Hans Dampf 99
Hans Wurst 103
Hechtsuppe 104
Hering 104
Honig 106
Hopfen und
  Malz 108
Hunger 109

I
Ingwer 110

K
Kaffee 112
Kaffeehaus 116
Kaffeeklatsch 117
Kakao 120
Karotte 121
Kartoffel 121
Kasseler
  (Rippenspeer) 125
Kaviar 127
Kekse 128
Ketchup 128
Kir Royal 129
Kirsche 130
Klee 131
Koch 131
Kohldampf 133
koscher 135
Küche 137
Kuvert 138

L
Labskaus 139
Leber 140
Löffel 142
Lorbeer 144
Lukullus 145
Lungenbraten 146

M
Maggi 147
Makkaroni 150
Metzger 155
Mokka 156
Mondamin 156
Muckefuck 157
Muskatnuß 161
Müsli 162

O
Obst 163
Ohrfeige 163
Orange
 → Apfelsine 20

P
Palatschinken 166
Petersilie 168
Pfeffer 169
Pfifferling 171
Pizza Margherita 172
Plumpudding 172
Pomeranze
 → Apfelsine 20
Potpourri 174
Präsentierteller 175
Pumpernickel 175
Punsch 178
Pustekuchen 179

Q
Quark 182
Quintessenz 183

R
Rebhuhn 186
Rentier 187
Rechaud 188
Rettich 189
Rösti 189

S
Sauerkohl 191
Sauerkraut 192
sauertöpfisch 197
Sauregurkenzeit 197
Schaum 200
Scherbengericht 200
Schlaraffenland 201
Schlemmer 206
Schmalhans 209
Schmarren 209
Schnecken 210
Schnittlauch 211
Schnitzel 212
Schorle 214
Schrippe 215
Schrot 215
Selbstbedienungs-
 restaurant 217
Senf 218
Sirup 219
Sorbet 219
Spanferkel 220
Speise 220
Spinat 221
Stoffwechsel 222
Süßholz 223
Suppe 223
Suppenkasper 224

T
Tablett 228
Tafel 228
Tatar: Beafsteak ~ 229
Tauben 231
Teefix 231
Terrine 232
Tischgespräch 234
Tischtuch 235
Tischzucht 236
Toast 238
Tollkirsche → Kirsche 130
Tomate 240
Torte 241
Torte: Linzer ~ 241
Tulpe 243
Turtle 243
Tutti frutti 244

V
Vegetarier 245
Verdauungsstörung 246
Vitamin 248

W
Wachtel 250
Walnuß 251
Wasser 251
Weichselkirsche
 → Kirsche 130
Wein 252
Würstchen 255
Wurs(ch)t 257

Z
Zankapfel 260
Zimtziege 262
Zuckerboltje 262
Zwetsch(g)e 263
Zwiebel 263

Bildnachweis

S. 24 Holzschnitt aus Thomas Murners «Mühle von Schwyndelßheim», 1515.

S. 41 Bockbier-Etikett. (Archiv des Verfassers)

S. 44 Ernst Kahl, Fränkischer Bocksbeutel, Copyright © Ernst Kahl. Erschienen in: Ernst Kahl: Ernst Kahls Tafelspitzen. Kulinarische Pannen und andere Delikatessen. Copyright © 2001: KEIN & ABER AG Zürich.

S. 69 Thyrso A. Brisolla: Das Ei des Kolumbus. Erschienen in: Thyrso A. Brisolla: Das Ei des Kolumbus und andere deutsche Redensarten. Buch am Ammersee 1983 © Dussa Verlag und Thyrso A. Brisolla.

S. 85 Thyrso A. Brisolla: Weder Fisch noch Fleisch. Erschienen in: Thyrso A. Brisolla: Das Ei des Kolumbus und andere deutsche Redensarten. Buch am Ammersee 1983 © Dussa Verlag und Thyrso A. Brisolla.

S. 95 Zeichnung von Th. Th. Heine (1867–1948). Aus: Simplicissimus. (Jahrgang VI, 1901/2, Nr. 7). © VG Bild-Kunst, Bonn 2002.

S. 98 Karikatur von Ernst Kahl. Erschienen in: Häuptling eigener Herd, Heft 9 (Dezember 2001) © 2001 Edition Vincent Klink.

S. 160 Karikatur von Erich Rauschenbach, Ein Brite in Berlin. © Erich Rauschenbach.

S. 170 Ernst Kahl, Versalzene Suppe, gepfefferte Preise, Copyright © Ernst Kahl. Erschienen in: Ernst Kahl: Ernst Kahls Tafelspitzen. Kulinarische Pannen und andere Delikatessen. Copyright © 2001 KEIN & ABER AG, Zürich.

S. 208 Holzschnitt von Cornelis Teunissen (1665–1736): Satire auf die Unmäßigkeit.

S. 227 Titelblatt Robert und Philip Spence: Struwwelhitler. 1941. Deutsche Ausgabe: aus dem Englischen von Wolf Dieter Bach, mit einem Vorwort und hrsg. von Karl Riha. Köln 1986: Informationspresse Leske.